国家自然科学基金项目（72063001）

江西哲学社会科学重点研究基地项目（22SKJD39）

江西省现代农业（水稻）产业技术体系项目（JXARS-02）

江西省社科基金项目（21YJ34）

江西省高校人文社科项目（JJ21211）

江西省教育厅科技项目（GJJ200752）

东华理工大学地质资源经济与管理研究中心开放基金重点项目（15JJ01）

Research
on Agricultural Insurance
Mode based on Income Risk Sharing

基于收入风险分担的
农业保险模式研究

赵玉 等著

中国财经出版传媒集团

经济科学出版社
Economic Science Press

图书在版编目（CIP）数据

基于收入风险分担的农业保险模式研究/赵玉等著
. -- 北京：经济科学出版社，2022. 11
ISBN 978 - 7 - 5218 - 4357 - 6

Ⅰ.①基⋯　Ⅱ.①赵⋯　Ⅲ.①农户 - 收入分配 - 研究
- 中国②农业保险 - 研究 - 中国　Ⅳ.①F323. 8
②F842. 66

中国版本图书馆 CIP 数据核字（2022）第 224272 号

责任编辑：李　雪　刘　莎　高　波
责任校对：隗立娜　蒋子明
责任印制：邱　天

基于收入风险分担的农业保险模式研究
赵　玉　等著
经济科学出版社出版、发行　新华书店经销
社址：北京市海淀区阜成路甲 28 号　邮编：100142
总编部电话：010 - 88191217　发行部电话：010 - 88191522
网址：www. esp. com. cn
电子邮箱：esp@ esp. com. cn
天猫网店：经济科学出版社旗舰店
网址：http://jjkxcbs. tmall. com
北京时捷印刷有限公司印装
710 ×1000　16 开　21. 5 印张　300000 字
2022 年 12 月第 1 版　2022 年 12 月第 1 次印刷
ISBN 978 - 7 - 5218 - 4357 - 6　定价：108. 00 元
（图书出现印装问题，本社负责调换。电话：010 - 88191510）
（版权所有　侵权必究　打击盗版　举报热线：010 - 88191661
QQ：2242791300　营销中心电话：010 - 88191537
电子邮箱：dbts@ esp. com. cn）

前言
Preface

党的二十大报告提出"全面推进乡村振兴，加快建设农业强国"，将农业强国提高到前所未有的高度。强农固本，本固国强。农业是国民经济的基础，关系到国计民生和国家安全。同时，农业也是典型的"高风险、低收益"产业，农户时常处于"十年致富奔小康，一场灾难全泡汤"的尴尬境地。在乡村振兴战略背景下，如何保障农户种地挣钱得利是一个重大的现实问题。系统地构建农产品收入保障体系必要且迫切，主要表现在以下几个方面：首先，农产品收入高度依赖气候条件，随着全球气候变暖，极端气候事件频繁出现，给农产品生产、运输和销售造成了非常严重的影响；其次，随着农产品价格形成机制改革的深化，农产品价格逐步回归市场，"难卖、贱卖"时有发生，市场风险也更加凸显；最后，地缘政治冲突、农产品金融化发展趋势等因素带来的供求不确定性增加了国内农业经营风险。

农业经营风险使农产品收入面临极大的不确定性，增加了农业生产决策与投融资的难度，降低了农户以及涉农企业投入的积极性，阻碍了农业规模化经营，制约了现代化农业的发展。面对农业生产经营的不确定性，我们不仅需要事后的积极救援和救济，更应该注重事前的预防和保障。让市场在农业资源配置中起决定性作用的同时应该为农户筑起一道"防火墙"。在丰收年份，投保产量险或成本险的农户仍然可能出现亏损，而农产品收入保险保障了农户收入的稳定。可以说农产品收入保险既是保障农业收益的重要政策工具，也是符合WTO规则的"绿箱"措施。

2022年我国有13个省812个产粮大县开始进行种植收入保险的试验。从实际了解到的情况来看，政府、农户和保险经营主体对收入保险的认识和期望并不一致。地方政府部门在农产品收入保险开发设计方面还没有作出规范，更缺乏相关经验。农产品收入风险具有一定的系统性风险特征，而这部分系统性风险无法依靠保险机制分散和对冲，但可以通过"保险＋"模式和制度创新将其转移给众多的风险偏好者。因此，怎样以农产品收入"保险＋"模式和制度创新为核心构建现代化的农户收入保障体系成了农业风险管理领域面临的难题和重点。

本书梳理了国内外关于农业经营风险评估和分担的经典文献，归纳了相关领域的研究趋势，界定了农产品收入风险分担和保险的相关概念及内涵，在此基础上，从农业经济学、农业保险和风险管理的视角构建了基于农产品收入风险分担的农业保险模式分析框架。首先，采用HP滤波、ARMA－混合Copula等统计学方法，从不同风险维度研究了水稻、小麦、玉米、大豆、油菜、棉花和苹果等主要农产品收入风险的统计特征、分布特征和风险关联性，并测度了这些农产品收入的系统性风险和非系统性风险，采用熵权—TOPSIS测度了农产品收入的综合风险指数并做了风险区划。其次，在充分认识农产品收入风险特征的基础上，总结了现有的农产品收入风险分担机制，归纳和提炼了新型农产品收入"保险＋"模式及其运行机制。再次，运用案例分析方法考察了相关保险试点的效果，梳理了试点存在的问题及经验启示。最后，在借鉴美国、加拿大、欧盟、日韩等国外农业保险先进发展经验和梳理国内农业保险政策演进脉络的基础上，讨论了我国农产品收入保险制度优化的目标、路径、建议和保障措施。

研究表明：（1）综合来看，福建为早稻和晚稻收入高风险地区；河北、江苏、安徽、河南、湖北为小麦收入高风险地区；内蒙古、黑龙江、甘肃为玉米收入高风险地区；内蒙古和江苏为大豆收入高风险地区；江苏、浙江、云南和陕西为油菜收入高风险地区；湖南、甘肃和新疆为棉花收入高风险地区；山东为苹果收入高风险地区。（2）从比较分析的结果来看，湖南、广东、江西和广西的早稻和晚稻收入系统性风险较高；河南、江苏、安徽和山东小麦收入系统性风险较高；河北、内蒙古、吉林、黑龙江、山东和河南玉米收入系统性风险较高；内蒙古、黑龙江和安徽大豆收入系统性风险较高；江西、湖北、湖南、四川和贵州油菜收入系统性风险较高；新疆棉花收入系统性风险较高；山西、山东、陕西和甘肃苹果收入系统性风险较高。（3）从全国主要产区来看，早稻收入的系统性风险值为 4.703 亿 ~7.727 亿元；晚稻收入的系统性风险值为 6.622 亿 ~9.354 亿元；小麦收入的系统性风险值为 29.803 亿 ~41.237 亿元；玉米收入的系统性风险值为 82.317 亿 ~107.297 亿元；大豆收入的系统性风险值为 5.700 亿 ~9.079 亿元；油菜收入的系统性风险值为 5.268 亿 ~7.975 亿元；棉花收入的系统性风险值为 15.187 亿 ~25.988 亿元；苹果收入的系统性风险值为 17.681 亿 ~28.964 亿元。农产品收入的系统性风险占总风险的 30% ~80%。（4）农产品收入系统性风险过高是导致农业保险供需"双冷"的重要原因。仅仅依靠农业保险无法有效分散系统性风险，需要加强农业保险模式和制度创新来破题。基于传统的风险分担模式衍生出了"保险 + 期货""保险 + 期货 + 银行""保险 + 期货 + 互联网""保险 + 期货 + 基差收购""保险 + 期货 + 订单"等新模式。借助这些新模式可以将农产品收入系统性风险有效地转移出去，再通过金融衍生品交易让渡给期货市场众多的风险偏好者。（5）分析试点案例可知，在推广农产品收入保险的过程中存在的主要问题包括保险公司赔付压力大、财政专项补贴少、收入保险费用高、风险分散不充分、配套机制不完善、产品设计不精准、衍生品市场不成熟等。

由于目前国内各类农产品收入风险保障政策具有孤立性和碎片化的特点，导致政策实施成本偏高且效果不佳。以"助力乡村产业振兴，保障农户经营收入，促进保险行业发展"为制度优化目标，基于收入风险的关联性和系统性，将农产品收入保险制度作为内核，同时系统整合了各类风险分担制度工具，提出了以下几点对策建议：推广"保险＋期货"项目，优化"保险＋再保险"制度，促进"保险＋科技"融合，完善"保险＋信贷"架构，强化"保险＋合作社"过程管理。当然，制度的优化与完善是一项复杂的系统工程。农产品收入保险制度优化有赖于提升农业科技赋能水平，构建专业人才培养体系，提高专项资金保障力度和加强收入保险宣传推介。

本研究是在多项课题联合资助下完成的。参与课题研究的人员还有曹高明、余艳锋、张玉、朱吉婵、张雪、陈霖波、吴志明、谢啟阳等。值此成书之际，要感谢东华理工大学、江西省农业科学院和江西省社联多位同事及朋友的关心和勉励！当然，对于书中存在的不当之处，作者文责自负，并敬请各位读者朋友提出宝贵的意见和建议。

赵 玉

2022 年 11 月

目录
Contents

1

第1章 绪 论

1.1 研究背景

农产品收入风险具有系统性风险和巨灾风险的特征。现代农业支持政策体系中需要增加新的风险管理工具。"保险＋期货"模式是小农户对接大市场的制度创新。它使农业生产主体能够依据期货价格信号合理规划农业生产，从而促进农业生产规模化与现代化进程，稳定农产品供给。"保险＋期货"已成为农业支持保护政策改革的风向标。

2016年，《中共中央、国务院关于落实发展新理念加快农业现代化实现全面小康目标的若干意见》提到，"把农业保险作为支持农业的重要手段，扩大农业保险覆盖面、增加保险品种、提高风险保障水平。探索开展重要农产品目标价格保险，以及收入保险、天气指数保险试点。探索建立农业补贴、涉农信贷、农产品期货和农业保险联动机制。稳步扩大'保险＋期货'试点。进一步完善农业保险大灾风险分散机制"①。

2017年，《中共中央、国务院关于深入推进农业供给侧结构性改

---

① 《中共中央、国务院关于落实发展新理念加快农业现代化实现全面小康目标的若干意见》http://www.gov.cn/gongbao/content/2016/content_5045927.htm.

革加快培育农业农村发展新动能的若干意见》提出，"探索建立农产品收入保险制度。深入推进农产品期货、期权市场建设，积极引导涉农企业利用期货、期权管理市场风险，稳步扩大'保险＋期货'试点"①。

2018年，《中共中央、国务院关于实施乡村振兴战略的意见》提出，"创新完善政策工具和手段，扩大'绿箱'政策的实施范围和规模，加快建立新型农业支持保护政策体系。探索开展稻谷、小麦、玉米三大粮食作物完全成本保险和收入保险试点，加快建立多层次农业保险体系。深入推进农产品期货期权市场建设，稳步扩大'保险＋期货'试点，探索'订单农业＋保险＋期货（权）'试点"②。

2019年，《中共中央、国务院关于坚持农业农村优先发展做好"三农"工作的若干意见》提出，"按照适应世贸组织规则、保护农民利益、支持农业发展的原则，抓紧研究制定完善农业支持保护政策的意见。调整改进'黄箱'政策③，扩大'绿箱'政策的应用领域④。继续推进稻米、小麦、玉米三种主粮作物完全成本保险和收入保险试点……扩大农业大灾保险试点和'保险＋期货'试点"⑤。

2020年，《中共中央、国务院关于抓好"三农"领域重点工作确保如期实现全面小康的意见》提到，"进一步完善农业补贴政策。调

---

① 《中共中央、国务院关于深入推进农业供给侧结构性改革加快培育农业农村发展新动能的若干意见》http：//www. gov. cn/zhengce/2017－02/05/content_5165626. htm？gs_ws＝tsina_636220787047861653.

② 《中共中央、国务院关于实施乡村振兴战略的意见》http：//www. gov. cn/zhengce/2018－02/04/content_5263807. htm.

③ 根据《农业协议》将那些对生产和贸易产生扭曲作用的政策称为"黄箱"政策措施，要求成员方必须进行削减。"黄箱"政策措施主要包括：价格补贴，营销贷款，面积补贴，牲畜数量补贴，种子、肥料、灌溉等投入补贴，部分有补贴的贷款项目。

④ 根据《农业协议》，政府执行某项农业计划时，其费用由纳税人负担而不是从消费者转移而来，没有或仅有最微小的贸易扭曲作用，对生产的影响很小的支持措施，以及不具有给生产者提供价格支持作用的补贴措施，均被认为是"绿箱"措施，属于该类措施的补贴被认为是绿色补贴，可免除削减义务。

⑤ 《中共中央、国务院关于坚持农业农村优先发展做好"三农"工作的若干意见》http：//www. gov. cn/gongbao/content/2019/content_5370837. htm.

整完善稻谷、小麦最低收购价政策，稳定农民基本收益。推进稻谷、小麦、玉米完全成本保险和收入保险试点。优化'保险＋期货'试点模式，继续推进农产品期货期权品种上市"①。

2021年，《中共中央、国务院关于全面推进乡村振兴加快农业农村现代化的意见》提出，"扩大稻谷、小麦、玉米三大粮食作物完全成本保险和收入保险试点范围，支持有条件的省份降低产粮大县三大粮食作物农业保险保费县级补贴比例。将地方优势特色农产品保险以奖代补做法逐步扩大到全国。健全农业再保险制度。发挥'保险＋期货'在服务乡村产业发展中的作用"②。

2022年，《中共中央、国务院关于落实发展新理念加快农业现代化实现全面小康目标的若干意见》提出，"按照让农民种粮有利可图、让主产区抓粮有积极性的目标要求，健全农民种粮收益保障机制。实现三大粮食作物完全成本保险和种植收入保险主产省产粮大县全覆盖。探索开展糖料蔗完全成本保险和种植收入保险。积极发展农业保险和再保险。优化完善'保险＋期货'模式。强化涉农信贷风险市场化分担和补偿，发挥好农业信贷担保作用"③。

自2016年开始，中央文件已经连续7年将"保险＋期货"纳入政策议程，目标是融合农业保险与农产品期货或期权的各自优势，引导农业经营主体主动利用期货、期权工具规避或分担农业经营风险。由此来看，"保险＋期货"等农产品收入风险分担模式已成为农业支持政策的重要工具，具有强大的政策支撑、丰富的试点基础与实施的迫切需求。

"保险＋期货"模式是一种比较理想的系统性风险转移和分散方

---

① 《中共中央、国务院关于抓好"三农"领域重点工作确保如期实现全面小康的意见》http：//www.gov.cn/zhengce/2020－02/05/content_5474884.htm.

② 《中共中央、国务院关于全面推进乡村振兴加快农业农村现代化的意见》http：//www.gov.cn/zhengce/2021－02/21/content_5588098.htm.

③ 《中共中央、国务院关于落实发展新理念加快农业现代化实现全面小康目标的若干意见》http：//www.gov.cn/gongbao/content/2016/content_5045927.htm.

式，有助于保障农民利益、减轻财政负担、促进产金融合。但是在试点过程中，"保险＋期货"模式也暴露出了诸多问题，如：价格发现机制不健全、交易费用过高、缺乏标准化产品、市场流动性不足、期货公司存在违约风险。这些问题阻碍了"保险＋期货"试点的推广。解决以上问题的关键在于优化"保险＋期货"的风险分担机制，发挥"保险＋期货"模式的价格发现和风险分担功能。农产品收入风险分担机制和模式已成为农业政策领域研究的焦点。

近年来，受粮食危机、金融危机、蝗灾、新冠肺炎疫情、局部战争冲突等重大事件的冲击，国内和国际两个市场的不确定性也在增加。自然灾害、市场风险导致农民利益受损，农业生产热情受挫，甚至导致出现已脱贫的农户重新返贫的情况。在"保农民收入、稳农民预期、促农业生产"的重大现实需求下，研究农产品收入风险的分担机制和分担模式等问题非常有必要。

1.2　研究目的和意义

全球剧烈变化的气候风险以及农业保险赔付率逐年升高的现实情况为农业保险的可持续发展敲响了警钟。本书旨在解决"如何防范和管理农产品收入的系统性风险，确保我国农业保险产业的健康发展，以保障农户收入安全"这一重大现实问题。农业发展面临着诸多风险和挑战，如气候灾害、疫病、市场波动、政策调整、技术变革等，无论是以上单一的挑战还是多重因素，都有可能诱发巨灾风险，从而导致系统性风险。一方面，这些风险可能会使农户收入受损，生产积极性下降，并威胁到农业安全；另一方面，巨灾造成的巨大损失是农业保险公司难以承担的，企业的承保意愿会下降，而违约风险会增加。农业保险＋期货、巨灾期权和风险证券化等风险融资方式的创新为农业保险公司承保收入保险提供了一些新的思路和技术。相对于传统的农业保险和再保险机制而言，这些新的风险融资方式突破了在保险人和被保险人之间转移和分摊风险的障碍，将风险进一步地转移和分摊到保险人、被保险人和其他风险偏好者等更广阔的范围。

农业保险是目前最有发展潜力的"黄箱"转"绿箱"手段之一，未来将逐步扮演起农业间接补贴工具的重要角色。但从行业现阶段来看，农业保险发展质量和运行效率还不高，承接相应职能还有很长的路要走。在农业保险融入乡村振兴战略的大背景下，农业保险业面临的任务更加艰巨，自身改革逐渐进入深水区。研究农产品收入保险新模式是在乡村振兴战略背景下对"保险 +"创新的有益探索，有着重要的理论意义和实践价值。探索"保险 +"新模式，创新农业保险制度，可以让农业保险成为服务乡村治理、实施乡村振兴战略的重要抓手，有助于继续发挥农业保险在"三农"方面的"压舱石"作用，有助于实现农业保险的"提标、扩面、增品"，让农业保险更全面兜底民生，稳住农业生产，保障基本民生。

农业的现代化发展和乡村振兴离不开强大的资金支持。《国务院关于加快发展现代保险服务业的若干意见》以及《国务院办公厅关于多措并举着力缓解企业融资成本高问题的指导意见》等系列文件中，鼓励各地结合当地实际情况，以"政府 + 银行 + 保险"多方参与、风险共担的合作经营模式实现合作共赢，解决因农业生产过程中的信贷风险大、农户可抵押担保资产不足等问题。

2016 年以来，"保险 + 期货"试点品种、数量、规模和范围逐年扩大，越来越多的农户从中受益。具体来看，"保险 + 期货"的保"价"护航效果显著，农户利用这种操作性较强的避险工具，可以将价格风险转移至期货市场。面对乡村产业振兴的现实需求，越来越多的"保险 +"模式可以作为发展地方优势特色产业、保障农户增收的有效举措。完善"保险 +"政策体系，优化"保险 +"运行机制，强化"保险 +"科技赋能，提升"保险 +"服务质效，既有助于为农村实施产业扶贫和打赢脱贫攻坚战提供有力的风险保障，也有助于为巩固拓展脱贫攻坚成果同乡村振兴有效衔接保驾护航。

1.3 文献回顾

1.3.1 农业风险评估

农业风险评估在稳定农业生产中起到了极其重要的作用，是开展农业风险分担工作的必要前提。风险评估直接影响农业风险区划及管理决策工作的准确性，也关系到农业保险费率厘定的科学性。因此，研究农业风险评估具有重要现实意义。

1.3.1.1 风险测度指标

合理选取风险测度指标，是提高农业风险评估质量的有效保障。风险测度指标的演化过程大致分为四个阶段：一是以方差、半方差为主要度量指标的传统风险测量阶段；二是以现行国际标准风险测度工具在险价值（VaR）为代表的现代风险测度阶段；三是以预期亏损（ES 或 CVaR）为代表的一致性风险测度阶段；四是以VaR 模型为基础拓展的系统风险和条件风险测度方法，例如条件风险价值（CoVaR）、条件预期亏损（CoES）等。方差指标不能有效区分潜在损失和收益，而 VaR 以及基于 VaR 发展起来的风险测度方法可以更好地测度损失大小。但是 2008 年爆发的金融危机表明 VaR 或CVaR(ES) 指标忽略了系统性风险，从而使风险管理者低估了潜在的损失。

本书将风险测度指标分为系统性与非系统性两类，并依照指标发展的时间脉络进行梳理。

1. 非系统性风险指标

1952 年，马科维兹（Markowitz）将统计分析中的期望与方差引入到资产组合问题的研究中，提出了投资组合理论（MPT），通过将收益率的方差作为风险度量指标对市场风险进行了量化分析。在采用 MPT 度量市场风险的基础上，夏普（Sharpe，1966）[①] 提出了夏普比率，用以确定给定风险水平下投资组合收益的质量。但方差度量风险有悖于投资者对风险的客观感受。首先，投资者认为风险应是偏离特定收益指标的程度，而非未达到期望收益率的程度；其次，投资者更关心丧失期望收益或蒙受损失的可能性。这些因素都阻碍了均值－方差模型的应用。基于上述不足，马科维兹参考了罗伊的"安全第一法则"，提出用半方差代替方差作为风险测度工具并建立了均值－半方差模型。尽管这些方法克服了方差方法无法反映风险特征的缺陷，但它们测度的都是事后风险，无法在实质上预测市场风险，这个问题直到 GARCH 模型出现后才得以解决。

学者们针对基于方差与半方差的风险测度方法进行了优化与拓展应用研究。在优化方面，马国顺（1999）提出使用组合偏差作为新的风险衡量指标以解决方差法中实际收益与预期收益间的双向偏离问题。吕锋和倪志红（1995）认为投资组合理论中的风险度量没有考虑投资者具体的投资行为与预期收益，并且忽略了收益的偏态分布，继而提出了与半方差相适应的半协方差并比较了在 E－V 与 E－SH 风险下有效边界的不同。勾明等（2002）分析了均值－方差和均值－半方差模型的不足之处，在考虑到投资者的风险偏好与资产离散程度的基础上引入了风险偏好系数，并建立了加权的半方差组合决策模型。李雄英（2016）改进了均值－方差模型的稳健性，得到了稳健均值－半方差模型。此外，目标函数中的方差测度不具有平滑性，

① Sharpe, W. F. （1966）. Mutual fund performance. The Journal of business, 39 （1）: 119 – 138.

导致多阶段均值－方差投资组合优化研究不能直接运用动态规划方法求解。周忠宝等（2018）提出了一种有效的线性反馈策略，该策略能够有效地拟合由动态规划所得到的精确投资策略。张鹏等（2018）发展了半方差风险测度方法，提出了可调整的均值－半方差投资组合优化模型。

在拓展应用方面，张喜彬等（2000）以半方差风险测度为基础，在兼顾风险和收益的情况下提出了最优投资组合选择的目标函数，建立了组合投资决策的最优化模型。黄和狄（Huang & Di, 2016）在均值－方差框架下，研究了不确定环境下考虑背景风险的投资组合选择问题，提出了背景风险投资组合选择模型。刘勇军等（2020）在同时考虑背景风险与金融风险的情况下，创新性地使用半方差代替方差作为风险度量的方法，提出均值－半方差投资组合优化模型。

继组合投资理论将方差作为风险指标后，VaR 成为了国际上主流的市场风险测度指标。VaR 最初出现在 G30 集团于 1993 年发表的《衍生产品的实践与规则》中，其具体含义是在某段持有期间内某一资产组合的潜在最大损失。以前的理论模型（如 CAPM 等）根据风险与资产回报之间的关系衡量资产收益，而基于 VaR 的理论模型将侧重点转移到了分析量化风险本身与其造成的损失方面。

VaR 风险测度的核心在于确定资产组合收益的概率密度函数，学术界围绕着这一问题提出了多种计算模型以改进最终的 VaR 计算精确度。有学者在历史模拟法的基础上提出使用指数加权的历史数据进行模拟，最后根据经验分布或直方图估计出相应的 VaR 值（Boudoukh et al., 1998）。熊焜怡（2020）运用 EWMA 模型调整了历史模拟法的波动率，并计算了细分农业指数的 VaR，从整体上测量了农业板块的股市风险。波勒斯勒夫（Bollerslev）于 1986 年提出广义自回归条件异方差 GARCH 模型，解决了残差异方差问题，并逐步形成了以 GARCH 模型为核心的模型族。玄海燕等（2021）将双线性 GARCH 模型与 VaR 模型结合，对人民币汇率的 VaR 值进行计算，证明了该模型能够提高 VaR 计算的准确性。高艺和王璐（2016）基于半参数 Copula 建模方法计算资产投资组合的 VaR 值，并通过稳健性检验等方法验证了其有效性。

考虑到 VaR 方法在测度复杂的投资组合风险时存在较大偏差，不少学者进行了模型优化研究。马吕斯等（Marius et al. , 2018）将动态条件相关多变量波动率模型和 Copula 函数结合，提出了一种基于多变量 Copula 的波动率模型，分析表明新模型能够很好地预测 VaR。赵丽丽和张波（2018）提出了 IC – SP – VaR 模型并进行了模拟分析，结果表明该模型能够提高资产组合风险计量模型的稳定性和准确性。魏正元等（2019）研究了总体服从帕斯卡分布、几何分布和二项分布情形下的 VaR 回测检验问题，提出了平均首次失败次数检验法和平均失败率检验法，这些方法在一定程度上提高了 VaR 预测检验的精度。

尽管 VaR 能够更方便地测度潜在损失，但阿尔茨纳（Artzner, 1999）指出在一般情况下 VaR 不满足次可加性，这意味着 VaR 并不是一致风险测度模型。文凤华等（2001）也指出 VaR 在测度风险时和投资者真实心理感受相差甚远。巴萨克和夏皮罗（Basak, Shapiro, 2001）认为 VaR 未考虑超过 VaR 水平的极端风险，容易给投资者传递错误的风险信息。山井等（Yamai et al. , 2005）提出风险控制更应关注尾部风险，VaR 范围外的损失发生概率低但造成损失严重，可能会导致金融机构的破产，因此绝不能忽略不计。福尔默和希德（Foellmer, Schied, 2002）将一致性风险测度延伸至凸风险测度，并给出了凸风险测度定理的证明，指出 VaR 不具有凸性。

为弥补 VaR 的不足，洛克菲勒和乌利亚舍夫（Rockafeller, Uryasev, 2000）提出了 CVaR（conditional value at risk）指标，这与阿尔茨纳（Artzner, 1999）提出的预期亏损（expect shortfall, ES）概念等价，该指标度量了一定置信水平下超过 VaR 值时的预期平均损失。

学者们比较了 CVaR 与 VaR 风险测度指标的优劣性，并对 CVaR 指标进行了实证分析。刘俊山（2007）在一致风险测度理论与随机占优理论框架下比较了 VaR 与 CVaR 的优劣，指出 CVaR 在任何情况下都满足次可加性，因此在一致性上，CVaR 优于 VaR，但 VaR 在应用的简便性上优于 CVaR。亚历山大和巴普蒂斯塔（Alexander, Baptista, 2004）将 VaR 和 CVaR 进行了比较，通过 Mean – CVaR 和 Mean – VaR 模型讨论了它们在各自约束下的特定投资组合的优化问题。孙双琳（2014）从渐进有效性的角度出发比较了风险测度 VaR 与 CVaR 的效率，发现在较大的置信水平下，不论指数幂取何值，CVaR 相对 VaR 都更有效。盖根等（Guegan et al., 2018）对金融机构在风险度量、损失分布、置信水平等方面的选择进行了讨论，在实证研究中比较了 VaR 和 CVaR，并提出了一些建议。也有学者提出了一种基于经验模式分解的多尺度 VaR 方法，并进行了实证研究，结果表明与传统 VaR 指标相比，VaR – EEMD 模型能够有效地降低极端事件对测度的影响（Zhu et al., 2018）。董俊生（2019）比较了基于波动率和基于 CVaR 的风险均衡模型的业绩表现，结果表明 CVaR 风险均衡模型考虑了单个资产的极端波动和尾部风险对投资组合的影响，能够实现分散化投资和资产价值稳健增长的目标。宋慧慧等（2019）以 CVaR 度量风险，且改进了典型交易成本函数，建立了多目标投资组合模型，对国内股票市场的历史数据进行分析后，得到了收益最大且 CVaR 最小的投资组合。也有学者构建了包含损失变量的不确定性模型，结果发现在较高置信水平下估计的 VaR 更具有鲁棒性（Cheung et al., 2020）。

2. 系统性风险和条件风险指标

2008 年的金融危机表明 VaR 和 CVaR 指标都低估了极端风险的影响，主要源于这类指标难以反映系统性风险。基于方差风险测度建立的资本资产定价模型中的 β 系数能够测度系统性风险，但不能显示出损失分布的尾部相依性。阿德里安和布伦纳迈尔（Adrian &

Brunnermeier）于 2016 年正式提出了 CoVaR 模型，CoVaR 是指在一定置信水平下，当某一资产或投资组合在未来特定时期内的损失等于 VaR 时，其他资产或投资组合的最大可能损失。该模型可以有效反映某金融机构出现金融危机时的金融系统风险价值，用来测度单个金融机构的系统性风险贡献程度与风险溢出效应。此外，阿查亚等（Acharya et al. ，2017）考虑了系统的边际风险，提出了边际期望损失法（MES）。MES 是指单个金融机构在市场期望收益下跌时的期望损失，这反映了金融系统风险对单个金融机构一单位权值变化的敏感性，考虑了超过最大损失的尾部风险状况以及金融机构杠杆率对市场风险和金融机构边际风险贡献的影响。这两项风险测度指标都具有良好的经济意义，能够用来监测重点机构的系统性风险。

学界围绕 CoVaR 与 MES 测度指标从不同角度展开了相关研究。学者们将 CoVaR 与 MES 进行了比较。赵进文等（2013）实证分析了我国 14 家上市公司隐含股票价格数据，分析了 MES 和条件在险价值 CoVaR 这两种风险度量方法的联系与区别，并研究了它们与传统风险度量方法 ES 和 VaR 的关系，认为在使用不同市场风险度量方法时要注意应用环境，不能盲目应用。杨鹏（2016）建立了 DCC - TGARCH - CoVaR 和 DCC - TGARCH - MES 模型，并根据我国 16 家上市商业银行的日收益率数据实证研究了系统重要性银行的识别问题。他认为 CoVaR 可以捕捉到单个银行的风险对银行业整体的溢出效应，而 MES 更多地关注到市场风险的影响。

考虑到尾部风险及尾部相依性的非对称性，洛佩兹 - 埃斯皮诺萨等（Lopez - Espinosa et al. ，2015）提出了全局 CoVaR 方法。在此基础上，刘（Liu，2017）使用区制转换方法进行尾部建模，并使用全局 CoVaR 方法度量了系统性风险。张保帅等（2019）将引起个别标的资产收益率变动的因素纳入市场风险考量范围，构建了 Mean - Co- VaR 资产配置模型。乔凡尼等（Giovanni et al. ，2019）建立了 QL - CoCaViaR 模型，发现分位数定位关系可以加强预测的准确性。布朗莱斯和恩格尔（Brownless & Engle，2016）考虑到银行杠杆率对系统性风险的影响，采用衡量资本缺口的风险指数 SRISK 对 MES 进行完善。巴努奴列斯库和杜米特雷斯库（Banulescu & Dumitrescu，2015）对 MES 没有考虑金融机构规模的问题进行了修正，他们构造的成分期望损失（CES）拥有更强的可加性。在实证应用研究方面，宫晓莉等人（2020）首先甄别出我国金融系统重要性金融机构，随后计算了 CoVaR 和 MES 值，从而分析了金融系统的风险溢出效应与时变特征。布朗莱斯等（Brownless et al.，2011）用动态条件相关技术对 MES 进行了估计，并且给金融机构作了系统性风险排序。布雷克（Braiek et al.，2018）利用 CoVaR、ΔCoVaR 和分位数回归模型研究了股票指数对美国股市系统性风险的贡献。欧阳资生与杨希特（2020）采用 CoVaR、MES、Catfin 等风险测度指标，研究了我国 44 家上市金融机构的系统性金融风险溢出效应与时间演变特征。

鉴于 CoVaR 只关注到单一分位点上的期望损失，阿德里安和布伦纳迈尔（2016）提出了 CoES（条件预期损失模型）的构想。该模型更关注尾部损失的均值而不仅仅是单一分位点上的期望损失，衡量了整体市场的极端损失情形，因此能够更加准确地捕捉系统性风险。学者们对 CoES 风险测度值的计算方法进行了研究。张冰洁等（2018）、崔静（2019）分别基于分位数回归模型度量了我国金融市场的 CoES。朱等（Zhu et al.，2020）利用 Copula 函数对中国试点碳市场的 CoES 进行了计算，测度了碳市场之间的风险溢出效应。曹洁和雷良海（2021）分别利用 GARCH 模型和 Copula 函数度量了广义 CoES，均认为 CoES 测度模型在一致性与稳健性上更具有优势；随后他们于 2022 年在多维 CoVaR 方法的基础上提出了广义多维 CoES 方法，并采用分层阿基米德 Copula（HAC）函数计算广义多维 CoES 值，将构建的 HAC–广义多维 CoES 模型应用于香港等地的股票市场间的风险溢出效应测度。

表 1-1 为笔者对现有原创性风险测度指标的梳理与汇总。

表 1 - 1 风险测度指标汇总

风险测度指标	作者	时间（年）	模型优点	模型缺点
方差	Markowitz	1952	应用简便	对收益率概率分布要求较高
半方差	Markowitz	1959	符合投资者心理感受	计算复杂；未考虑收益最大化
β 值（CAPM）	Sharpe	1964	应用简便，能够用来测度系统性风险	结果不稳定，用其衡量风险有较大争议
VaR	摩根大通	1994	概念简单；可预测事前风险和投资组合风险	不满足次可加性；对分布要求较高；尾部损失测量不充分
CVaR	RockafeUar, Uryasev	2000	具有次可加性、凸性	不易于事后检验，无法确保估计结果的稳定
CaViaR	恩格尔蒙格奈尔	2004	更加快捷地计算 VaR 值，可测度 VaR 的自相关性及外生影响	条件自回归 VaR，具有 VaR 的缺点，假设收益率均值为 0，可能存在估计偏差
MES	Acharya	2010	考虑了尾部风险	难以反映个体对系统性风险的贡献度
CoVaR	Adrian, Brunnermeier	2016	可测度单体对系统的风险贡献度	只测度了单一分位点的期望损失，可能使尾端风险度量失准
CoES	Adrian, Brunnermeier	2016	既涵盖尾部损失，又度量了系统性风险的影响程度	计算比 CoVaR 更复杂
SES	Acharya	2017	度量金融机构资金短缺对系统性风险的贡献	测度的是事后风险，无法揭示来源及风险发生的先后顺序等系统性风险机制
SRISK	Brownlees, Engle	2017	测度单个机构对系统性风险共现的动态 SES 指标	无法揭示金融风险传导机制
Co CaViaR	博纳科尔托等	2019	更方便地计算和预测 CoVaR 值	条件自回归 CoVaR，只测度了单一分位点上的期望损失

风险测度指标	作者	时间（年）	模型优点	模型缺点
CISS 指数	清华大学国家金融研究院金融与发展研究中心课题组	2019	适应国内金融市场，能够反映中国金融体系整体系统性风险	只能衡量金融系统风险

资料来源：笔者整理。

1.3.1.2　风险评估方法

农业风险主要包括自然风险、市场（价格）风险、制度风险、货币风险与技术风险等（Hardaker et al.，2015），其中自然风险与市场（价格）风险是农户最为关注的风险，同时也是农业风险评估领域研究的焦点，本书针对这两类风险梳理综述相关评估方法。

按照特征与理论依据对农业自然风险的风险评估方法进行分类，能够梳理出基于风险因子、基于风险损失和基于风险机理的三类农业自然风险评估方法（徐磊、张峭，2011）。

基于风险因子的评估方法始于 20 世纪 70 年代发达国家的农业灾害评估与防治工作，其主要特征在于从自然灾害、承灾体与区域防灾减灾能力视角出发提取致灾风险因子，确定风险评估指标，并且利用 AHP 法、主成分分析法等数量模型确定各风险指标所占权重，从而构建起区域自然灾害风险等级的评价体系，经过计算得到研究区域的风险等级。在实际应用中，最具代表性的研究是联合国发展计划署（UNDP）从全球资源信息数据库（GRID）中提取开发的"灾害风险指标"（DRI）（Margaret et al.，2006）。在国内，庹国柱和丁少群（1994）设计出包括产量水平、农作物每亩产量变化幅度与灾害发生区域等指标的评价体系，并对陕西泾阳县的产棉风险进行评估。张星等（2007）以各类气象灾害的成灾面积为基础，利用灰色关联分析方法建立农业气象灾情综合评价模型，并对福建省历史灾情严重程度进行了分级评价。此类方法实现难度较小并且不会受到历史受灾数据样本缺失的影响，但主观性较强，评估结果仅显示风险等级，无法进一步量化分析。

随着农业保险在农业安全保障领域中的重要性日益提升，农业保险产品的费率如何厘定逐渐成为社会关注点。理论上，保险产品的纯费率等于自然灾害风险的期望损失（徐磊，2012），为满足保险精确定价与农业风险区划的需要，学术界开始探讨基于风险损失的农业自然风险评估的理论方法。这种方法的主要特征在于利用数理手段以风险造成的结果为依据开展建模，通过统计分析寻找灾害风险的损失规律，从而为保险费率的厘定与风险区划提供科学的依据。目前，基于风险损失的风险评估方法主要分为两类：一类基于农作物的单产数据。张峭和王克（2011）依照"单产数据—数据趋势—波动模型—风险评估"的研究思路，运用极大似然估计法（MLE）拟合了农作物单产波动模型的密度函数，进而计算出作物单产损失发生的概率。此外，还有学者探索了农作物单产波动的非参数估计方法，例如，特维和赵（Turvey & Zhao，1993）基于安大略（Ontaria）省农民的 609 个农作物历史产量数据，利用非参数核估计法来估计作物产量函数，并与使用正态分布、γ 分布与 β 分布假设的参数估计效率进行了比较。另一类基于农业灾情损失数据。李云辉和贺一梅等（2002）具体测算了云南金沙江流域 45 个县（市、区）1979~2000 年的农作物灾害减产量，通过对这些数据的重复抽样直接拟合了农作物产量损失的概率分布，进而开展风险评估工作。张峭和张希（2010）等人论述了基于受灾减产数据的评估方法具有更好的效果。此外，由于中国农业灾情统计没有具体的受灾、成灾与绝收情况，王克与张峭（2013）利用作物单产与农业灾情两种数据构建了农业自然风险评估模型。基于风险损失的农业风险评估方法所得到的评估结果较为客观，但对样本数据的要求较高，依赖于数据的质量与数量。

伴随着计算机技术与植物生理学的发展，国际上迅速崛起了一种新型技术——作物模拟，学者们将这项技术应用于农业风险管理中，摸索出了基于农业自然风险机理的灾害风险评估理论与方法。这种方法的特征在于考虑了农作物生产的全过程，从风险产生的前因后果出发建立模型，更加贴近农业生产过程中的实际风险（付磊，2012）。其中，最为著名的作物模型有荷兰 de Wit 作物生长模拟模型、美国 DSSAT 模型与澳大利亚的 APSIM 模型，这些模型通过对作物生长与其气象、土壤等环境条件之间的关系进行数值模拟，从机理上定量描述作物生产与其影响因素之间的关系，从而实现对各类风险进行评估的目标（滕雅琦、马维军，2019）。在国内，具有代表性的是安之庆、葛道阔等（1994）利用 SOYGRO（大豆生长模型）与气候变化情景的耦合方法，评价了全球气候变化对我国大豆生产的影响。这种方法能够完整地展现农作物灾损特征，评价结果可观，但是机理复杂，建模难度大，因此无法直接将其复制推广。梳理文献发现，农业研究领域较少有学者利用生长模拟模型研究畜禽的养殖风险，未来值得关注与探讨。此外，宋启道等（2009）从农业产地环境出发对农业风险进行评估，拓展了传统的农业自然风险评估视角。

当前，我国还存在着大量小规模种植农户，对农产品价格的波动十分敏感。而农业属于弱质产业，多方因素都会造成其产品的价格起伏，因此，合理量化风险因子对农业主体收益（或损失）的影响概率与程度十分必要。关于农业价格风险的风险评估，我们可以按照风险测算的度量方式将相关的学术研究分为两个时段：在前期，有学者采用农产品的价格波动幅度、价格偏离与价格波动周期等指标来量化农业价格风险（Joe et al.，2003；Allan et al.，2007），这忽略了风险是损益的可能性这一事实；随后，农业价格风险度量方式发生了变化，学者们开始利用一定置信水平下价格波动的概率分布与最大损益水平衡量价格风险的大小。熊巍和祁春节（2013）采用概率分布法测算出在95%置信区间内常见蔬菜价格波动的涨跌幅风险超过25%。赵玉和祁春节（2014）运用非参数核密度估计法与神经网络模型等方法克服了极值评估不准确的问题。张伟华和张英丽（2020）采用 GARCH 类模型研究得出我国原料奶、鱼类价格波动风险具有集簇性，这有效地补充了 VAR 难以解释高频数据较常出现的集簇性现象的不足之处。

近年来，国家惠农政策不断优化，激活了农业保险的补偿功能。与此同时，农业保险项目覆盖率逐年上升。学者们应当在未来更加重视农业风险评估方法的实践创新，将其应用于我国各类农业经营主体的管理决策和保险费率厘定中。

1.3.2　农业风险分担

农业经营主体最主要的收入来源于农业，而其又是农业风险的直接承担者。严重的农业风险会给农业经营主体带来难以承受的经济损失，还会进一步影响涉农部门的可持续发展，甚至影响国民经济的运行。风险分担是规避或降低风险的有效手段，研究农业风险的分担机制与措施具有重要意义。笔者利用 CiteSpace 对农业风险分担的相关文献进行了图谱演化分析（见图 1－1）。资料来源主要为中国知网（CNKI）数据库中 1994～2022 年的相关文献与 Web of Science 数据库中 1983～2022 年的已发表文献。检索条件为主题含有"风险分担"＋"风险管理"＋"风险补偿"＋"风险分散"＋"风险转移"（"＋"表示或），且与"农业风险"相关，共检索得到文献 659 篇。

CiteSpace 依据网络结构和聚类的清晰度，提供了模块值（Q 值）和平均轮廓值（S 值）两个指标作为评判图谱效果的依据。一般而言，Q 值大于 0.3 时，网络结构是显著的，即聚类得出的结构较为稳定；S 值在 0.5 以上时，聚类结果是合理的，S 值越大表明研究主题越集中。

图1-1 农业风险分担关键词共现网络知识图谱

图1-1的Q值为0.6236，S值为0.8997，表明图1-1呈现的聚类结构是稳定且可信的。目标文献知识图谱共有499个关键词节点和936条节点连线。在这些关键词中，共现频次较高的热词有农业保险（词频为254，中心度为0.97）、巨灾风险（词频为17，中心度为0.03）、财政补贴（词频为10，中心度为0.01）、订单农业（词频为9，中心度为0.03）、期货市场（词频为5，中心度为0.04）等。由此可知，农业保险已成为风险分担领域研究最为关注的课题，相关文献数量远远超过了其他热点。另外，农业自然灾害的愈演愈烈让我们不得不思考如何构建巨灾风险的分散体系，学术界还研究了订单农业以及其延伸模式并对期货、期权等农业衍生金融工具在风险分担中的应用展开了探讨。

图1-2显示了基于关键词共现图谱聚类后得到的Timeline视图。图谱横坐标代表了关键词出现的年份，纵坐标代表了聚类结果。聚类标签农业保险、巨灾保险、费率厘定与收入保险等表明农业保险相关

研究起步阶段较早，研究主题从早期关注财政补贴、保险费率厘定到中期研究农户需求、信贷配给等再到如今关注保险服务地方农业、服务农业产业链，出现了较为明显的变化。

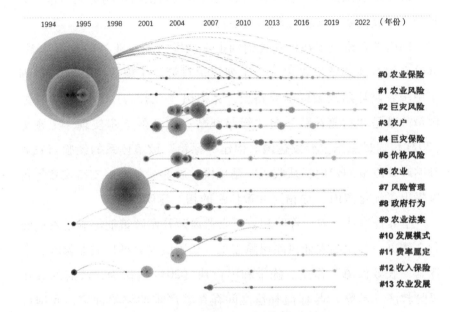

图 1 - 2 关键词聚类的时间序列图谱

综合以上分析结果，我国农业风险的分担方式可以分为农业风险补偿与农业风险转移。张伟等（2014）根据我国农业风险特征，构建了农业风险的多维分担机制：初级风险分担是以省级政府为主导进行的以生产和生活为主的灾害救助制度、中级风险分担是以农业保险为主的损失补偿机制、高级风险分担是以最低收购价和农产品期货为主的价格稳定机制。

1.3.2.1 风险补偿

农业风险补偿指对农业经营主体因风险遭受的损失进行补偿。我国现行的农业风险补偿方式主要有政府农业补贴与保险补偿两种（戚译丹、尚斌韬，2017）。政府农业补贴的主要政策措施包括大灾救济金、最低收购价以及农业直接补贴等，核心目标是保障国家粮食安全，增加农民收入（程国强、朱满德，2012）。王鸥和杨进（2014）发现，农业补贴能够正向影响国内粮食产量、播种面积与资金投入；且相较于非贫困地区，农业补贴对贫困地区的正向影响更大，这有效地契合了我国缩小贫富差距的战略目标。

国内学者研究了在世贸规则约束下的国内外农业补贴政策体系，并结合国内现实情况提出了一系列优化对策。李鎏等（2021）梳理了中国农业补贴政策的演变路径，并指出"三补合一"的农业补贴政策改革是"黄箱补贴"向"绿箱补贴"改革的逐步实现。王颖等（2021）通过总结主要发达国家构建"绿箱"政策体系的经验与农业补贴政策改革的走向，从收入补贴规模、农业绿色发展支持实效等角度提出了优化国内"绿箱"政策体系的相关建议。

学界普遍认可农业保险相较于农业风险补贴政策能够满足农业经营主体更高层次的农业风险保障需求，我国应大力推广农业保险，发挥其"长效保障"作用。陈金和冯白侠（2011）认为，政府的农业风险救济（补贴）与保险补偿之间存在着严重的供给冲突，我国应当参考国际经验，逐渐将农业风险补偿机制从灾害救助为主转变为保险补偿为主。鲍国良和姚蔚（2022）梳理了我国粮食补贴政策的演变过程，指出政府的价格支持补贴政策会导致市场机制扭曲，且采用单一价格支持政策工具无法达到预期效果，以此提出"以险代补、险补结合"的新型粮食生产支持保护体系。可见，农业保险补偿体系的完善与创新是我国农业风险补偿领域持续深化的方向。

从2004年3月国务院提出建立政策性农业保险制度并在部分地区进行试点至今，农业保险已得到迅猛发展。国内外学术界都认为农业保险具有两大基本功能：一是风险分散；二是经济补偿。其保障农户收入的作用具体体现在两方面：第一，农业保险能够稳定农户的生产预期，提高农户的抗风险能力，从而加大农业生产投入、种植高利润作物等；第二，通过灾后经济补偿，减少农业低效率生产（邵全权、郭梦莹，2020）。张峭等（2019）认为，农业保险的风险保障功能最终要通过保险损失补偿来实现，购买保险获得风险保障主要体现在灾害发生时能够获得保险的损失赔偿，从而降低投保人和被保险人灾害损失程度并尽快恢复生产，这也是农民购买农业保险的目的。农业保险经营模式主要分为两类：一类为政府财政补贴下的政策性农业保险经营模式；另一类为未获得政府补贴的商业性保险经营模式。大多数国家都选择了政策性农业保险经营模式，以此消除农业保险市场客观存在的市场失灵带来的影响（邱波、朱一鸿，2019）。

　　农业保险承保风险具有系统性，在一定程度上打破了大数法则的使用条件，在一些巨灾发生的年份，农业损失超出了农业保险经营机构自身的偿付能力。因此，国内外学者们关于农业保险运作过程中的风险分散进行了探讨。麦森（Meuwissen，2001）认为，在没有政府介入的条件下，保险公司与农户难以有效分散农业巨灾风险，从而遭受巨大损失。左臣伟（2007）对我国巨灾风险分散机制进行研究，得出政府宜充当最后救助者的角色，即只有巨灾损失大到保险市场无法承担时，由国家财政进行补偿。结合加拿大的再保险制度建设经验，魏腾达等（2022）认为我国政府应当在农业保险运作机制中发挥更大的作用，尽快支持建立农业再保险体系，并利用再保险盈余或与保险公司共同出资建立农业巨灾风险基金，从而切实分散农业保险的巨灾风险。丁少群等（2021）基于我国尚未建立统一的巨灾风险分散体系的现实，提出了以农业保险经营机构、再保险机构、政府作为主体，以风险自留、农业保险、再保险、地方农业巨灾风险基金、国家农业巨灾风险基金与政府紧急预案为六大保障措施的巨灾风险分散框架。

　　可以看到，在以市场化改革为导向的农业供给侧结构性改革的背景下，我国农业补贴政策正朝着符合世贸组织"绿黄蓝箱"政策规则的方向发展，但其与我国农业保险供给之间存在一定冲突，明确政府干预与保险市场调节之间的边界值得探讨。另外，如何利用目前已初具规模的农业补贴政策体系引导农业保险构建有效的农业巨灾风险分散框架也是未来探讨的方向。

1.3.2.2 风险转移

农业风险转移是指农业经营主体利用市场化的风险管理工具将自身面临的自然风险、市场价格风险等转移给其他主体。农业风险转移的工具主要包括期货合约、期权合约与市场合约等多种金融衍生产品。

在期货市场上，农业经营主体主要通过买进或卖出与现货市场交易品种、数量相同但买卖方向相反的期货合约，并在未来买入或卖出期货合约，从而在期货市场与现货市场之间建立一种对冲机制，达到套期保值的目的（曹满子，2017）。在利用期货工具进行套期保值的效率方面，魏小林（2018）通过基差分析和套期保值绩效值分析，发现我国玉米期货市场的套期保值具有良好效率。

我国与发达国家的农业经营模式、农民平均受教育水平等有较大差异，因此农户在参与期货市场的方式上有所不同。期货套期保值效果的实现需要使用主体具备足够的专业知识，只有合理运用套期保值工具才能实现风险的转移。在国外，一些较大的农场主可以通过直接参与期货市场进行风险转移，中小农业生产者可以通过各类农业专业合作社来参与粮食流通，并开展套期保值业务（厉耕，2011）。而我国目前大力支持农业适度规模经营，但整体上仍以"小农经济"为主。农户受限于专业知识的不足，无法高效运用期货交易来转移自身面临的风险，其风险管理主要形式为自留风险。因此，间接参与期货市场是我国农户的现实选择，其中主要模式有"农户＋企业＋期货""农户＋专业合作社＋期货"等（谢长伟，2013）。此外，保险在我国运作已久，农户对其认知程度较高，因此，保险作为农户与期货市场间的中介，能够通过汇聚农业风险并转移至期货市场的方式来服务农户，这就是"保险＋期货"模式。范庆泉等（2017）建议通过"保险＋期货"产品创新，建立小规模分散农户与期货市场的风险转移机制，以稳定农户预期收益。方蕊等（2020）基于因子分析法和多元有序 Logit 回归模型，探究农户的风险管理需求，发现农户对自然灾害类风险感知越强，则越倾向于采用"保险＋期货"进行事后风险管理。

相对于期货市场，期权在管理农产品价格风险方面有着较为显著的优越性（Spinler & Huchzermeier，2004）。期权是一种权利与义务非对称的风险管理工具，期权持有人能够在未来特定时间内以预定价格买进或卖出一定数量的合约商品。农产品期权交易可以转移农业生产者面临的价格风险，其风险转移机制主要是通过买入看跌期权实现。美国农业部早于 1993 年陆续开展了期权试验项目，农场主可以使用政府提供的期权补贴购买看跌期权，以管理经营生产风险、保护农户收入（Musser et al.，1996）。墨西哥期权市场的参与范围较广且申请手续简便，因此部分中小农户也可以直接或借助合作社通过期权合约转移生产经营风险。我国农产品期权起步较晚，直至 2016 年中国证监会才正式批准农产品期权上市。国内学者们对期权转移风险的具体策略上进行了研究。许桐桐等（2018）对上证 50ETF 期权的风险转移功能展开了具体研究，认为上证 50 ETF 期权的风险转移策略主要有两种：一是购入看跌期权抵消现货 ETF 下跌风险；二是使用 Delta 中性策略进行风险管理。和龙（2018）通过分析农户在农资和农产品市场上购买看跌期权与看涨期权，分别锁定农资的农产品最低价格和最高价格，以此说明农户是如何利用期权合约来转移风险。

相对于期货合约，远期合约流动性较差、违约风险较高、市场效率偏低。远期合约的最大功能在于转嫁风险，提前设定一个价格以锁定合约双方的成本，降低了价格波动带来的收益不确定性。订单农业是一种跨期销售模式，类似于远期农产品销售合约交易，在农户的生产经营过程中起到了一定转移风险作用，其优势在于能够让小农户与大农场主一样有机会成为根据合同安排生产的生产经营者。张传洲等（2015）认为从信息传递的角度来看，这种订单合约有利于解决农户和大市场之间信息不对称的问题，在"公司＋农户"模式下，农户通过企业进入市场，能够降低风险发生的可能性。但是通过订单合约使双方达成价格协定并没有完全将风险完全转移出流通领域，而是在合约双方进行转移，因此存在较大的违约风险。有学者通过研究发现当政府提供期权溢价补贴时，能够有效平衡订单农业中的利益分配，实现利益共享，在面对市场波动时，仍然能够有效避免违约问题（Yu et al.，2019）。此外，"农业订单＋期权市场"模式可以为订单农业提供良好的"风险避口"，进一步平衡合约双方的利益分配（何嗣江，2007）。孙字典等（2018）提出让企业、农户与保险公司共同参与期货市场，形成"订单＋保险＋期货"模式，从而确保农户收益，降低订单农业的违约风险。安辉等（2021）分析案例后发现，"订单＋期货＋保险"模式为农户提供了更加完善的收入保障途径，稳定了农业生产安全。

农户面对的经营风险问题一直是阻碍我国农业发展的一项重大现实问题。虽然期货合约、远期合约、期权合约具有良好的风险转移作用，但由于合约设计的复杂性、国内期权期货市场还不够成熟以及政策帮扶的局限性等原因，使农户在使用这些工具时受到较多限制，而为了最大限度降低农业风险带来的影响，探索符合我国农业发展情况的"小农户＋大市场"风险转移工具刻不容缓。

1.3.2.3 农业风险分担模式创新

创新农业风险分担工具，为我国农业经营主体提供更多样化的风险管理渠道，这是农业生产安全研究的必然发展趋势。为研究如何更高效保障我国粮食生产安全，学者们针对农业风险分担工具创新展开了研究。

农业保险是我国重要的农村金融工具，具有良好防灾减灾功能。但传统的农业保险未能真正激活农业保险的"政策属性"，农业系统性风险和市场失灵也导致其未能有效满足"市场运作"需求，因此农业保险创新是极其必要的（黄正军，2016）。基于此，学界就农业保险创新进行了探讨。

一些学者研究了农村互助形式的保险创新。魏丽和王莹（2017）认为，商业保险公司受其营利性制约，难以充分考虑农户需求，因此从利益一致性的角度出发，农业互助保险是更为合适的选择。李文阔（2022）分析了日本政策性农业共济保险的制度、体系与运营模式，再结合我国农业保险发展的实际情况，提出建立农村合作社互助农业保险，并配套设立阶段性农业合作社统筹管理机构，规范其保险发展。孙晓杨和郑军（2017）对比了中法两国互助保险发展的制度环境，发现中国在法律政策环境、农民互助组织性等方面与法国存在差距，因此指出中国应当在法律建设、政策设计等方面着手，促进互助保险发展。张长利（2021）认为我国应构建以政府为主导，渔业互助保险组织为实施载体的渔业互助保险机制。

"保险+"模式下的农业保险能够规避传统农业保险项目的弱点，不少学者在此保险创新路径上进行了研究。王绪瑾和王翀（2020）总结了"保险+信贷/保证保险"与"保险+互联网服务"的创新模式，并认为前者有效分散了信贷机构的涉农贷款风险，而后者能够快速实现理赔，极大地节约了保险运营成本。黄凌和廖桂荣（2017）构建了"互联网+政策性农险"的市场化运营模式，并从目标、可能性等角度对该模式进行了探讨。"保险+期货"是近几年我国重点发展与试点的保险模式，学术界对其进行了改进研究。蔡胜勋和秦敏花等（2017）将"保险+期货"设定为我国农业保险与农产品期货市场之间的一种联结机制，用于解决保险公司承担巨额赔付风险的问题。有研究通过案例剖析的方式重点研究了以收入保险为基础的"收入保险+期货""银行+价格保险+期货+订单销售""收入保险+期货+基差收购+遥感测产"等多种创新型"保险+期货"模式，并指出"收入保险+农产品期货"对农业发展具有重要意义（张益丰，2021）。李向明等（2022）考虑到生猪期货于2021年初挂牌上市，指出可以建立"生猪准完全成本保险+期货"机制。郭金龙和薛敏（2019）鉴于农业发展是现实要求与农民面临融资难问题的境况，提出将"保险＋期货"模式延伸至"保险＋期货＋银行"模式，从而分担了农户的信贷风险。王雨佳（2019）针对"保险＋期货"模式无法保障农户售粮途径及价格风险管理成本高等问题，提出了"订单＋保险＋期货"模式，并对上述两种模式进行了分析比对。

我国农业风险保障需求正在由"保生产"向"保全产业链"发展。张峭（2022）指出，农业保险应不断扩展服务范围，向服务一产向促进一二三产业融合发展延伸。杨汭华（2022）在农业产业链风险管理的视角下，罗列了要素保险、保证保险等创新性农业保险，并指出农业产业链的风险分担是一个系统工程，需要多种保险工具的组合发力。冯文丽和梁瑞（2022）指出农业保险服务农业全产业链是未来发展方向，在我国仍处于理论研究与零星探索的阶段，并案例研究了人保财险天津分公司设计的"小站稻全产业链保险"。陈华琛（2022）通过对云南怒江州草果产业链进行风险识别，建立了产业链风险框架，并在此基础上创新性地设计了草果产业链保险。表 1－2 为笔者对现有"保险＋"风险分担模式创新的梳理与汇总。

表 1－2　　　　　　　　"保险＋"风险分担创新模式汇总

风险分担模式	参与主体	主要特点
互助保险	政府、互保组织、农户	农户参与，农业互保组织经营保险业务，政府引导互助保险工作的展开并进行管理补贴
保险＋信贷	保险公司、农户、信贷机构	投保农户可通过保险公司提供的保单或农村信贷机构提供的优惠利率获取无抵押无担保贷款
保险＋互联网	互联网平台、保险公司、农户	保险公司在互联网平台发布保险产品，农户自主选择相应保险。当保险赔付条件触发时，保险公司按保险类型展开赔付工作

风险分担模式	参与主体	主要特点
收入保险＋期货	政府、保险公司、期货公司、农户	保险公司为农户提供并签订收入保险合同，随后根据实际情况向期货公司购买看跌期权。期货公司于期货市场复制看跌期权，将风险转移给期货市场众多风险偏好者
订单＋保险＋期货	保险公司、龙头农企、农户	保险公司为农户提供"保险＋期货"服务，龙头农企与农户签订生产订单
收入保险＋期货＋基差收购＋遥感	保险公司、信息研究所、龙头农企、农户	保险公司从研究所引入遥感测产技术，根据测算结果设计保险，并重复上述"保险＋期货"的风险转移流程。此外，农户与龙头农企签订生产合约以保障农产品价格
银行＋价格保险＋期货＋订单销售	保险公司、期货公司、银行、龙头农企、农户	银行向农户提供贷款支持其生产。保险公司重复上述"保险＋期货"流程。龙头农企为农户提供供应链全程服务（种植、销售等）
产业链保险	农业产业链各环节主体	设计农业产业链保险体系以稳定农业生产

  农业风险分担不是单一的制度安排，其发挥作用离不开农业保险与其他风险分担模式的协同创新。黄英君（2019）认为，我国应当合理设计农业巨灾风险证券化产品，并通过财政补贴鼓励保险机构发行农业保险风险证券，从而提高财政资金使用效率并在更大范围内利用资本市场分散风险。唐燕等（2017）分析了国外成熟的自然灾害金融应对策略，提出我国政府应当联合各大金融机构成立全国性的农业巨灾风险基金，并交由专业机构进行基金运作，从而在发生重大灾害时，及时投入资金进行救援与恢复生产。陈和徐（Chen & Hsu，2014）也认为，当发生农业巨灾风险时，保险公司无法及时偿付保险赔付，公共部门应设立灾害基金从而覆盖其赔付差额。此外，政府还应当提供再保险服务，以补充商业性再保险机构的服务。

  在我国政府近十几年来的大力支持下，农业风险分担模式的应用与创新发展迅速，相关研究也日渐多元化。但从全国视角下来看，我国各地区的农业特征差异化较大，农业风险分担模式不能一成不变。未来学界应当着眼于创新与完善我国阶梯式农业风险分担体系，从而更好地服务乡村振兴这一重大国家战略。

1.3.3 研究述评

通过对上述国内外有关风险评估、风险分担文献的系统回顾和梳理，可以发现：

第一，农产品收入风险测度与评估方法有待改进。尽管农产品收入风险是影响农业经营主体经营决策的关键因素，但学术界更多地研究了农业产量风险和价格风险。涉及农产品收入风险和相关保险的研究属于最近兴起的研究热点，还存在许多悬而未决的问题。虽然已经意识到农产品收入风险具有系统性风险的特征，但有关文献大多基于单一指标测度和评估农产品收入风险，所得出的结论还不足以支持收入风险区划和保险模式创新。因此，相关的方法学还有待进一步发展和完善。

第二，对模式的适用性缺乏必要的论证和探讨。国内农产品期权衍生品市场处于起步阶段，很多农产品还没有标准化的场内期权。另外，农产品收入保险、"保险 + 期货"也都在试点阶段。结合我国现有农业支持政策背景开展"保险 +"模式的总结和创新研究还很欠缺。从已有的农业保险改革试点来看，仍存在诸如风险分担不合理、财政补贴压力大、监管方案不完善等问题。因此，需要采用案例分析、比较研究归纳经验、总结教训。

第三，亟待优化制度推进"保险 +"赋能乡村振兴。现有文献侧重对"保险 + 期货"模式下收入风险期权定价和风险分担的理论研究而对"保险 +"制度创新的关注不足，导致"保险 +"模式配套制度仍不完善。随着农村改革的推进以及以人工智能、大数据、云计算、区块链、物联网等为核心的金融技术的进步，农业风险分担模式也出现了快速的演化。因此，需要根据农业"保险＋"模式创新实践，研究优化配套制度，以相关制度创新助推乡村振兴高质量发展。

1.4 可能的创新

1.4.1 学术思想的特色和创新

国内外学术界对农产品收入保险模式和制度创新等问题研究尚处于探索和起步阶段。本书全面围绕党中央、国务院决策部署和中央文件的精神以及习近平总书记在中央农村工作会议上提出的"农业保险一定要搞好"的要求，从"保险＋"的视角探索农产品收入保险分散农业生产经营风险的新机制、新模式和制度保障，丰富了农业保险和乡村产业振兴的研究视野和范畴，具有一定的新颖性。

1.4.2 学术观点的特色和创新

一是提出可以在"风险评估—机制设计—模式创新—制度优化"的逻辑框架下研究农产品收入保险助力乡村产业振兴问题。二是提出保障乡村农业产业振兴是农产品收入保险模式创新的主要目标。三是提出农产品收入"保险＋"是农业保险业价值链提升的关键路径和发展方向。

1.4.3 研究方法的特色和创新

基于保险学、农业经济学、统计学、管理学及制度经济学等跨学

科综合研究的优势，采用多学科综合集成的研究方法，如采用混合
Copula 和蒙特卡洛模拟方法测度了农产品收入风险，采用 CoVaR 和
CoES 计量方法测度了农产品收入的系统性风险，采用熵权—TOPSIS
方法评估了各产区部分农产品的收入风险，采用规范分析和案例分析
法研究了农产品收入风险分担机制和模式创新。这些都可以保证研究
结论的科学性和可靠性，是本书的第三个创新。

第 2 章　概念、分析框架
与研究方法

2.1　研究对象和概念界定

2.1.1　农产品收入

农产品收入作为农户重要的收入来源，通常是指农户家庭在第一产业中的生产经营所取得并用于补偿生产消耗与进行分配的总收入，其隶属于农业收入范畴。随着农业向现代化迈进，农产品收入的具体含义表现出地域差异性与时变性。在西方国家，农产品收入包括农业产业链下游农产品储藏、运输、销售等收入，属于广义的农产品收入。狭义的农产品收入仅指农产品销售收入。本书使用了狭义的农产品收入概念。受篇幅限制，在计量农产品收入风险时，分别涉及早稻、晚稻、小麦、玉米、大豆、油菜籽、棉花和苹果等主要农作物。

2.1.2　收入风险

目前，社会各领域对农产品收入风险概念尚没有形成统一的认知。为论述需要，本书中的农产品收入风险定义如下：农户在农业生产经营过程中受到价格和产量因素的影响而造成的收入损失。在推进市场化的过程中，农产品收入风险正在由生产风险向自然风险、市场风险等多元风险叠加转变，极端天气和价格波动逐渐成为影响农民贫困程度和收入水平的主要因素。自然风险是指自然环境的不规则变化引起农业生产损失的风险；价格风险又称市场风险，一般指在农业生产与流通过程中，农产品价格波动导致农业生产经营者在经济上遭受损失的风险[①]。

2.1.3　农产品收入保险

收入保险是相对于产量保险与价格保险的高级保险形态，主要赔偿农户收入损失，保险标的为农户的农产品收入。其主要原理为，保险公司通过农产品的预期产量与价格计算预期收入，当未来农产品实际收入低于预设收入标准时，保险公司予以赔付。因此，收入保险可以补偿因农产品产量降低、价格下跌或两者共同变化导致的农民收入损失。具体补偿流程如图 2 - 1 所示。

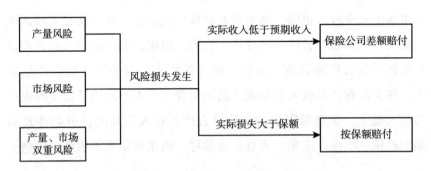

图 2 - 1　农产品收入保险赔付流程

---

① 佚名. 金融知识普及月之农业风险的种类——搞农业一定要有风险意识！［N/OL］. 永安保险网，2021 - 9 - 28. https：//www. yaic. com. cn/news/show？cid = 34&id = 5525.

2.1.4　农产品收入风险分担机制

农产品收入风险分担机制是指政府救济、政府补贴、农业保险、再保险、订单农业、农产品衍生品市场等农业风险管理工具分担农产品收入风险的运作方式。本书所指的农产品收入风险分担机制是指为帮助农业经营主体缓释、分散与应对收入风险而制定的策略、计划、方案、组织制度等的总和。政府或市场主体依据国家相关政策和法律法规，开发和运用一系列风险管理工具以分散农产品收入风险、减轻参与主体的风险承担压力、保障农户增产增收，依据其引导主体的不同划分为以政府主导和以市场主导的农产品收入风险分担机制。

2.1.5　农产品收入"保险+"模式创新

农产品收入风险一直缺乏有效的分散手段。用保险分散风险是实践中的普遍做法，但遇到巨灾或市场剧烈变化，仅靠保险的力量还远远不够，需要一整套支撑体系来分担农产品收入的风险，由此衍生出了诸如"保险+期货"的风险分担模式。随着中央提出乡村振兴战略，农业保险被赋予更多使命。近年来各地开始陆续试点了"保险+期货+订单农业""保险+期货+信贷""保险+期货+互联网""保险+期货+粮食银行"以及"保险+期货+天气衍生品和巨灾债券"等新模式赋能乡村振兴。这些试点案例为本书提供了丰富的写作素材。本书将对已有模式和经验做客观全面总结并有针对性地提出解决方案和对策建议，提炼总结出更加科学有效的收入"保险+"运行模式。

2.2 研究的逻辑起点

2.2.1 农业高质量发展和农业脆弱性之间的矛盾

党的十九届五中全会提出了"十四五"时期经济社会发展指导思想和必须遵循的原则,强调以推动高质量发展为主题。习近平总书记指出:"农业是基础性产业,中国现代化离不开农业现代化。①"在农业高质量发展过程中,总量不足和结构失衡是问题。要破解相应的问题,供给侧结构性改革是路径,产业融合、绿色发展和品牌建设是抓手,而实现乡村产业振兴和农户富裕才是目标。

然而农业属于弱质产业,其脆弱性导致资本不会轻易投入其中。农业脆弱性主要体现在两个方面:其一,随着能源化、金融化程度的加深,农业极易受到市场风险的冲击;其二,农业是受气候变化影响最敏感的领域之一,气候变化使农业变得更加脆弱。农产品收入保险可以为农业高质量发展保驾护航,是解决这一矛盾难题的重要抓手。

2.2.2 风险系统性与管理方式孤立性之间的矛盾

农产品收入面临着洪涝、干旱、风雹、冷冻等气象灾害的威胁,还受到产量、价格和成本波动的影响。农产品收入风险多元化,且相互之间存在复杂的联系。气象灾害直接导致农业产量和质量下降,从而影响市场供求平衡,导致市场价格波动,来自价格、成本间的波动又会影响到农户的收益。风险关联性主要表现为地区之间风险的传递

---

① 常钦. 农业科技进步厚植丰收根基 [N]. 人民日报,2022-09-08 (5).

和溢出效应。不同类型的农业风险间存在着关联性，并耦合作用于农业生产经营的全过程。

目前农业风险管理手段日趋多样化，如"保险""期货""订单""垂直一体化"等。农产品套期保值等农业风险管理手段接连呈现，极大丰富了我国农业风险管理的内容，增强了农业经营主体抵御并化解风险的能力。这为国内现代农业风险管理体系的构筑提供了工具基础。但是农业风险管理方式基本处于相对孤立的状态，缺乏一定的协调性和系统性。多种农业风险的耦合作用导致采取单一风险管理手段缺乏效率。进一步分析可知，风险的系统性、关联性和风险管理方式的单一性和孤立性之间存在矛盾，而采取多种风险管理方式的成本过高。最优的方案就是将多种风险管理方式有机整合起来，降低风险管理成本的同时提升风险管理效率。

2.2.3　乡村振兴现实需求与制度供给不足的矛盾

乡村振兴要推进农业农村现代化，保障粮食等重要农产品有效供给，高质量推进共同富裕，首要前提是防范和化解农业农村领域各类风险。完善的金融保险服务体系是全面落实乡村振兴战略规划，协同推进乡村振兴"五位一体"的必要基础。农产品收入保险可以通过减少农户的预算约束，增加灾后可支配收入。农产品收入保险可以恰当分散农户所需要面对的自然风险和市场风险，减小农户收入波动。中华人民共和国《乡村振兴促进法》提出，"国家建立健全多层次农业保险体系，完善政策性农业保险制度，鼓励商业性保险公司开展农业保险业务，支持农民和农业经营主体依法开展互助合作保险……丰富农产品期货品种，发挥期货市场价格发现和风险分散功能"。

在乡村振兴战略背景下，农产品收入保险服务需求表现出了多维度、多元化、多阶段、低碳化、综合化的发展趋势。但是从制度供给来看，我国农产品收入保险风险分担补偿机制亟待改进，收入风险分散机制尚不健全，"保险 +"模式配套制度仍不完善。因此，有必要继续挖掘可持续、可复制的"保险 +"等农村金融创新试点地区的经验和模式。完善机构与政府的互补合作机制，促进保险、证券、租赁、期货期权等业务协同发展。加大风险管理金融衍生品制度创新，积极发展农业保险相关衍生工具。

2.3　关键科学问题与分析框架

2.3.1　关键科学问题

第一，准确把握变量之间波动关联的规律特征是破解农产品收入风险管理问题的关键。本书重点研究四组变量的波动关联。其一，单产和价格的波动关联；其二，期货和现货价格的波动关联；其三，市场基差和收入的波动关联；其四，县主产区农产品收入的波动关联。后续风险的综合测度、区划、分担机制和模式都是以这些关联规律为基础展开的。本书拟在条件风险（CoVaR 和 CoES）计量框架下，采用计量模型和 Copula 函数相结合的方法研究变量间的波动关联特征，同时采用 VaR、ES 和半方差等只能衡量单一变量风险的指标作为补充。

第二，优化风险分担机制和构建"保险 +"风险分担模式是有效转移和分担系统性风险的关键。"十三五"期间各地区纷纷试点"保险 +"农业风险分担模式，有些试点成效明显，而有些试点则以失败告终。"十四五"期间及时总结成功的经验，归纳失败的教训，凝练出可复制、可推广的新模式并进一步优化其风险分担机制是关系到我国农业保险制度改革成败的关键。本书拟以案例分析、统计分析和比较研究的方法研究风险分担机制和"保险 +"模式。

第三，正确设置模型参数和随机变量的分布特征是确保随机模拟结果真实、客观和准确的关键。有关农产品收入风险测度和区划的研究中涉及了随机变量的多重积分和非线性函数最优化等问题。随机模拟方法可以化繁为简，快速求得相关问题的数值解。但随机模拟的结果依赖参数和分布的正确设置。本项目从三个方面来确保参数和分布的正确设置，一是通过历史数据拟合经验分布和参数，并做统计检验和理论验证；二是尽量采用非参数或半参数模型替代参数模型；三是对随机模拟结果做参数敏感性分析和稳健性检验。

2.3.2 分析框架

本书在遵循"问题归纳—理论分析—定量分析—案例研究—政策演绎—制度优化"的逻辑思路进行研究内容的设计和安排，全书共分为九部分：一是在梳理文献的基础上，归纳了待解决的科学问题。二是界定概念并在梳理理论脉络的基础上构建了模型。三是在测度农产品收入各种风险指标的基础上，采用定量方法科学评估了主产区农产品收入风险的大小。四是对比分析了现有农业风险分担政策工具，并研究了这些政策工具的农业风险分担机制及分担效果。五是归纳了"保险＋期货"等六种农业风险分担新模式，并分析了新模式的运行机制及风险分担效果。六是对水稻、玉米、棉花和苹果四种农产品收入保险试点做了案例研究，总结了存在的问题，剖析了原因并归纳了政策启示。七是梳理和归纳了美国、加拿大、欧盟、日本和韩国发展农业保险及农业风险分担的成熟做法和经验。八是沿着时间轴线分析了农业保险政策的演进脉络并研究了存在的问题。九是以"保障乡村产业振兴、保护农户收入、推动农业保险发展"为制度优化目标，分析了制度创新的路径、举措和保障措施。本书的研究框架如图 2－2 所示。

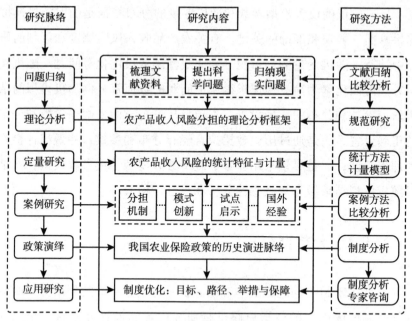

图 2 - 2　本书分析框架

2.4　研究的理论基础

2.4.1　风险补偿理论

2.4.1.1　农业风险补偿的必要性

农业自然灾害具有客观性与不可避免性，灾害发生会导致农民收入大幅下滑、农业再生产工作受阻，这迫使社会思考农业风险的补偿问题。农业风险补偿是指在农业风险发生并造成损失时，责任主体通过各种方式补偿受损农户以尽快恢复农业正常生产。目前较为流行两类补偿理论，分别是政府财政风险补偿理论与保险风险补偿理论。

2.4.1.2　农业保险风险补偿理论

保险补偿，具体是指保险机构汇集被保险人的保费，以其作为保额来源，承担灾害损失补偿责任，且仅补偿合同承包对象的灾害损失补偿方式。就发展历程看，农业保险在自然灾害事故发生后，及时地从经济上补偿了受灾农户，这在经济与社会发展中发挥了举足轻重的作用。

保险风险补偿方式具有市场资源配置优势，有效补充了政府救助的不足，且有利于提高农户自身抗风险能力。我国属于自然灾害多发地区，农业自然灾害种类多，频率高，损失幅度大。每当发生灾害时，政府财政都会支出大量资金用于防灾救灾，但其主要目的是保障农户基本生活需要，无法满足更高层次的收入损失补偿需求。而保险作为风险补偿工具，能够及时地根据合同赔偿农户遭受的经济损失，从而增强其自身抗风险能力。

2.4.1.3　政府财政风险补偿理论

公共财政理论认为，农业风险是社会公共风险，非个人能够抵御且会造成意外损失，而政府作为一定时期内公共利益的代表者，其财政必须满足社会公共需要。因此，当重大农业风险发生后，受灾农民无法进行生产自救而产生了公共需求，必须由政府对重大农业自然损失进行补偿。

政府应当补偿农业风险损失的结论也得到了市场失灵理论的支持。受限于不健全的农业保险体系，我国农业保险市场仍是一个不完全市场，主要表现为保险机构提供的产品无法完全覆盖农业风险险种；部分保险公司将一些重大农业自然灾害损失列为除外责任。在上述情况下，政府补偿农民并介入保险市场具有必要性。

政府财政补偿通常遵循权责分级原则，中央政府与地方政府均承担农业风险损失的补偿责任，但具体权责按照本国的财政体制进行分配。在补偿对象层面，政府侧重于对受灾农民灾后生活、农业公共资源等的补偿，且以农民生活补偿为先；在补偿的灾害种类层面，政府主要对特大自然风险（如地震、洪涝等灾害）造成的损失进行补偿，较少关注影响范围较小且损失较低的自然灾害等。由上述可知，政府在农业风险发生时的补偿措施是不可或缺的，且因国别而异。

此外，个人补偿论、互助补偿论等与上述两种补偿理论共同构成了农业风险补偿的理论体系。一般认为，市场化补偿方式的效率高于非市场化补偿方式，规定双方权责的补偿方式较规定单方权责的补偿方式更高效。但效率较高的补偿方式也存在着保障缺失等现象，效率较低的补偿方式作为补充手段就存在其重要意义。总而言之，合理组合的灾害损失补偿体系应成为追求目标。

2.4.2 风险分散理论

2.4.2.1 风险分散含义

在保险运作过程中，若承保风险聚集于某一时间或区域内且造成大量损失时，保险人将面临高额赔付。风险分散能够有效纾解该问题，其主要运用保险集合原理：为了降低受损单位的损失，集合具有同类型风险的众多单位，再将风险责任按尽可能大的范围分散出去，从而将赔付风险在多个被保险人与保险人之间分摊开来，保证了保险经营的稳定性。

2.4.2.2 传统型风险分散方式

保险赔付风险的传统分散方式可以分为微观与宏观两个层面[①]：

在微观层面，保险公司主要有承保前分散与承保后分散两种方式。承保前风险分散：在承保前，保险公司基于风险特征合理划分风险单位，并通过实行比例承保、控制保险金额或设置免赔率等方式适当限制自身风险责任；承保后分散：在承保后，保险公司通过再保险

---

① 魏丹琳．基于风险区划的山东省玉米收入保险费率研究［D］．泰安：山东农业大学，2022.

与共同保险方式分散风险。

在宏观层面，风险分散包括从时间、空间上的分散。时间上的分散：保险人在某一地区长期开展保险业务，将短时间内的风险分散到更长的时间周期内，从而有效保持总营业支出与收入的动态平衡；空间上的分散：保险人通过扩大保险覆盖率、实行保险分保等手段扩大承保区域，将局部地区的风险分散到更大的地域范围内①。

农业保险机构往往会结合使用空间与时间的风险分散方式，但更倾向于空间分散方式。跨时间风险分散方式受到风险与时间非均匀分布的影响，会导致保险公司面临准备金累积的时间风险，而在空间上分散风险能够降低经营成本，稳定财务状况。

2.4.2.3　创新型风险分散方式

实践中，巨灾风险具有频率低、损失高的特质，这与传统保险资金积累方式共同决定了传统保险模式无法满足对农业巨灾风险的转嫁与分散②。农业保险与资本市场的连接模式能够有效缓解与转移农业巨灾风险。以风险管理的实质区分这些模式，一种为风险转移型工具，如巨灾期权等，特点为发行人通过该工具能够将巨灾风险转嫁给投资者；另一种为风险融资型工具，如巨灾债券等，特点为当巨灾风险造成损失时，保险人利用该工具能够快速募集资金。

在风险转移型工具中，最具代表性的是巨灾期权。巨灾期权交易形式主要为场内标准化合约交易。若在协议期内，巨灾风险损失指标达到预先设定阈值，期权买方有权获得现金支付。若保险机构希望通过证券化手段转移巨灾风险，其可以从市场投机者手中购买巨灾期权。当农业巨灾损失超过期权议定额度时，保险机构能够从投机者处获得约定款项。其具体结构如图 2-3 所示。

---

① 高旭东. 中国海水养殖风险区划与保险费率分区研究［D］. 大连：东北财经大学，2019.

② 周志刚. 风险可保性理论与巨灾风险的国家管理［D］. 上海：复旦大学，2005.

期权交易：

图 2 - 3　基于巨灾期权的风险分散

在风险融资型工具中，巨灾债券是最主要的形式，一般参与人包括投资人、保险机构、债券发行人。债券发行人一般由专业再保险中介充当，实质上是由保险机构建立的离岸公司，这有效避免了税收与破产风险。离岸公司唯一业务是接受原保险机构的分保分出，然后以原保险业务为基础发行债券由投资者认购①。巨灾债券风险分散结构如图 2 - 4 所示。

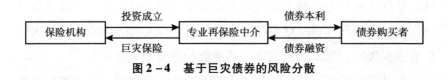

图 2 - 4　基于巨灾债券的风险分散

2.4.2.4　复合型风险分散方式

常见的复合型风险分散方式为"保险 + 期货"。该模式的参与者包括农业经营主体、保险公司、期货公司风险管理子公司和期货市场投资者。由于收入风险的转移和收益的让渡是同步进行的，因此设计和优化农产品收入风险分担模式需要重点准确测量农产品收入风险，测算"保险 + 期货"模式下农产品收入风险的市场价值，评估重大

---

① 周志刚. 风险可保性理论与巨灾风险的国家管理［D］. 上海：复旦大学，2005.

灾害导致系统性风险或极端基差风险时"保险 + 期货"的风险分散效果，优化保障"保险 + 期货"风险分散机制有效运行的制度。

对于"保险 + 期货"模式下各参与主体而言，农产品收入风险来源主要包括产量风险、现货价格风险和基差风险（见图 2 – 5）。任何风险都不是独立存在的，通过研究风险因子之间波动关联特征，可以更加准确地测量风险程度，也可以找到更好的风险对冲方法。在"保险 + 期货"农产品收入风险管理模式中这种波动关联主要体现在农产品单产和农产品价格之间此消彼长的波动关联、农产品价格和期货价格的波动关联以及地区间农产品收入的波动关联上。

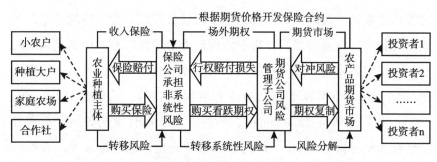

图 2 – 5　农产品收入风险的"保险 + 期货"分担模式

2.4.3　风险对冲理论

2.4.3.1　风险对冲含义

风险对冲也称套期保值，是指将期货市场作为转移标的物价格风险的场所，利用期权对未来标的物买卖权提前锁定或利用期货合约作为将来在现货市场上标的物临时替代品，对冲标的资产潜在风险损失的交易活动。风险对冲的基本操作为：在期货市场与现货市场对同一标的物进行数量相等但方向相反的买卖活动，即在现货市场上买进或卖出一定量的现货，同时在期货市场上卖出或买进同等数量、同样品种的期货。在一段时间后，若标的物的现货价格出现波动偏离初始价格，则期货合约交易能够以相反方向的盈亏抵销这种偏差，从而在近期与远期之间以最大程度降低风险。

2.4.3.2　风险对冲理论

风险对冲理论经历了传统风险对冲理论、基差风险对冲理论与现代风险对冲理论三大阶段，且在不断发展延伸。传统风险理论认为，风险对冲的目的是利用期货市场对现货交易的盈亏进行抵销，从而降低标的物价格波动风险，保障保值者的收入。因此，风险对冲又被称为价格保险。这揭示了风险对冲的真正内涵，奠定了该领域的系统性基础理论。基差风险对冲理论提出，在交易事前协议中，套期保值者应规定期货价格的可取时段并商定协议基差大小；交易对象则在上述时段内选取一定时间点的期货价格作为计价基础，加上协议基差，形成标的物现货交易的最终价格。该理论考虑了风险对冲中基差风险的存在，保值者将套期保值时所面临的基差风险以协议方式转移给现货交易对手，从而实现了自己的盈利或保值目的。约翰逊（Johnson，1960）和艾德林顿（Ederington，1979）基于马科维茨的组合投资理论解释套期保值[1]，提出了现代风险对冲理论。该理论认为，套期保值的实质就是利用期货与现货资产的组合投资实现降低风险的目标。资产组合理论认为，为了达到收益最大化与风险最小化，投资组合要确定预期收益与预期收益方差（收益风险）。基于此观点，套期保值在选择期货与现货交易比例时要根据期货与现货价格的相关性与交易目的来选择最优比例。

2.4.3.3　风险对冲评价模型

效果评价是套期保值理论研究的重要方向，本节着重介绍基于对冲风险最小化的评价模型。该方法通过计算期现比率与有效性指标来量化套期保值效果。

---

[1]　https：//baike. baidu. com/item/％ E5％ A5％ 97％ E6％ 9C％ 9F％ E4％ BF％ 9D％ E5％ 80％ BC/310471？ fr = aladdin.

套期保值期现比率是指能最大程度消除标的物价格波动风险条件下的期现货比率。该比率代表了期现货市场的相关性，比率值越高，则代表相关性越强，期货合约风险对冲的效果越好[①]。在收益方差代表风险的前提下，对冲风险最小化模型计算收益方差最小化条件下的套期保值比率。

在具体计算过程中，HR 代表套期保值率，用 S 代表现货价格，F 代表期货价格，ΔS 与 ΔF 分别代表现货与期货的价格变动。可得组合收益 ΔE 与收益方差（风险）Var 如下：

$$\Delta E = \Delta S - HR \times \Delta F \qquad (2-1)$$

$$Var = \sigma_S^2 + HR^2 \sigma_F^2 - 2HR \times \rho \sigma_S \sigma_F \qquad (2-2)$$

式（2-2）对 HR 求偏导得到：

$$\frac{\partial Var}{\partial HR} = 2HR \times \rho_F^2 - 2\rho \sigma_S \sigma_F \qquad (2-3)$$

令式（2-3）等于 0（即套期保值对冲效果最优）得到：

$$HR = \rho \frac{\sigma_S}{\sigma_F} \qquad (2-4)$$

套期保值有效性指标代表了套期保值的风险化解效果，计算套期保值前后收益方差的变化，用 H_e 代表风险化解程度，H_e 越接近 1，则套期保值效果越好。

未参加套期保值的现货交易收益方差为：

$$Var(U_t) = Var(\Delta InS_t) = Var(InS_t - InS_{t-1}) \qquad (2-5)$$

参与套期保值的现货交易收益方差为：

$$Var(H_t) = Var(\Delta InS_t) + h^2 Var(\Delta InF_t) - 2hcov(\Delta InS_t, \Delta InF_t)$$

$$(2-6)$$

[①] 国青云. 我国苹果期货市场套期保值效果研究 [D]. 石家庄：河北经贸大学，2022.

因此，套期保值有效性指标为：

$$H_e = \frac{Var(U_t) - Var(H_t)}{Var(U_t)} \qquad (2-7)$$

2.5 研 究 方 法

2.5.1 农产品收入风险测度

利用回归模型将全国农产品及各主产区农产品的收入序列分解为趋势项 R 和随机波动项 r。其中，随机波动项 r 对应不可预期的风险。采用非参数分析方法拟合边缘分布特征，借助包括 Gaussian、Clayton、Gumbel 和 Frank 四种类型的混合 Copula 函数模拟收入波动项之间的关联特征，并采用统计学方法计算农产品收入风险指标。

在建立全国和地区间农产品收入波动关联函数的基础上，通过蒙特卡洛模拟得到置信水平等于 p 时，收入最大损失 VaR^s 以及主产区 i 农产品收入的条件最大损失 $CoVaR_p^{i|VaR_p^s}$ 和 $CoVaR_p^{i|VaR_{0.5}^s}$，根据 $\Delta CoVaR^{i|s} = CoVaR_p^{i|VaR_p^s} - CoVaR_p^{i|VaR_{0.5}^s}$ 得到地区 i 农产品收入的系统性风险。根据 CoVaR（条件风险价值）的定义，不难发现 CoVaR 本质上是 VaR，而 VaR 本质上是一个分位数，因此 CoVaR 实际上也是一个分位数（条件分位数）。通过设定相应的置信水平，利用计算机模拟技术就可以得到风险关联关系下主产区 i 农产品收入风险价值对应的系统性风险价值。

根据 $\% \Delta CoVaR^{i|s} = \Delta CoVaR^{i|s} / VaR^i \times 100\%$ 可以得到系统性风险所占比重。

"保险 + 期货"是针对大宗农产品系统性收入风险的一项风险管理模式创新。在评估农产品收入风险时，单一的风险指标很难概述其全貌，因此，拟构建一个风险指标体系（见表 2 - 1）来综合测度农产品收入风险并评价农产品收入风险的空间分布特征。

表 2 - 1 　　　　　　　　　　　收入风险统计指标

指标	符号	计算公式	含义
收入降低的概率	P^-	$P^- = prob(r<0)$	收入损失的概率
半方差	D^-	$D^- = \{\sum_{t=1}^{n}[min(r_{it}, 0)]^2\} \div n$	损失波动
在险价值	VaR	$VaR_p^i = -F^{-1}(1-p)$	概率 p 下的最大损失
预期损失①	ES	$ES_p^i = -E(r_i \mid r_i \leqslant -VaR_p^i)$	概率 p 下的最大预期损失
系统性风险	$\Delta CoVaR^{ils}$	$\Delta CoVaR^{ils} = CoVaR_p^{il VaR_p^s} - CoVaR_{0.5}^{il VaR_p^s}$	地区 i 承受的系统性损失
系统性风险均值	$\Delta CoES^{ils}$	$\Delta CoES^{ils} = CoES_p^{il ES_p^s} - CoES_p^{il ES_{0.5}^s}$	地区 i 承受的系统性损失均值

2.5.2　农产品收入风险区划

使用熵权—TOPSIS 方法计算农产品收入风险系数，并评价各主产区农产品收入风险的大小。风险系数在实践中，可以用来修正收入保险费率。熵权—TOPSIS 方法能够科学处理非线性、非正态和高维度数据，有效解决多元综合评估等复杂问题。其步骤主要包括，风险指标数据标准化处理，构造加权规范矩阵，确定正理想解和负理想解、计算各方案到正理想解和负理想解的距离，计算各方案的综合评

---

① 预期损失在部分文献中也被称为条件在险价值（CVaR），为了区别于 Adrian 和 Brunnermeier（2008）提出的 CoVaR，本书统一使用了 ES（expected shortfall）代替原来的 CVaR 符号。Anderson（2001）证明了 ES 是凸函数，将 ES 作为目标函数时，存在最优解。

价指数，该指数即为风险系数。在风险测度的基础上，根据风险系数值进行农产品收入风险区划。考虑到农产品收入与地理区位、资源禀赋有一定关联，农产品收入风险很可能存在较稳定的空间模式。科学划分风险区域及风险等级是收入风险分担机制设计和模式创新的基础。

2.6 模型构建

2.6.1 系统性风险计量模型

根据 Adrian 和 Brunnermeier（2016）的研究，将地区 i 的农产品收入在 q 分位数下的损失记作 VaR_q^i，地区 j 的农产品收入在 q 分位数下的损失记作 VaR_q^j，地区 j 的农产品收入在 q 分位数下的条件损失表述为如下的分位数回归模型，

$$CoVaR_q^{j|i} = VaR_q^{j|VaR_q^i} = \hat{\alpha}_q^i + \hat{\beta}_q^i VaR_q^i \qquad (2-8)$$

当地区 i 的农产品收入风险增加时，采用以下模型测度地区 j 的农产品收入风险，

$$\Delta CoVaR_q^{j|i} = \hat{\beta}_q^i (VaR_q^i - VaR_{50}^i) \qquad (2-9)$$

当 i 表示全国时，以上模型测度了农产品收入的系统性风险增加对地区 j 农产品收入风险的影响。当 j 表示全国时，以上模型测度了地区 i 农产品收入风险增加对农产品收入系统性风险的影响。当 i 和 j 分别表示两个主产区时，以上模型测度了农产品收入风险的地区间传递。当 i 表示基差时，以上模型测度了基差风险增加对地区 i 农产品收入风险的影响。

将 VaR 指标用 ES 指标替代时，可以得到 CoES 和 ΔCoES 的计量模型。测度 CoVaR 和 CoES 风险的关键是分别计算出相应的 VaR 值和

ES 值。在模拟农产品收入 VaR 和 ES 等风险指标时首先使用混合 Copula 模型模拟出收入波动的分布，然后按照如下定义计算 VaR 和 ES 的值。

$$VaR_q^i = -F^{-1}(1-q) \qquad (2-10)$$

$$ES_q^i = -E(r_i \mid r_i \leqslant -VaR_q^i) \qquad (2-11)$$

和 CoVaR 相比，CoES 的优势有两个：一是 CoES 为 CoVaR 的期望值，在随机模拟时该指标比 CoVaR 更加稳定。二是 CoES 为凸函数，可以作为规划问题的目标函数。

2.6.2 混合 Copula 模型

构建混合 Copula 模型包括确定边缘分布和估计混合 Copula 函数以描述两个变量之间的相关结构两个步骤。

（1）确定边缘分布。

除了用时间序列方法分离序列趋势项之外，常用的计量方法包括 ARMA 和 GARCH 族计量模型。其中，使用混合 Copula – ARMA 模拟低频数据生成过程，使用混合 Copula – GARCH 族模拟高频数据生成过程。

假设 x_t 和 y_t 为两个随机序列，可由 ARMA(n, m) 描述，混合 Copula 函数记作 MC，则混合 Copula – ARMA 如下，

$$x_t = a_{10} + \sum_{i=1}^{n} a_{1i}x_{t-i} + \varepsilon_{xt} + \sum_{j=1}^{m} \phi_{1j}\varepsilon_{xt-j}$$

$$y_t = a_{20} + \sum_{i=1}^{n} a_{2i}x_{t-i} + \varepsilon_{yt} + \sum_{j=1}^{m} \phi_{2j}\varepsilon_{yt-j}$$

$$(\varepsilon_{xt}, \varepsilon_{yt}) \sim MC(f_1(\varepsilon_{xt}), f_2(\varepsilon_{yt})) \qquad (2-12)$$

若 x_t 和 y_t 为服从 GARCH 过程的随机过程，则混合 Copula – GARCH 模型如下，

$$x_t = \mu_{1t} + \varepsilon_{xt}$$

$$y_t = \mu_{2t} + \varepsilon_{yt}$$

$$\varepsilon_{xt} = h_{xt}^{1/2}\xi_{xt}$$

$$\varepsilon_{yt} = h_{yt}^{1/2}\xi_{yt}$$

$$h_{xt} = \omega_x + \sum_{i=1}^{q} \alpha_{xi}\varepsilon_{xt-i}^2 + \sum_{i=1}^{p} \beta_{xi}h_{xt-i}$$

$$h_{yt} = \omega_y + \sum_{i=1}^{q} \alpha_{yi}\varepsilon_{yt-i}^2 + \sum_{i=1}^{p} \beta_{yi}h_{yt-i}$$

$$(\xi_{xt}, \xi_{yt}) \sim MC(f_1(\xi_{xt}), f_2(\xi_{yt})) \qquad (2-13)$$

采用非参数方法得到边缘密度函数 f_1 和 f_2 之后，采用极大似然法估计混合 Copula 函数的参数。相比 BEKK - GARCH 等多元 GARCH 模型，混合 Copula - GARCH 模型对残差间跨方程相关模式的设定更加灵活，可以更好地刻画变量之间的波动关联。

（2）估计混合 Copula 函数。

常用的 Copula 函数主要包括正态 Copula、Gumbel - Copula、Clayton - Copula 和 Frank - Copula 函数。其中正态 Copula 具有形式简洁的特点，但无法捕捉变量的尾部风险和非对称相关关系。Gumbel - Copula 和 Clayton - Copula 分别捕捉上尾部和下尾部风险，并且两个函数都只能描述变量之间的非负相关关系。Frank - Copula 可以描述变量间负相关关系，但无法捕捉尾部风险和非对称的相关关系。由于事物之间的关系并非一成不变的，根据以上 Copula 函数的特征构建混合 Copula 函数描述变量之间的关联模式。胡（Hu，2002）给出了混合 Copula 函数的构造方法并证明混合函数仍具有一般 Copula 函数的优良性质。基于此，将混合 Copula 函数记作 MC_4，函数形式如下：

$$MC_4 = w_1 C_{Gauss} + w_2 C_{Gumbel} + w_3 C_{Clayton} + w_4 C_{Frank} \qquad (2-14)$$

权重 $w_1 + w_2 + w_3 + w_4 = 1$，且权重介于 0 和 1 之间。混合 Copula 函数涵盖了四种函数的特性，不仅可以捕捉变量之间尾部风险，还可以描述变量之间非对称相关特征。

分别计算五种类型 Copula 函数的极大似然对数值及参数，并将这些参数作为初始值代入以下的惩罚极大似然函数 L 中，采用 EM 算法估计权重和相依结构参数。

$$L = \sum \left[\ln f_1(x, \theta_1) + \ln f_2(y, \theta_2) \right]$$
$$+ \sum \ln \left[\sum w_k C_k(F_1(x, \theta_1), F_2(y, \theta_2), \theta_3) \right]$$
$$- T \sum g_\gamma(w_k) \qquad (2-15)$$

惩罚函数采用如下具有无偏性、稀疏性和连续性的 SCAD 函数形式，

$$g_\gamma(w) = \gamma I(w \leq \gamma) + \frac{\alpha\gamma - w}{\alpha - 1} I(w > \gamma) \qquad (2-16)$$

为了验证混合联合分布模型的合理性，根据理论联合分布和经验联合分布的平方欧氏距离来选择合适的 Copula 函数。将经验 Copula 函数记作 C_f，理论 Copula 记作 C_n，定义如下距离函数 d：

$$d = \sum \left| C_f(u_{1i}, u_{2i}) - C_n(u_{1i}, u_{2i}) \right|^2 \qquad (2-17)$$

其中，$C_f = \dfrac{1}{n} \sum\limits_{i=1}^{n} I_{[F_1(x_i) \leq u_1]} I_{[F_2(y_i) \leq u_2]}$，$u_1$ 和 u_2 为边缘分布概率值。

根据得到的混合 Copula 模型可以模拟得到对应的数据。

2.6.3　综合评价模型

采用熵权—TOPSIS 综合评价法计算主产区农产品收入风险系数，并据此进行风险区划，从而掌握农产品收入风险的关联和态势，为后续风险分担模式创新提供支撑。TOPSIS 算法又被称作双基点法。这一方法首先分别计算出样本与最优点、最劣点之间的欧氏距离，其次根据距离值计算出的综合指数进行排序，若样本与最优点距离最近同时与最劣点距离最远，则排在首位，反之则排在末位。该方法概念简单，计算过程清晰，具有可操作性，可以客观地对多指标情况下的各

方案进行综合评价，是一种有效的多属性决策方法。熵权—TOPSIS 方法由熵权法和 TOPSIS 方法组成。采用熵理论进行赋权可以有效降低主观性对评价结果的影响。基本步骤如下：

第一，用向量规范法求得规范决策矩阵 Z，其中的元素为

$$Z_{ij} = y_{ij} / \sqrt{\sum_{i=1}^{m} y_{ij}^2} \qquad (2-18)$$

第二，构成加权规范矩阵 X 的元素 $x_{ij} = w_j \cdot z_{ij}$ $\qquad (2-19)$

其中权重 W_j 采用熵权法计算得到。

第三，确定理想和负理想解。

$$理想解 \ x_j^+ = \begin{cases} \max\limits_{i} x_{ij} & 正向指标 \\ \min\limits_{i} x_{ij} & 负向指标 \end{cases} \qquad (2-20)$$

$$负理想解 \ x_j^- = \begin{cases} \min\limits_{i} x_{ij} & 负向指标 \\ \max\limits_{i} x_{ij} & 正向指标 \end{cases} \qquad (2-21)$$

第四，计算方案 i 到理想解与负理想解的距离。

$$方案 \ i \ 到理想解的距离 \ d_i^+ = \sqrt{\sum_{j=1}^{n} (x_{ij} - x_j^+)^2} \qquad (2-22)$$

$$方案 \ i \ 到负理想解的距离 \ d_i^- = \sqrt{\sum_{j=1}^{n} (x_{ij} - x_j^-)^2} \qquad (2-23)$$

第五，计算各方案与理想解的接近程度。

$$C_i = \frac{d_i^-}{(d_i^- + d_i^+)} \qquad (2-24)$$

按照 C_i 的得分大小可以评价方案的优劣次序，其中 $C_i \in [0, 1]$。当指标体系包含多个层级指标时，可以逐层使用熵权—TOPSIS 法拟合最终的综合指数。根据农产品收入风险的综合指数将产区划分为不同等级的风险区域。

第 3 章 主要农产品收入风险计量

本章收集了 1978 ~ 2020 年各地区早稻、晚稻、小麦、玉米、大豆、油菜、棉花及苹果八种主要农产品的收入（亩均收入，下同）数据，通过 HP 滤波方法将收入分解为趋势项和波动项。通过对波动项的统计分析，研究了收入波动的统计特征和分布特征，测度了农产品收入的 VaR 和 ES 风险值以及 $\Delta CoVaR$、$\Delta CoES$ 等系统性风险值，在此基础上采用熵权—TOPSIS 方法计量了各产区农产品收入风险的综合得分并做了风险区划。

3.1 农产品收入波动的统计特征

对农产品收益风险进行计量与评估，首先采用 1978 年的物价指数做定基处理剔除通胀因素，其次要剔除收益数据中的趋势项，分解出波动项表征收益风险（不确定性），然后再进行下一步的计算。采用 HP 滤波方法对收益数据进行分解，以得到收益波动项并对其特征进行分析。限于篇幅，每种农产品仅展示四个省份的收益波动变化。

3.1.1 收入序列的分解

图 3 - 1 为 1978 ~ 2020 年水稻主产区安徽、江西、湖北和湖南的

早稻亩均收入波动情况。对比发现，早稻收入存在明显的波动变化，各省波动幅度差异较明显。其中，安徽波动幅度约为80元/亩，其他三省波动幅度约为50元/亩。安徽波动极小值出现在2020年，每亩收入约降低37元，极大值出现在1995年，每亩收入约增加了40元。湖北波动极小值出现在2020年，每亩收入约降低29元，极大值出现在1997年，每亩收入约增加了30元。

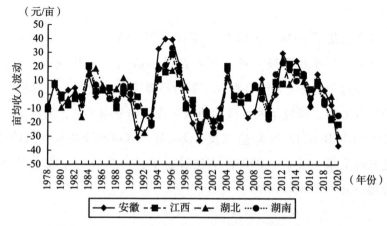

图 3 - 1　1978～2020年主产区早稻亩均收入波动特征

资料来源：笔者根据《全国农产品成本收益资料汇编》数据计算得到。

图 3 - 2 为 1978～2020 年水稻主产区安徽、江西、湖北和湖南的晚稻亩均收入波动情况。对比发现，晚稻收入存在明显的波动变化，各省波动幅度差异也较明显。四个省份中湖南和湖北的波动幅度偏大。其中，湖北晚稻收益波动极小值出现在2002年，每亩收入约降低了29元，极大值出现在1994年，每亩收入约增加了47元。湖南晚稻收益波动极小值出现在2002年，每亩收入约降低了36元，极大值出现在1995年，每亩收入约增加了46元。

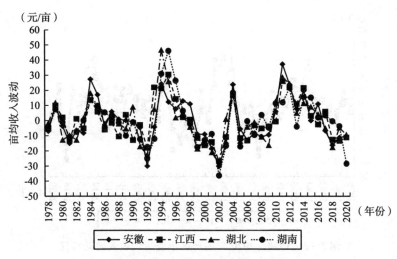

图 3 - 2　1978 ~ 2020 年主产区晚稻亩均收入波动特征

资料来源：笔者根据《全国农产品成本收益资料汇编》数据计算得到。

图 3 - 3 报告了 1978 ~ 2020 年小麦主产区河北、安徽、山东和河南四省小麦亩均收入的波动特征。四个省份中山东和河南的波动幅度偏大。其中，山东小麦收益波动极小值出现在 2000 年，每亩收入约降低了 28 元，极大值出现在 1995 年，每亩收入约增加了 39 元。河南小麦收益波动极小值出现在 2018 年，每亩收入约降低了 37 元，极大值出现在 1996 年和 2014 年，每亩收入约增加了 31 元。

图 3 - 4 报告了 1978 ~ 2020 年玉米主产区河北、辽宁、吉林和黑龙江四省的玉米亩均收入波动特征情况。吉林和黑龙江两省的波动幅度偏大。其中，吉林玉米收益波动极小值出现在 2016 年，每亩收入约降低了 44 元，极大值出现在 2012 年，每亩收入约增加了 43 元。黑龙江玉米收益波动极小值出现在 2016 年，每亩收入约降低了 52 元，极大值出现在 2014 年，每亩收入约增加了 39 元。

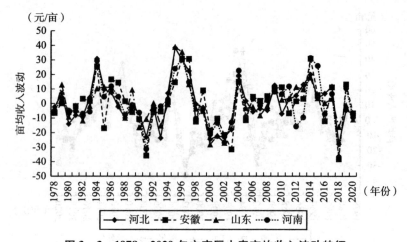

图 3 - 3　1978~2020 年主产区小麦亩均收入波动特征

资料来源：笔者根据《全国农产品成本收益资料汇编》数据计算得到。

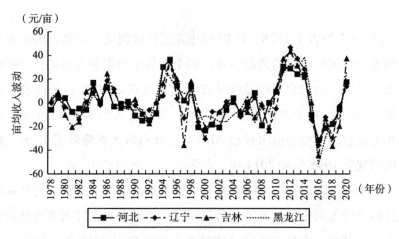

图 3 - 4　1978~2020 年主产区玉米亩均收入波动特征

资料来源：笔者根据《全国农产品成本收益资料汇编》数据计算得到。

　　图 3 - 5 报告了 1978~2020 年大豆主产区内蒙古、辽宁、吉林和黑龙江的大豆亩均收入波动情况。内蒙古和辽宁的波动幅度偏大。其中，内蒙古大豆收益波动极小值出现在 2016 年，每亩收入约降低了 37 元，极大值出现在 2012 年，每亩收入约增加了 32 元。辽宁大豆

收益波动极小值出现在 2015 年，每亩收入约降低了 30 元，极大值出现在 2012 年，每亩收入约增加了 46 元。

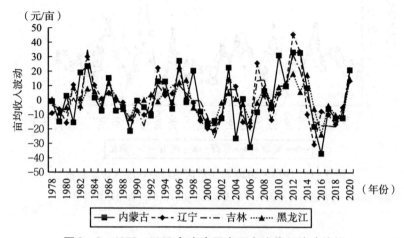

（元/亩）

图 3 - 5 1978 ~ 2020 年主产区大豆亩均收入波动特征

资料来源：笔者根据《全国农产品成本收益资料汇编》数据计算得到。

图 3 - 6 报告了 1978 ~ 2020 年油菜主产区安徽、江西、河南和湖北的油菜亩均收入波动情况。河南和安徽的波动幅度偏大。其中，河南油菜收益波动极小值出现在 1988 年，每亩收入约降低了 23 元，极大值出现在 2008 年，每亩收入约增加了 56 元。安徽油菜收益波动极小值出现在 2011 年，每亩收入约降低了 26 元，极大值出现在 2008 年，每亩收入约增加了 55 元。

图 3 - 7 报告了 1978 ~ 2020 年河北、山东、湖北和新疆的棉花亩均收入波动情况。湖北和新疆的波动幅度偏大。其中，湖北棉花收益波动极小值出现在 1999 年，每亩收入约降低了 68 元，极大值出现在 1990 年，每亩收入约增加了 108 元。新疆棉花收益波动极小值出现在 2015 年，每亩收入约降低了 84 元，极大值出现在 2012 年，每亩收入约增加了 77 元。

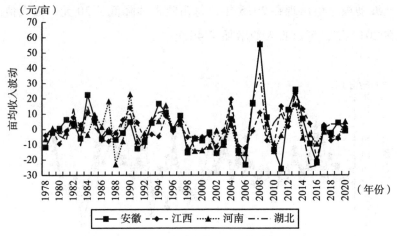

图 3 – 6   1978 ~ 2020 年主产区油菜亩均收入波动特征

资料来源：笔者根据《全国农产品成本收益资料汇编》数据计算得到。

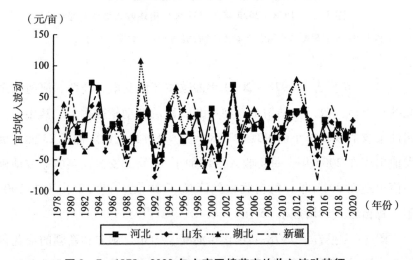

图 3 – 7   1978 ~ 2020 年主产区棉花亩均收入波动特征

资料来源：笔者根据《全国农产品成本收益资料汇编》数据计算得到。

图 3 – 8 报告了 1990 ~ 2020 年苹果主产区河北、山东、陕西和甘肃的苹果亩均收入波动情况。山东和陕西的波动幅度偏大。其中，山东苹果收益波动极小值出现在 1997 年，每亩收入约降低了 364 元，

极大值出现在 2010 年，每亩收入约增加了 762 元。陕西苹果收益波动极小值出现在 2008 年，每亩收入约降低了 302 元，极大值出现在 2014 年，每亩收入约增加了 486 元。

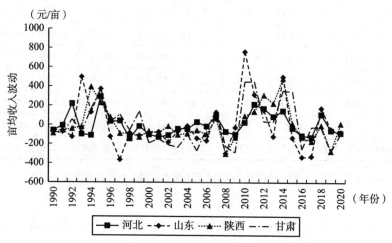

图 3 - 8　1990～2020 年主产区苹果亩均收入波动特征

资料来源：笔者根据《全国农产品成本收益资料汇编》数据计算得到。

3.1.2　波动的统计特征

表 3 - 1 报告了浙江、安徽等 9 个省区早稻亩均收入波动序列的描述性统计结果。从表中结果来看，早稻每亩收入波动方差较大，收入不稳定程度较高。偏度和峰度用于考察波动数据的分布情况。从结果来看，浙江、湖北两个省区的收入波动序列的偏度小于 0，表明早稻亩均收入出现降低的可能性偏高，而其他 7 个省区早稻亩均收入出现增加的可能性更高。再结合峰度值，可以判断出浙江和湖北早稻收入出现增长的概率大于出现降低的概率。从雅克贝拉检验的结果来看，可以认为除广西外其他 8 个省份的早稻收入波动序列都服从正态分布。

表 3 - 1　　　　　　　　各地区早稻亩均收入波动统计特征

地区	方差	偏度	峰度	中位数	最大值	最小值	JB 值	P 值
浙江	165.930	-0.066	1.732	-0.929	20.243	-21.077	2.911	0.108
安徽	318.675	0.308	2.952	-1.662	39.888	-36.602	0.686	0.500
福建	278.361	0.517	3.826	-0.145	48.035	-34.574	3.142	0.096
江西	163.209	0.084	2.422	-0.311	28.796	-23.900	0.648	0.500
湖北	204.803	-0.368	2.293	2.224	25.322	-29.361	1.868	0.232
湖南	198.212	0.173	2.446	-2.585	33.290	-27.315	0.765	0.500
广东	286.236	0.606	3.325	-1.926	45.078	-32.473	2.824	0.114
广西	261.982	0.971	4.615	-0.574	50.652	-24.391	11.429	0.011
海南	195.411	0.100	2.759	-2.749	34.017	-25.760	0.176	0.500

资料来源：笔者根据《全国农产品成本收益资料汇编》数据计算得到。

表 3 - 2 报告了浙江、安徽等 9 个省区晚稻亩均收入波动序列的描述性统计结果。在方差方面，多数省份收益不稳定性较高，而海南、广西和江西相对稳定。在偏度方面，除福建外，其他省份收入波动序列的偏度大于 0，表明这些省份晚稻亩均收入出现增加的可能性较高。结合偏度和峰度的分布特征来看，福建晚稻出现亩均收入降低的概率大于增加的概率。从雅克贝拉检验的结果来看，可以认为除浙江外其他 8 个省份的晚稻收入波动序列都服从正态分布。

表 3 - 2　　　　　　　　各地区晚稻亩均收入波动统计特征

地区	方差	偏度	峰度	中位数	最大值	最小值	JB 值	P 值
浙江	373.226	0.842	3.292	-1.858	50.651	-33.522	5.235	0.044
安徽	224.145	0.373	2.855	-4.324	37.297	-30.323	1.033	0.489
福建	358.954	-0.068	4.568	-0.297	49.972	-57.708	4.438	0.057
江西	181.230	0.476	2.479	-2.623	30.408	-26.803	2.111	0.188
湖北	235.926	0.665	3.598	-1.630	46.630	-28.640	3.806	0.072

地区	方差	偏度	峰度	中位数	最大值	最小值	JB 值	P 值
湖南	247.537	0.393	3.819	−1.138	46.038	−36.384	2.309	0.161
广东	299.889	0.562	3.042	−1.466	46.335	−29.790	2.264	0.166
广西	174.308	0.439	3.051	−1.142	36.983	−24.425	1.385	0.355
海南	160.073	0.644	3.068	−2.100	32.887	−23.514	2.977	0.105

资料来源：笔者根据《全国农产品成本收益资料汇编》数据计算得到。

　　表 3 - 3 报告了河北、山西等 15 个省区小麦亩均收入波动序列的描述性统计结果。在方差方面，多数粮食主产区省份小麦亩均收入不稳定性较高，而四川、云南等省份相对稳定。在偏度方面，除安徽和湖北外，其他省份收入波动序列的偏度大于 0，表明大部分省区小麦亩均收入出现增加的可能性较高。结合偏度和峰度的分布特征来看，安徽和湖北小麦出现亩均收入降低的概率大于增加的概率。从雅克贝拉检验的结果来看，可以认为除云南和甘肃外其他省区的小麦收入波动序列都服从正态分布。

表 3 - 3　　　　　各地区小麦亩均收入波动统计特征

地区	方差	偏度	峰度	中位数	最大值	最小值	JB 值	P 值
河北	237.565	0.333	2.941	−2.398	38.405	−27.834	0.800	0.500
山西	134.302	0.303	1.967	−2.671	22.539	−18.412	2.569	0.134
内蒙古	143.131	0.389	2.593	−0.898	27.473	−21.963	1.379	0.357
黑龙江	103.722	0.120	2.716	−1.124	20.222	−23.071	0.248	0.500
江苏	196.606	0.092	2.701	0.671	33.193	−26.749	0.220	0.500
安徽	260.338	−0.210	3.133	1.548	30.921	−38.185	0.349	0.500
山东	198.414	0.490	3.708	−1.158	38.928	−28.152	2.618	0.130
河南	243.908	0.105	3.074	−1.897	31.392	−36.797	0.088	0.500
湖北	213.593	−0.103	4.177	0.373	37.874	−41.393	2.560	0.135

续表

地区	方差	偏度	峰度	中位数	最大值	最小值	JB 值	P 值
四川	59.380	0.054	2.250	0.383	14.840	-15.813	1.029	0.492
云南	82.196	0.053	4.876	0.841	28.703	-25.101	6.323	0.033
陕西	129.819	0.219	2.680	-0.668	27.119	-21.829	0.529	0.500
甘肃	109.840	0.854	3.633	-2.121	32.801	-15.451	5.944	0.036
宁夏	166.664	0.334	3.037	1.029	34.449	-25.019	0.800	0.500
新疆	180.974	0.533	2.312	-4.695	31.955	-22.339	2.883	0.110

资料来源：笔者根据《全国农产品成本收益资料汇编》数据计算得到。

表 3-4 报告了河北、山西等 20 个省区玉米亩均收入波动序列的描述性统计结果。在方差方面，大多数粮食主产区省份玉米亩均收入不稳定性偏高，而陕西、云南和重庆等非主产区相对稳定。在偏度方面，除甘肃外，其他省份收入波动序列的偏度大于 0，表明大部分省区玉米亩均收入出现增加的可能性较高。结合偏度和峰度的分布特征来看，除甘肃外，其他省区小麦出现亩均收入增加的概率大于降低的概率。从雅克贝拉检验的结果来看，可以认为除安徽和河南外其他省区的小麦收入波动序列都服从正态分布。

表 3-4　　　　　　　　各地区玉米亩均收入波动统计特征

地区	方差	偏度	峰度	中位数	最大值	最小值	JB 值	P 值
河北	273.130	0.398	2.452	-0.853	36.498	-31.404	1.674	0.278
山西	402.763	0.721	3.265	-1.430	53.515	-34.442	3.852	0.071
内蒙古	404.390	0.116	3.611	-1.404	51.531	-53.339	0.766	0.500
辽宁	298.206	0.597	3.681	-2.300	46.792	-35.684	3.387	0.086
吉林	421.503	0.192	2.678	-1.048	43.375	-44.362	0.450	0.500
黑龙江	309.281	0.035	3.738	-4.072	38.629	-51.856	0.985	0.500
江苏	298.382	0.019	3.238	-0.925	42.642	-39.686	0.104	0.500

续表

地区	方差	偏度	峰度	中位数	最大值	最小值	JB 值	P 值
安徽	288.649	0.033	4.813	-1.733	50.169	-51.390	5.895	0.036
山东	240.228	0.393	2.576	-3.836	35.542	-30.706	1.427	0.343
河南	210.828	0.737	4.192	-1.407	44.190	-30.230	6.442	0.032
湖北	207.676	0.496	2.489	-4.486	36.192	-25.205	2.230	0.171
广西	201.922	0.382	3.054	0.441	34.206	-31.401	1.051	0.479
重庆	163.941	0.603	3.201	-2.693	36.008	-26.141	2.682	0.124
四川	216.479	0.012	2.075	-0.515	25.261	-27.894	1.535	0.314
贵州	249.624	0.746	3.336	-3.932	38.385	-32.422	4.188	0.062
云南	178.287	0.576	3.465	-0.559	38.426	-26.443	2.767	0.118
陕西	160.988	0.307	2.127	-0.586	23.554	-21.037	2.042	0.200
甘肃	549.916	-0.078	3.282	-1.792	53.014	-58.792	0.185	0.500
宁夏	395.531	0.487	2.555	0.352	43.297	-38.863	2.055	0.198
新疆	368.382	0.262	3.119	-1.518	46.295	-40.710	0.517	0.500

资料来源：笔者根据《全国农产品成本收益资料汇编》数据计算得到。

表 3-5 报告了河北、山西等 11 个省区大豆亩均收入波动序列的描述性统计结果。在方差方面，大多数主产区省份大豆亩均收入不稳定性偏高，而黑龙江、河南等省份相对稳定。在偏度方面，除山西和黑龙江外，其他省份收入波动序列的偏度大于 0，表明大部分省区大豆亩均收入出现增加的可能性较高。结合偏度和峰度的分布特征来看，陕西出现极大值的概率高于其他地区。除山西和黑龙江外，其他省区大豆出现亩均收入增加的概率大于降低的概率。从雅克贝拉检验的结果来看，可以认为除陕西外其他省区的大豆收入波动序列都服从正态分布。

表3-5　　　　　　　各地区大豆亩均收入波动统计特征

地区	方差	偏度	峰度	中位数	最大值	最小值	JB值	P值
河北	187.707	0.331	4.289	0.350	43.684	-29.079	3.761	0.074
山西	103.043	-0.114	2.828	0.977	21.348	-24.803	0.147	0.500
内蒙古	304.993	0.190	2.414	-4.822	33.317	-36.880	0.873	0.500
辽宁	263.530	0.715	3.276	-1.635	45.690	-30.450	3.799	0.073
吉林	185.892	0.453	3.006	-0.296	34.837	-25.932	1.470	0.331
黑龙江	94.695	-0.096	2.530	-0.892	18.575	-23.531	0.461	0.500
江苏	211.707	0.314	3.797	0.840	43.386	-35.104	1.847	0.236
安徽	135.014	0.343	2.811	-1.347	30.585	-24.580	0.909	0.500
山东	223.994	0.332	3.413	0.696	44.341	-28.331	1.098	0.455
河南	91.997	0.071	1.900	1.902	19.619	-15.748	2.203	0.175
陕西	198.286	2.603	14.611	-0.534	69.091	-21.291	290.101	0.001

资料来源：笔者根据《全国农产品成本收益资料汇编》数据计算得到。

表3-6报告了江苏、浙江等13个省区油菜亩均收入波动序列的描述性统计结果。在方差方面，大多数省区油菜亩均收入不稳定性偏高，而江西相对稳定。在偏度方面，所有主产区收入波动序列的偏度大于0，表明这些省区油菜亩均收入出现增加的可能性更高。结合偏度和峰度的分布特征来看，四川出现极大值的概率高于其他地区。这些省区油菜出现亩均收入增加的概率大于降低的概率。从雅克贝拉检验的结果来看，可以认为除江苏、安徽、河南、湖南、四川、云南、陕西和甘肃外其他省区的油菜收入波动序列都服从正态分布。

表3-6　　　　　　　各地区油菜亩均收入波动统计特征

地区	方差	偏度	峰度	中位数	最大值	最小值	JB值	P值
江苏	237.055	1.112	6.606	-1.036	59.827	-30.509	32.164	0.001
浙江	204.917	0.090	4.312	1.444	44.951	-32.345	3.143	0.096

地区	方差	偏度	峰度	中位数	最大值	最小值	JB 值	P 值
安徽	209.775	1.228	6.423	-1.746	55.410	-25.880	31.800	0.001
江西	81.988	0.519	3.090	-1.113	23.401	-19.898	1.948	0.216
河南	177.745	1.780	8.617	-1.790	56.198	-23.012	79.244	0.001
湖北	162.505	0.406	3.420	0.782	36.691	-25.004	1.499	0.323
湖南	109.410	0.896	4.565	-1.594	31.146	-20.046	10.142	0.014
四川	171.976	2.175	11.751	-1.388	60.689	-19.373	171.109	0.001
贵州	110.710	0.217	1.931	-2.566	21.431	-15.769	2.383	0.152
云南	297.111	1.265	5.325	-2.108	54.806	-26.734	21.160	0.003
陕西	331.109	1.485	6.976	-2.790	71.147	-28.733	44.132	0.001
甘肃	252.646	0.781	4.213	-2.841	50.616	-29.474	7.011	0.027
青海	127.165	0.021	2.777	-0.175	24.010	-22.849	0.093	0.500

资料来源：笔者根据《全国农产品成本收益资料汇编》数据计算得到。

表 3-7 报告了河北、山西等 12 个省区棉花亩均收入波动序列的描述性统计结果。在方差方面，大多数省区棉花亩均收入不稳定性偏高，且明显高于粮食作物。在偏度方面，除安徽、江西、山东、湖南和新疆外，其他省区收入波动序列的偏度大于 0。结合偏度和峰度的分布特征来看，河北、山西、江苏、河南、湖北、陕西和甘肃省区棉花亩均收入增加的概率大于降低的概率。从雅克贝拉检验的结果来看，可以认为以上 12 个省区的棉花收入波动序列都服从正态分布。

表 3-7　　　　各地区棉花亩均收入波动统计特征

地区	方差	偏度	峰度	中位数	最大值	最小值	JB 值	P 值
河北	876.392	0.483	3.193	-2.261	73.155	-52.165	1.742	0.261
山西	762.852	0.179	3.632	-4.360	69.015	-71.827	0.944	0.500
江苏	1037.574	0.333	3.397	-4.493	80.892	-78.471	1.076	0.465

地区	方差	偏度	峰度	中位数	最大值	最小值	JB 值	P 值
安徽	774.912	-0.285	3.692	0.528	65.066	-69.815	1.441	0.339
江西	1354.528	-0.325	3.001	0.795	67.308	-84.134	0.759	0.500
山东	1069.740	-0.333	3.063	5.960	66.027	-77.711	0.800	0.500
河南	1087.861	0.168	2.296	-2.558	67.429	-71.445	1.092	0.458
湖北	1467.790	0.628	3.226	-4.935	108.029	-68.074	2.920	0.108
湖南	2107.156	-0.191	2.837	-1.235	95.292	-109.326	0.310	0.500
陕西	857.098	0.245	4.195	1.845	91.512	-74.074	2.988	0.104
甘肃	2993.333	0.168	2.916	-0.378	131.426	-122.907	0.216	0.500
新疆	1898.043	-0.075	2.294	5.434	76.606	-83.753	0.932	0.500

资料来源：笔者根据《全国农产品成本收益资料汇编》数据计算得到。

表 3-8 报告了河北、山西等 8 个省区苹果亩均收入波动序列的描述性统计结果。在方差方面，以下 8 个省区苹果亩均收入不稳定性均偏高，且明显高于以上其他 7 种农产品。在偏度方面，8 个省区收入波动序列的偏度大于 0。结合偏度和峰度的分布特征来看，这些省区苹果亩均收入增加的概率大于降低的概率。从雅克贝拉检验的结果来看，可以认为除辽宁、山东、河南和陕西四个省份外，其他省区的苹果收入波动序列均服从正态分布。

表 3-8 　　　　各地区苹果亩均收入波动统计特征

地区	方差	偏度	峰度	中位数	最大值	最小值	JB 值	P 值
河北	13722.536	0.855	2.797	-34.405	292.503	-146.483	3.834	0.063
山西	18224.495	0.038	3.537	-29.120	290.255	-368.124	0.380	0.500
辽宁	27114.946	0.927	4.028	-25.962	485.084	-268.398	5.809	0.033
山东	68270.559	1.167	4.036	-75.518	762.238	-364.146	8.420	0.018
河南	18898.162	1.339	5.138	-56.001	460.457	-165.290	15.167	0.006

地区	方差	偏度	峰度	中位数	最大值	最小值	JB 值	P 值
陕西	31687.882	1.007	3.813	-58.977	486.109	-302.099	6.091	0.031
甘肃	47524.931	0.661	2.514	-40.297	449.868	-289.619	2.560	0.114
宁夏	31504.307	0.779	3.662	-27.427	486.897	-317.757	3.703	0.066

资料来源：笔者根据《全国农产品成本收益资料汇编》数据计算得到。

3.2　农产品收入波动的联合分布

3.2.1　波动的边缘分布

本节采用 ARMA 模型模拟各地区农产品收入波动项的边缘分布特征。若波动项中无自回归或移动平均项，则在计算系统风险时直接采用波动项估计混合 Copula 参数，否则使用 ARMA 模型的残差项估计混合 Copula 参数。经检验，多数粮食作物收入波动项序列服从 ARMA(1, 0) 过程，但部分经济作物收入序列中不含自回归项和移动平均项。表 3-9 至表 3-16 报告了 8 种农产品收入波动项的自回归模型估计结果。

表 3-9　　　　　　早稻收入波动项的自回归估计结果

地区	AR(1)系数	t 值	σ^2 值	t 值	r^2	LogL	SE
浙江	0.338	1.872	143.718	3.119	0.113	-167.884	12.277
安徽	0.535	3.569	227.656	4.758	0.269	-177.881	15.452
福建	0.540	5.289	189.497	5.355	0.303	-173.941	14.098
江西	0.405	2.857	134.235	4.010	0.158	-166.445	11.865

地区	AR(1)系数	t 值	σ² 值	t 值	r²	LogL	SE
湖北	0.422	2.742	166.622	4.077	0.167	−171.100	13.219
湖南	0.463	3.778	151.586	4.017	0.217	−169.090	12.609
广东	0.483	4.085	212.094	5.048	0.241	−176.323	14.914
广西	0.560	4.342	172.809	6.127	0.325	−171.975	13.463
海南	0.413	3.383	157.008	4.489	0.177	−169.818	12.832
全国	0.563	4.585	122.393	4.493	0.318	−164.561	11.330

资料来源：笔者根据《全国农产品成本收益资料汇编》数据计算得到。

表 3 – 10　　　　　　　晚稻收入波动项的自回归估计结果

地区	AR(1)系数	t 值	σ² 值	t 值	r²	LogL	SE
浙江	0.530	4.118	259.919	5.264	0.287	−180.727	16.511
安徽	0.404	2.275	182.167	5.116	0.168	−173.009	13.822
福建	0.477	5.751	268.154	6.118	0.235	−181.362	16.770
江西	0.442	3.069	141.483	4.347	0.201	−167.595	12.181
湖北	0.437	2.841	184.708	5.265	0.198	−173.324	13.918
湖南	0.462	3.405	191.999	5.360	0.206	−174.170	14.190
广东	0.470	3.282	225.503	3.818	0.230	−177.633	15.379
广西	0.484	3.632	129.324	5.286	0.240	−165.688	11.646
海南	0.290	2.310	142.703	3.959	0.087	−167.715	12.234
全国	0.540	4.558	133.574	4.428	0.301	−166.422	11.836

资料来源：笔者根据《全国农产品成本收益资料汇编》数据计算得到。

表 3–11　　　　　　小麦收入波动项的自回归估计结果

地区	AR(1)系数	t 值	σ^2 值	t 值	r^2	LogL	SE
河北	0.416	2.681	190.158	4.969	0.180	−173.939	14.122
山西	0.314	1.713	117.772	3.579	0.102	−163.595	11.114
内蒙古	0.172	1.152	135.594	4.040	0.030	−166.587	11.925
黑龙江	0.223	1.644	96.090	4.369	0.052	−159.194	10.039
江苏	0.188	1.181	185.035	4.194	0.036	−173.274	13.931
安徽	0.054	0.365	253.528	4.523	0.003	−180.029	16.306
山东	0.434	2.937	156.248	5.553	0.194	−169.725	12.801
河南	0.172	1.098	230.922	4.808	0.031	−178.034	15.562
湖北	0.280	2.324	191.553	5.851	0.082	−174.041	14.174
四川	0.482	3.698	43.924	3.439	0.243	−142.469	6.787
云南	0.123	0.847	79.020	6.545	0.016	−154.971	9.104
陕西	0.351	2.788	110.499	4.649	0.129	−162.238	10.765
甘肃	0.212	1.557	102.299	5.115	0.046	−160.537	10.358
宁夏	0.419	2.458	133.353	5.348	0.181	−166.310	11.826
新疆	0.406	2.023	147.754	4.616	0.164	−168.509	12.448
全国	0.470	3.676	69.678	4.827	0.230	−152.383	8.548

资料来源：笔者根据《全国农产品成本收益资料汇编》数据计算得到。

表 3–12　　　　　　玉米收入波动项的自回归估计结果

地区	AR(1)系数	t 值	σ^2 值	t 值	r^2	LogL	SE
河北	0.557	3.830	182.804	4.527	0.315	−173.181	13.846
山西	0.413	3.153	328.107	5.237	0.166	−185.665	18.550
内蒙古	0.430	2.863	322.627	5.233	0.183	−185.311	18.395
辽宁	0.479	3.735	222.534	4.303	0.236	−177.354	15.277
吉林	0.378	2.456	354.803	4.716	0.138	−187.330	19.290
黑龙江	0.553	3.492	210.306	7.229	0.304	−176.191	14.851

续表

地区	AR(1)系数	t 值	σ^2 值	t 值	r^2	LogL	SE
江苏	0.194	1.456	280.141	5.050	0.039	−182.192	17.141
安徽	0.097	0.590	279.178	6.367	0.010	−182.104	17.111
山东	0.233	1.602	222.785	4.287	0.051	−177.276	15.286
河南	0.308	1.981	186.937	5.847	0.092	−173.526	14.002
湖北	0.457	2.940	160.328	4.200	0.210	−170.292	12.967
广西	0.610	5.775	120.815	4.402	0.387	−164.324	11.256
重庆	0.587	4.757	103.119	4.128	0.356	−160.897	10.399
四川	0.452	3.231	166.339	3.709	0.213	−171.080	13.208
贵州	0.002	0.025	243.818	4.978	0.000	−179.188	15.991
云南	0.543	4.730	120.532	4.756	0.308	−164.215	11.243
陕西	0.522	3.753	112.894	3.581	0.282	−162.792	10.881
甘肃	0.546	3.612	383.304	4.381	0.286	−189.091	20.050
宁夏	0.446	2.777	312.937	4.525	0.190	−184.664	18.116
新疆	0.285	1.803	333.389	5.061	0.073	−185.957	18.699
全国	0.598	4.706	125.145	4.579	0.356	−165.069	11.456

资料来源：笔者根据《全国农产品成本收益资料汇编》数据计算得到。

表 3 − 13　　　　　　大豆收入波动项的自回归估计结果

地区	AR(1)系数	t 值	σ^2 值	t 值	r^2	LogL	SE
河北	−0.053	−0.426	182.813	5.928	0.003	−172.998	13.847
山西	0.088	0.561	99.839	4.454	0.008	−159.995	10.233
内蒙古	0.157	0.880	290.438	3.785	0.025	−182.962	17.453
辽宁	0.345	2.299	226.173	4.907	0.121	−177.636	15.401
吉林	0.376	2.222	156.523	5.309	0.138	−169.735	12.812
黑龙江	0.303	1.854	84.098	3.743	0.091	−156.350	9.391
江苏	0.398	2.498	174.269	5.921	0.157	−172.054	13.519

续表

地区	AR(1)系数	t 值	σ^2 值	t 值	r^2	LogL	SE
安徽	0.163	0.938	128.542	4.528	0.025	-165.437	11.611
山东	0.087	0.627	217.113	4.998	0.008	-176.697	15.090
河南	0.132	0.850	88.245	2.955	0.018	-157.346	9.620
陕西	0.127	0.364	190.438	5.030	0.017	-173.883	14.133
全国	0.419	2.858	78.668	4.426	0.174	-154.963	9.083

资料来源：笔者根据《全国农产品成本收益资料汇编》数据计算得到。

表 3-14 油菜收入波动项的自回归估计结果

地区	AR(1)系数	t 值	σ^2 值	t 值	r^2	LogL	SE
江苏	0.177	0.976	224.055	5.519	0.032	-177.386	15.329
浙江	0.030	0.182	199.967	5.176	0.001	-174.925	14.482
安徽	0.246	1.410	192.119	5.699	0.062	-174.095	14.195
江西	0.115	0.679	78.984	4.811	0.014	-154.960	9.101
河南	0.147	0.832	169.711	6.840	0.022	-171.408	13.341
湖北	0.143	0.999	155.342	4.380	0.021	-169.506	12.764
湖南	-0.027	-0.146	106.788	5.610	0.001	-161.438	10.583
四川	-0.021	-0.134	167.902	10.333	0.000	-171.167	13.270
贵州	0.138	0.997	106.049	3.183	0.019	-161.298	10.546
云南	0.015	0.091	290.131	6.820	0.000	-182.927	17.444
陕西	0.153	0.733	315.631	8.132	0.024	-184.749	18.194
甘肃	0.167	0.960	239.800	5.171	0.028	-178.844	15.859
青海	0.350	2.616	108.322	4.853	0.128	-161.810	10.659
全国	0.211	1.755	102.751	5.950	0.046	-160.632	10.381

资料来源：笔者根据《全国农产品成本收益资料汇编》数据计算得到。

表 3 – 15 棉花收入波动项的自回归估计结果

地区	AR(1)系数	t 值	σ^2 值	t 值	r^2	LogL	SE
河北	0.020	0.146	855.666	4.794	0.000	– 206.180	29.957
山西	0.056	0.320	742.724	5.198	0.003	– 203.138	27.910
江苏	0.165	1.247	984.617	5.151	0.028	– 209.212	32.135
安徽	0.158	0.712	737.277	5.454	0.026	– 202.991	27.807
江西	0.344	1.866	1162.262	4.998	0.122	– 212.827	34.914
山东	– 0.067	– 0.454	1040.506	4.729	0.004	– 210.387	33.034
河南	0.132	0.923	1043.122	3.793	0.018	– 210.448	33.076
湖北	0.198	1.118	1374.761	5.103	0.041	– 216.394	37.971
湖南	0.234	1.537	1940.979	4.341	0.057	– 223.818	45.118
陕西	0.157	0.991	815.727	6.009	0.026	– 205.165	29.249
甘肃	0.279	1.952	2687.613	4.625	0.081	– 230.828	53.092
新疆	0.261	1.488	1722.521	3.933	0.071	– 221.258	42.503
全国	0.198	1.101	753.033	4.573	0.041	– 203.453	28.103

资料来源：笔者根据《全国农产品成本收益资料汇编》数据计算得到。

表 3 – 16 苹果收入波动项的自回归估计结果

地区	AR(1)系数	t 值	σ^2 值	t 值	r^2	LogL	SE
河北	0.149	0.698	12973.600	3.735	0.023	– 190.794	117.764
山西	0.124	0.760	17357.560	4.391	0.016	– 195.302	136.215
辽宁	0.229	1.575	24771.940	4.314	0.056	– 200.835	162.728
山东	0.158	0.650	64321.590	4.983	0.026	– 215.610	262.217
河南	0.129	0.371	17996.150	4.323	0.016	– 195.863	138.699
陕西	0.432	2.574	24627.310	4.682	0.197	– 200.820	162.252
甘肃	0.272	1.744	42411.550	3.578	0.078	– 209.181	212.924
宁夏	0.561	3.751	20482.910	4.549	0.328	– 198.050	147.971
全国	0.402	1.820	10822.320	5.381	0.171	– 188.061	107.558

资料来源：笔者根据《全国农产品成本收益资料汇编》数据计算得到。

3.2.2　波动的联合分布

表 3 - 17 至表 3 - 24 报告了各产区和全国农产品收入的混合 Copula 模型参数估计结果。使用混合 Copula 可以较方便地计算出农产品收入风险指标。

表 3 - 17　　　　早稻收入的混合 Copula 模型参数估计结果

地区	参数值				权重值			
	Gaussian	Clayton	Gumbel	Frank	Gaussian	Clayton	Gumbel	Frank
浙江 - 全国	0.963	25.115	2.478	13.984	0.000	0.080	0.920	0.000
安徽 - 全国	0.997	11.508	2.230	7.558	0.113	0.004	0.264	0.620
福建 - 全国	0.994	5.530	3.225	7.303	0.032	0.239	0.700	0.030
江西 - 全国	0.976	3.038	2.498	32.360	0.033	0.002	0.513	0.453
湖北 - 全国	0.984	2.894	2.481	10.866	0.000	0.000	0.492	0.508
湖南 - 全国	0.971	6.554	3.932	22.496	0.000	0.000	1.000	0.000
广东 - 全国	0.971	3.974	2.540	6.487	0.000	0.000	1.000	0.000
广西 - 全国	0.942	3.919	2.801	10.327	0.035	0.000	0.348	0.617
海南 - 全国	0.993	9.496	2.780	28.241	0.007	0.000	0.915	0.078

资料来源：笔者根据《全国农产品成本收益资料汇编》数据计算得到。

表 3 - 18　　　　晚稻收入的混合 Copula 模型参数估计结果

地区	参数值				权重值			
	Gaussian	Clayton	Gumbel	Frank	Gaussian	Clayton	Gumbel	Frank
浙江 - 全国	0.996	4.093	3.211	11.755	0.000	0.022	0.494	0.484
安徽 - 全国	0.992	9.451	2.359	11.137	0.000	0.048	0.507	0.445
福建 - 全国	0.953	4.701	3.828	18.478	0.000	0.000	1.000	0.000
江西 - 全国	0.995	10.656	2.759	7.510	0.001	0.235	0.764	0.001

地区	参数值				权重值			
	Gaussian	Clayton	Gumbel	Frank	Gaussian	Clayton	Gumbel	Frank
湖北 - 全国	0.992	10.516	3.120	14.692	0.000	0.000	1.000	0.000
湖南 - 全国	0.998	23.375	2.968	6.498	0.000	0.044	0.621	0.335
广东 - 全国	0.997	4.626	2.787	8.177	0.038	0.000	0.962	0.000
广西 - 全国	0.958	5.857	2.421	7.022	0.074	0.286	0.132	0.508
海南 - 全国	0.997	14.330	2.320	9.418	0.000	0.049	0.330	0.621

资料来源：笔者根据《全国农产品成本收益资料汇编》数据计算得到。

表 3 - 19　　　　　小麦收入的混合 Copula 模型参数估计结果

地区	参数值				权重值			
	Gaussian	Clayton	Gumbel	Frank	Gaussian	Clayton	Gumbel	Frank
河北 - 全国	0.948	4.152	2.730	23.289	0.503	0.000	0.389	0.108
山西 - 全国	0.977	5.140	2.204	5.596	0.000	0.000	1.000	0.000
内蒙古 - 全国	0.974	5.511	1.579	3.966	0.000	0.191	0.520	0.290
黑龙江 - 全国	0.982	5.319	1.564	- 10.810	0.000	0.086	0.829	0.084
江苏 - 全国	0.968	3.080	2.613	11.550	0.000	0.000	1.000	0.000
安徽 - 全国	0.966	2.589	2.510	27.152	0.000	0.460	0.332	0.208
山东 - 全国	0.980	4.086	2.303	17.900	0.058	0.210	0.545	0.186
河南 - 全国	0.941	1.996	3.127	12.973	0.408	0.138	0.454	0.000
湖北 - 全国	0.979	12.310	2.004	5.978	0.000	0.029	0.314	0.657
四川 - 全国	0.943	9.692	1.943	7.592	0.000	0.000	0.983	0.016
云南 - 全国	0.987	3.975	1.702	29.028	0.000	0.004	0.988	0.008
陕西 - 全国	0.976	4.406	2.316	20.576	0.001	0.000	0.999	0.000
甘肃 - 全国	0.969	2.358	2.546	- 28.014	0.000	0.354	0.473	0.174
宁夏 - 全国	0.990	7.381	1.379	5.679	0.062	0.119	0.502	0.316
新疆 - 全国	0.971	2.142	2.044	5.858	0.000	0.000	0.068	0.932

资料来源：笔者根据《全国农产品成本收益资料汇编》数据计算得到。

表 3 – 20　　　玉米收入的混合 Copula 模型参数估计结果

地区	参数值				权重值			
	Gaussian	Clayton	Gumbel	Frank	Gaussian	Clayton	Gumbel	Frank
河北 – 全国	0.919	2.567	2.955	12.238	1.000	0.000	0.000	0.000
山西 – 全国	0.973	6.551	2.583	10.062	0.000	0.213	0.699	0.088
内蒙古 – 全国	0.961	3.204	2.439	8.186	0.000	0.022	0.978	0.000
辽宁 – 全国	0.968	3.518	1.954	9.173	0.001	0.790	0.171	0.038
吉林 – 全国	0.979	7.491	2.236	6.001	0.269	0.186	0.307	0.239
黑龙江 – 全国	0.966	2.572	2.244	1.944	0.000	0.000	1.000	0.000
江苏 – 全国	0.939	2.683	2.229	6.401	0.000	0.000	0.621	0.379
安徽 – 全国	0.972	5.242	1.689	4.949	0.001	0.049	0.944	0.006
山东 – 全国	0.994	2.848	4.989	8.547	0.929	0.071	0.000	0.000
河南 – 全国	0.977	3.021	4.053	11.252	0.000	0.000	0.000	1.000
湖北 – 全国	0.986	11.674	2.535	10.741	0.000	0.000	0.000	1.000
广西 – 全国	0.995	10.375	12.870	6.070	0.010	0.002	0.014	0.974
重庆 – 全国	0.982	20.460	2.407	7.622	0.000	0.309	0.685	0.006
四川 – 全国	0.973	3.904	1.251	1.486	0.217	0.000	0.510	0.273
贵州 – 全国	0.970	18.249	1.890	– 0.264	0.218	0.000	0.524	0.258
云南 – 全国	0.989	10.951	1.269	5.232	0.018	0.172	0.408	0.401
陕西 – 全国	0.993	6.756	2.548	8.709	0.000	0.000	0.000	1.000
甘肃 – 全国	0.983	2.898	2.140	26.030	0.237	0.000	0.762	0.001
宁夏 – 全国	0.964	13.273	2.439	11.988	0.000	0.054	0.945	0.000
新疆 – 全国	0.975	10.390	2.333	9.114	0.000	0.129	0.870	0.000

资料来源：笔者根据《全国农产品成本收益资料汇编》数据计算得到。

表3-21　　　　　　大豆收入的混合 Copula 模型参数估计结果

地区	参数值				权重值			
	Gaussian	Clayton	Gumbel	Frank	Gaussian	Clayton	Gumbel	Frank
河北－全国	0.927	4.528	1.836	5.105	0.000	0.000	1.000	0.000
山西－全国	0.991	6.628	1.927	9.057	0.053	0.000	0.947	0.000
内蒙古－全国	0.994	7.769	1.989	-1.236	0.000	0.000	0.947	0.053
辽宁－全国	0.923	2.634	2.768	10.344	0.280	0.000	0.074	0.646
吉林－全国	0.992	5.281	3.708	13.685	0.024	0.020	0.427	0.529
黑龙江－全国	0.993	7.333	2.375	4.041	0.001	0.073	0.569	0.358
江苏－全国	0.976	12.670	2.207	29.188	0.000	0.032	0.787	0.181
安徽－全国	0.935	2.234	1.469	9.578	0.455	0.102	0.260	0.183
山东－全国	0.940	2.804	2.035	13.400	0.371	0.005	0.452	0.171
河南－全国	0.951	2.847	1.697	8.134	0.000	0.114	0.433	0.453
陕西－全国	0.942	6.441	1.022	3.435	0.032	0.076	0.200	0.692

资料来源：笔者根据《全国农产品成本收益资料汇编》数据计算得到。

表3-22　　　　　　油菜收入的混合 Copula 模型参数估计结果

地区	参数值				权重值			
	Gaussian	Clayton	Gumbel	Frank	Gaussian	Clayton	Gumbel	Frank
江苏－全国	0.999	7.750	2.677	11.698	0.062	0.038	0.715	0.184
浙江－全国	1.000	29.137	2.829	5.878	0.037	0.048	0.642	0.273
安徽－全国	1.000	8.281	2.000	11.027	0.138	0.148	0.460	0.255
江西－全国	0.971	5.453	4.094	7.027	0.000	0.000	0.000	1.000
河南－全国	1.000	3.572	1.841	4.962	0.043	0.221	0.406	0.330
湖北－全国	0.999	3.325	3.041	10.313	0.068	0.245	0.432	0.255
湖南－全国	0.963	113.827	2.094	6.674	0.118	0.164	0.426	0.292
四川－全国	1.000	3.207	2.932	8.206	0.039	0.297	0.429	0.235
贵州－全国	0.973	3.163	2.512	12.025	0.000	0.000	1.000	0.000

续表

地区	参数值				权重值			
	Gaussian	Clayton	Gumbel	Frank	Gaussian	Clayton	Gumbel	Frank
云南－全国	0.955	5.211	1.782	7.517	0.000	0.000	1.000	0.000
陕西－全国	0.976	3.770	2.522	10.873	0.000	0.000	0.537	0.463
甘肃－全国	1.000	3.692	1.700	3.791	0.083	0.200	0.426	0.292
青海－全国	0.934	32.423	2.021	5.272	0.242	0.237	0.266	0.255

资料来源：笔者根据《全国农产品成本收益资料汇编》数据计算得到。

表 3 - 23　　棉花收入的混合 Copula 模型参数估计结果

地区	参数值				权重值			
	Gaussian	Clayton	Gumbel	Frank	Gaussian	Clayton	Gumbel	Frank
河北－全国	0.975	5.255	1.530	3.819	0.173	0.491	0.025	0.311
山西－全国	0.927	4.993	1.897	6.404	0.113	0.190	0.655	0.043
江苏－全国	0.990	5.117	1.546	1.601	0.001	0.555	0.432	0.012
安徽－全国	0.989	5.999	2.204	7.147	0.000	0.555	0.440	0.005
江西－全国	0.986	2.409	2.017	17.458	0.000	0.502	0.201	0.297
山东－全国	0.916	2.023	2.323	6.744	0.000	0.387	0.007	0.606
河南－全国	0.962	4.750	4.113	6.276	0.126	0.256	0.055	0.563
湖北－全国	0.980	6.660	2.452	7.240	0.338	0.000	0.662	0.000
湖南－全国	0.982	4.330	3.306	-8.909	0.000	0.000	0.960	0.040
陕西－全国	0.942	2.452	1.521	24.902	0.000	0.004	0.762	0.234
甘肃－全国	0.998	10.795	4.121	9.591	0.000	0.012	0.000	0.988
新疆－全国	0.968	3.755	3.779	12.073	0.000	1.000	0.000	0.000

资料来源：笔者根据《全国农产品成本收益资料汇编》数据计算得到。

表 3 – 24   苹果收入的混合 Copula 模型参数估计结果

地区	参数值				权重值			
	Gaussian	Clayton	Gumbel	Frank	Gaussian	Clayton	Gumbel	Frank
河北 – 全国	0.974	4.830	1.317	6.544	0.000	0.000	0.487	0.513
山西 – 全国	0.968	4.355	1.349	5.140	0.000	0.000	0.000	1.000
辽宁 – 全国	1.000	2.354	2.065	5.193	0.061	0.296	0.326	0.316
山东 – 全国	1.000	3.823	2.594	0.365	0.033	0.000	0.930	0.037
河南 – 全国	1.000	4.795	2.052	6.931	0.248	0.223	0.273	0.256
陕西 – 全国	0.985	4.122	2.380	7.046	0.000	0.114	0.438	0.448
甘肃 – 全国	1.000	2.498	3.072	– 11.914	0.093	0.116	0.591	0.200
宁夏 – 全国	1.000	1.882	2.180	5.639	0.238	0.221	0.303	0.237

资料来源：笔者根据《全国农产品成本收益资料汇编》数据计算得到。

根据上文得到的混合 Copula 模型，可以模拟各主要农产品收入的波动并进行建模分析。图 3 – 9 报告了全国主要农产品收入波动的密度函数模拟结果。

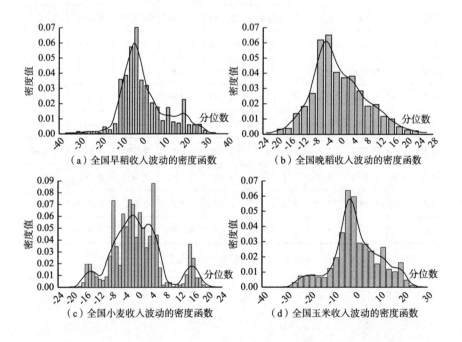

（a）全国早稻收入波动的密度函数   （b）全国晚稻收入波动的密度函数

（c）全国小麦收入波动的密度函数   （d）全国玉米收入波动的密度函数

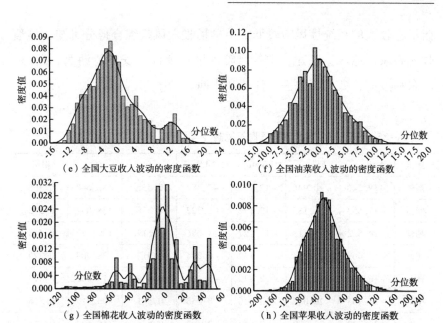

图 3 - 9　全国主要农产品收入波动的密度函数模拟

资料来源：笔者根据混合 Copula 函数仿真得到。

3.3　农产品收入风险测度与区划

采用混合 Copula 测度了农产品收入的 $VaR_{0.95}$、$ES_{0.95}$、$\Delta CoVaR_{0.95}$ 和 $\Delta CoES_{0.95}$ 指标。作为对比，还计算了收入降低的概率 P 和半方差 D 等传统风险指标（见表 3 - 25 至 3 - 32）。在此基础上，采用熵权—TOPSIS 方法评价了各产区 8 种农产品的收入风险综合得分情况。

从 $\Delta CoVaR_{0.95}$、$\Delta CoES_{0.95}$ 的值可以判断出各产区农产品收入的系统性风险占收入风险的 30% ~ 80%，仅仅依靠农业保险无法有效分散系统性风险，需要加强保险创新，将这部分风险有效转移出去，以缓解保险公司的风险压力，从而更加有效地保障农户收入。

收入风险综合得分取值介于 0 至 1 之间，据此将各产区划分为高风险地区、中等风险地区和低风险地区。由表 3 - 25 中 $\Delta CoVaR_{0.95}$ 和 $\Delta CoES_{0.95}$ 的值可知，福建、湖南等地早稻收入的系统性风险较高，广西早稻收入的系统性风险较低。由早稻收入风险综合得分可知，早稻收入高风险地区：福建；中等风险地区：浙江、安徽、湖北、湖南、广东和海南；低风险地区：江西和广西。

表 3 – 25 早稻收入风险测度结果

地区	$VaR_{0.95}$	$ES_{0.95}$	$\Delta CoVaR_{0.95}$	$\Delta CoES_{0.95}$	P	D^-	得分
浙江	– 19.246	– 20.946	– 12.232	– 7.384	0.535	82.648	0.466
安徽	– 17.653	– 21.185	– 12.132	– 6.722	0.558	138.044	0.573
福建	– 14.552	– 25.513	– 12.127	– 11.086	0.512	120.477	0.713
江西	– 13.609	– 17.274	– 11.142	– 6.894	0.512	78.909	0.270
湖北	– 16.128	– 19.825	– 12.829	– 7.338	0.442	113.452	0.479
湖南	– 17.433	– 20.042	– 13.046	– 8.256	0.581	90.319	0.516
广东	– 20.730	– 22.189	– 12.569	– 7.467	0.535	115.523	0.611
广西	– 12.678	– 14.831	– 9.057	– 4.693	0.512	99.696	0.170
海南	– 17.318	– 21.653	– 11.898	– 8.394	0.581	90.401	0.527

资料来源：笔者根据《全国农产品成本收益资料汇编》数据计算得到。

由表 3 – 26 中 $\Delta CoVaR_{0.95}$ 和 $\Delta CoES_{0.95}$ 的值可知，福建晚稻收入的系统性风险最高，安徽、江西和海南晚稻收入的系统性风险较低。由晚稻收入风险综合得分可知，晚稻收入高风险地区：福建；低风险地区：浙江、安徽、江西、湖北、湖南、广东、广西和海南。

表 3 – 26 晚稻收入风险测度结果

地区	$VaR_{0.95}$	$ES_{0.95}$	$\Delta CoVaR_{0.95}$	$\Delta CoES_{0.95}$	P	D^-	得分
浙江	– 16.870	– 20.336	– 13.303	– 8.665	0.605	134.475	0.258
安徽	– 13.952	– 16.931	– 9.611	– 6.394	0.581	93.683	0.102
福建	– 22.618	– 50.952	– 25.022	– 26.145	0.535	174.965	0.965

地区	VaR$_{0.95}$	ES$_{0.95}$	ΔCoVaR$_{0.95}$	ΔCoES$_{0.95}$	P	D$^-$	得分
江西	−14.741	−16.697	−9.490	−6.546	0.558	73.136	0.068
湖北	−20.821	−21.878	−14.545	−8.545	0.535	95.752	0.249
湖南	−18.605	−24.427	−12.725	−9.784	0.558	108.124	0.265
广东	−19.698	−20.198	−13.404	−7.223	0.558	121.371	0.235
广西	−12.327	−17.083	−8.724	−6.045	0.512	75.725	0.046
海南	−13.072	−15.191	−9.899	−5.737	0.581	62.415	0.046

资料来源：笔者根据《全国农产品成本收益资料汇编》数据计算得到。

由表 3 − 27 中 ΔCoVaR$_{0.95}$ 和 ΔCoES$_{0.95}$ 的值可知，河北、江苏、河南和安徽等地小麦收入的系统性风险较高，而内蒙古、黑龙江和宁夏等地小麦收入的系统性风险较低。由小麦收入风险综合得分可知，小麦收入高风险地区：河北、江苏、安徽、河南、湖北；中等风险地区：山西和山东；低风险地区：内蒙古、黑龙江、四川、云南、陕西、甘肃、宁夏和新疆。

表 3 − 27　　　　　　　　　小麦收入风险测度结果

地区	VaR$_{0.95}$	ES$_{0.95}$	ΔCoVaR$_{0.95}$	ΔCoES$_{0.95}$	P	D$^-$	得分
河北	−16.754	−22.680	−13.926	−11.223	0.558	105.244	0.679
山西	−18.142	−20.162	−10.774	−6.771	0.535	58.507	0.417
内蒙古	−12.252	−14.678	−4.950	−3.953	0.558	60.447	0.181
黑龙江	−15.273	−16.302	−4.602	−3.158	0.535	47.119	0.173
江苏	−24.265	−26.017	−16.561	−9.833	0.488	94.832	0.728
安徽	−18.144	−22.635	−15.419	−12.273	0.442	133.839	0.739
山东	−13.087	−15.900	−8.688	−6.026	0.558	84.969	0.354
河南	−17.683	−21.907	−13.595	−10.615	0.558	111.463	0.674
湖北	−19.194	−35.603	−12.254	−8.055	0.488	108.547	0.685
四川	−10.700	−12.997	−5.652	−3.924	0.488	28.441	0.080

续表

地区	$VaR_{0.95}$	$ES_{0.95}$	$\Delta CoVaR_{0.95}$	$\Delta CoES_{0.95}$	P	D^-	得分
云南	-16.997	-24.365	-6.842	-5.235	0.488	41.127	0.310
陕西	-14.677	-17.333	-9.436	-5.959	0.512	60.050	0.324
甘肃	-9.904	-11.621	-5.227	-3.794	0.512	41.484	0.089
宁夏	-11.105	-13.035	-4.311	-3.105	0.442	76.083	0.195
新疆	-14.903	-16.185	-8.059	-3.882	0.605	70.864	0.286

资料来源：笔者根据《全国农产品成本收益资料汇编》数据计算得到。

由表 3-28 中 $\Delta CoVaR_{0.95}$ 和 $\Delta CoES_{0.95}$ 的值可知，河北、内蒙古、辽宁、黑龙江、山东、河南、湖北、甘肃等地玉米收入的系统性风险较高，而西南部的云南、贵州、四川、重庆和广西等地玉米收入的系统性风险较低。由玉米收入风险综合得分可知，玉米收入高风险地区：内蒙古、黑龙江、甘肃；中等风险地区：河北、山西、辽宁、吉林、江苏、安徽、山东、河南、宁夏和新疆；低风险地区：湖北、广西、重庆、四川、贵州、云南和陕西。

表 3-28 玉米收入风险测度结果

地区	$VaR_{0.95}$	$ES_{0.95}$	$\Delta CoVaR_{0.95}$	$\Delta CoES_{0.95}$	P	D^-	得分
河北	-24.901	-26.892	-21.427	-14.455	0.558	114.763	0.505
山西	-21.268	-23.899	-12.668	-8.683	0.535	155.377	0.380
内蒙古	-27.912	-56.977	-22.188	-21.102	0.558	184.518	0.803
辽宁	-20.868	-23.099	-21.424	-13.107	0.605	118.315	0.464
吉林	-15.992	-19.959	-11.466	-8.667	0.558	188.325	0.377
黑龙江	-19.828	-62.173	-20.985	-20.356	0.581	138.272	0.697
江苏	-20.896	-26.130	-12.642	-8.436	0.512	145.776	0.372
安徽	-24.480	-52.111	-14.157	-10.630	0.535	138.710	0.547
山东	-23.465	-26.404	-21.701	-15.936	0.581	101.331	0.503

地区	$VaR_{0.95}$	$ES_{0.95}$	$\Delta CoVaR_{0.95}$	$\Delta CoES_{0.95}$	P	D^-	得分
河南	−17.337	−32.826	−18.339	−10.624	0.535	83.543	0.403
湖北	−14.906	−25.348	−14.582	−7.286	0.535	84.861	0.285
广西	−18.438	−18.930	−9.942	−5.192	0.488	87.178	0.201
重庆	−11.780	−13.404	−7.444	−4.884	0.581	64.213	0.112
四川	−13.254	−16.012	−3.462	−2.526	0.512	104.288	0.107
贵州	−15.791	−20.523	−7.381	−5.174	0.558	91.837	0.171
云南	−10.676	−12.932	−4.427	−3.192	0.535	72.926	0.043
陕西	−15.793	−20.213	−13.175	−6.455	0.558	69.251	0.235
甘肃	−26.054	−47.847	−19.213	−15.173	0.558	266.878	0.771
宁夏	−27.164	−36.412	−17.371	−13.288	0.488	161.330	0.567
新疆	−30.727	−36.427	−17.132	−13.136	0.535	165.387	0.583

资料来源：笔者根据《全国农产品成本收益资料汇编》数据计算得到。

　　由表3－29中$\Delta CoVaR_{0.95}$和$\Delta CoES_{0.95}$的值可知，内蒙古、江苏、辽宁、河北、吉林、山东等地大豆收入的系统性风险较高，而陕西、河南、黑龙江等地大豆收入的系统性风险较低。由大豆收入风险综合得分可知，大豆收入高风险地区：内蒙古和江苏；中等风险地区：河北、山西、辽宁、吉林和山东；低风险地区：黑龙江、安徽、河南和陕西。

表3－29　　　　　　　　大豆收入风险测度结果

地区	$VaR_{0.95}$	$ES_{0.95}$	$\Delta CoVaR_{0.95}$	$\Delta CoES_{0.95}$	P	D^-	得分
河北	−24.427	−28.055	−10.974	−6.258	0.488	87.813	0.593
山西	−15.977	−24.194	−10.136	−5.839	0.465	52.973	0.360
内蒙古	−29.718	−33.849	−14.513	−7.652	0.581	134.407	0.874
辽宁	−16.275	−20.689	−12.380	−7.900	0.535	101.699	0.524
吉林	−13.183	−16.236	−10.905	−7.096	0.512	80.529	0.375

续表

地区	$VaR_{0.95}$	$ES_{0.95}$	$\Delta CoVaR_{0.95}$	$\Delta CoES_{0.95}$	P	D^-	得分
黑龙江	−11.026	−15.826	−7.515	−4.874	0.535	46.700	0.173
江苏	−18.579	−36.451	−14.072	−9.722	0.465	96.457	0.682
安徽	−11.561	−15.147	−8.182	−5.888	0.535	59.287	0.235
山东	−15.214	−18.295	−10.984	−7.674	0.488	104.060	0.474
河南	−10.539	−12.098	−7.097	−4.416	0.465	44.943	0.117
陕西	−14.170	−16.976	−4.922	−2.888	0.512	57.976	0.149

资料来源：笔者根据《全国农产品成本收益资料汇编》数据计算得到。

由表 3 – 30 中 $\Delta CoVaR_{0.95}$ 和 $\Delta CoES_{0.95}$ 的值可知，江苏、浙江、云南、陕西、贵州、江西等地油菜收入的系统性风险较高，而河南、湖南、四川、甘肃和青海等地油菜收入的系统性风险较低。由油菜收入风险综合得分可知，油菜收入高风险地区：江苏、浙江、云南和陕西；中等风险地区：安徽、江西、湖北、贵州和甘肃；低风险地区：河南、湖南、四川和青海。

表 3 – 30　　　　　　　油菜收入风险测度结果

地区	$VaR_{0.95}$	$ES_{0.95}$	$\Delta CoVaR_{0.95}$	$\Delta CoES_{0.95}$	P	D^-	得分
江苏	−18.019	−24.833	−13.284	−8.971	0.535	93.201	0.799
浙江	−17.757	−21.373	−12.149	−8.007	0.419	103.907	0.716
安徽	−13.045	−16.151	−8.007	−5.853	0.535	76.822	0.394
江西	−11.960	−21.415	−10.515	−5.040	0.581	33.128	0.373
河南	−11.765	−15.271	−5.861	−4.625	0.558	55.271	0.236
湖北	−11.422	−13.799	−8.525	−6.256	0.465	72.077	0.347
湖南	−8.854	−10.719	−5.697	−4.012	0.558	41.058	0.118
四川	−10.635	−12.678	−7.636	−5.551	0.558	53.252	0.240
贵州	−15.681	−16.704	−11.454	−5.459	0.535	50.094	0.424
云南	−22.450	−28.035	−12.318	−6.266	0.581	101.936	0.797

续表

地区	$VaR_{0.95}$	$ES_{0.95}$	$\Delta CoVaR_{0.95}$	$\Delta CoES_{0.95}$	P	D^-	得分
陕西	−17.683	−20.966	−12.128	−8.289	0.605	109.848	0.757
甘肃	−14.549	−17.789	−6.990	−5.313	0.605	97.434	0.474
青海	−10.729	−13.893	−6.767	−5.391	0.535	61.997	0.255

资料来源：笔者根据《全国农产品成本收益资料汇编》数据计算得到。

由表 3–31 中 $\Delta CoVaR_{0.95}$ 和 $\Delta CoES_{0.95}$ 的值可知，甘肃、新疆、湖南等地棉花收入的系统性风险偏高，而山西、陕西、河北和河南等地棉花收入的系统性风险较低。由棉花收入风险综合得分可知，棉花收入高风险地区：湖南、甘肃和新疆；中等风险地区：江西；低风险地区：河北、山西、江苏、安徽、山东、河南、湖北和陕西。

表 3–31　　　　　　　　棉花收入风险测度结果

地区	$VaR_{0.95}$	$ES_{0.95}$	$\Delta CoVaR_{0.95}$	$\Delta CoES_{0.95}$	P	D^-	得分
河北	−28.421	−33.842	−23.497	−14.792	0.558	372.406	0.111
山西	−33.618	−50.377	−18.698	−14.214	0.558	348.986	0.128
江苏	−42.017	−62.679	−32.638	−30.451	0.558	447.656	0.293
安徽	−37.693	−47.344	−31.492	−25.423	0.442	409.152	0.201
江西	−43.015	−58.187	−37.747	−33.698	0.488	722.780	0.369
山东	−42.417	−52.090	−30.881	−19.585	0.372	593.436	0.211
河南	−35.377	−45.240	−24.816	−14.610	0.512	490.722	0.135
湖北	−43.536	−50.864	−30.075	−18.985	0.581	581.770	0.232
湖南	−87.379	−115.396	−63.946	−54.117	0.535	1071.973	0.835
陕西	−39.559	−64.663	−19.067	−12.561	0.442	409.164	0.154
甘肃	−88.754	−126.903	−70.708	−40.864	0.512	1389.480	0.855
新疆	−73.089	−80.398	−62.227	−35.597	0.442	960.217	0.670

资料来源：笔者根据《全国农产品成本收益资料汇编》数据计算得到。

由表 3 - 32 中 $\Delta CoVaR_{0.95}$ 和 $\Delta CoES_{0.95}$ 的值可知，山东、甘肃、山西、陕西等地苹果收入的系统性风险较高，河北、河南、辽宁和宁夏等地苹果收入的系统性风险较低。由苹果收入风险综合得分可知，苹果收入高风险地区：山东；中等风险地区：山西和甘肃；低风险地区：河北、辽宁、河南、陕西和宁夏。

表 3 - 32　　　　　　　　　苹果收入风险测度结果

地区	$VaR_{0.95}$	$ES_{0.95}$	$\Delta CoVaR_{0.95}$	$\Delta CoES_{0.95}$	P	D^-	得分
河北	- 118.031	- 134.645	- 56.963	- 32.499	0.613	4741.466	0.051
山西	- 203.225	- 532.442	- 142.710	- 75.162	0.645	7908.352	0.590
辽宁	- 135.987	- 161.933	- 78.528	- 58.089	0.581	9569.106	0.216
山东	- 325.642	- 355.920	- 180.769	- 98.250	0.710	20699.226	0.785
河南	- 102.914	- 117.744	- 70.143	- 45.336	0.581	6001.674	0.083
陕西	- 171.615	- 208.357	- 102.484	- 67.335	0.645	9950.782	0.324
甘肃	- 217.810	- 274.004	- 150.444	- 92.161	0.581	17301.909	0.591
宁夏	- 127.624	- 155.909	- 79.051	- 59.538	0.548	8765.291	0.198

资料来源：笔者根据《全国农产品成本收益资料汇编》数据计算得到。

表 3 - 33 报告了各产区早稻收入总风险值计量结果。研究表明，在考虑种植面积后，湖南、广东、江西和广西早稻收入总风险值和系统性风险值均较高；四个地区的总风险值分别约为 2.862 亿 ~ 3.291 亿元、2.596 亿 ~ 2.778 亿元、2.237 亿 ~ 2.840 亿元和 1.460 亿 ~ 1.708 亿元；四个地区的系统性风险值分别约为 1.356 亿 ~ 2.142 亿元、0.935 亿 ~ 1.574 亿元、1.133 亿 ~ 1.832 亿元、0.541 亿 ~ 1.043 亿元。从全国主要产区来看，早稻收入的非系统性风险值约为 3.004 亿 ~ 7.916 亿元，早稻收入保险可以将这部分风险分散和对冲掉；系统性风险值约为 4.703 亿 ~ 7.727 亿元，需要加强农业保险模式和制度创新，将这部分风险有效转移出去。

表 3 - 33　　　　　　各产区早稻收入总风险值计量结果

地区	种植面积（万亩）	总风险值 1	总风险值 2	系统性风险值 1	系统性风险值 2
浙江	148. 200	- 0. 285	- 0. 310	- 0. 181	- 0. 109
安徽	246. 900	- 0. 436	- 0. 523	- 0. 300	- 0. 166
福建	146. 100	- 0. 213	- 0. 373	- 0. 177	- 0. 162
江西	1643. 850	- 2. 237	- 2. 840	- 1. 832	- 1. 133
湖北	213. 750	- 0. 345	- 0. 424	- 0. 274	- 0. 157
湖南	1641. 900	- 2. 862	- 3. 291	- 2. 142	- 1. 356
广东	1252. 050	- 2. 596	- 2. 778	- 1. 574	- 0. 935
广西	1151. 850	- 1. 460	- 1. 708	- 1. 043	- 0. 541
海南	171. 600	- 0. 297	- 0. 372	- 0. 204	- 0. 144
求和	6616. 200	- 10. 731	- 12. 618	- 7. 727	- 4. 703

资料来源：总风险值 1 根据 $VaR_{0.95}$ 测算，总风险值 2 根据 $ES_{0.95}$ 测算，系统性风险值 1 根据 $\Delta CoVaR_{0.95}$ 测算，系统性风险值 2 根据 $\Delta CoES_{0.95}$ 测算。风险值的单位为亿元。

表 3 - 34 报告了各产区晚稻收入总风险值计量结果。研究表明，在考虑种植面积后，湖南、广东、江西和广西晚稻收入总风险值和系统性风险值均较高；四个地区的总风险值分别约为 3. 623 亿 ~ 4. 757 亿元、2. 802 亿 ~ 2. 873 亿元、2. 916 亿 ~ 3. 303 亿元和 1. 528 亿 ~ 2. 118 亿元；四个地区的系统性风险值分别约为 1. 905 亿 ~ 2. 478 亿元、1. 027 亿 ~ 1. 906 亿元、1. 295 亿 ~ 1. 877 亿元、0. 749 亿 ~ 1. 082 亿。从全国主要产区来看，晚稻收入的非系统性风险值约为 3. 849 亿 ~ 10. 035 亿元，晚稻收入保险可以将这部分风险分散和对冲掉；系统性风险值约为 6. 622 亿 ~ 9. 354 亿元，需要加强农业保险模式和制度创新，将这部分风险有效转移出去。

表 3 - 34   各产区晚稻收入总风险值计量结果

地区	种植面积（万亩）	总风险值 1	总风险值 2	系统性风险值 1	系统性风险值 2
浙江	148.545	-0.251	-0.302	-0.198	-0.129
安徽	283.890	-0.396	-0.481	-0.273	-0.182
福建	377.130	-0.853	-1.922	-0.944	-0.986
江西	1978.200	-2.916	-3.303	-1.877	-1.295
湖北	288.255	-0.600	-0.631	-0.419	-0.246
湖南	1947.450	-3.623	-4.757	-2.478	-1.905
广东	1422.300	-2.802	-2.873	-1.906	-1.027
广西	1239.825	-1.528	-2.118	-1.082	-0.749
海南	178.755	-0.234	-0.272	-0.177	-0.103
求和	7864.350	-13.203	-16.657	-9.354	-6.622

资料来源：总风险值 1 根据 $VaR_{0.95}$ 测算，总风险值 2 根据 $ES_{0.95}$ 测算，系统性风险值 1 根据 $\Delta CoVaR_{0.95}$ 测算，系统性风险值 2 根据 $\Delta CoES_{0.95}$ 测算。风险值的单位为亿元。

表 3 - 35 报告了各产区小麦收入总风险值计量结果。研究表明，在考虑种植面积后，河南、江苏、安徽和山东小麦收入总风险值和系统性风险值均较高；四个地区的总风险值分别约为 15.094 亿~18.700 亿元、8.582 亿~9.202 亿元、7.746 亿~9.663 亿元和 7.841 亿~9.526 亿元；四个地区的系统性风险值分别约为 9.061 亿~11.605 亿元、3.478 亿~5.857 亿元、5.239 亿~6.582 亿元、3.610 亿~5.205 亿元。从全国主要产区来看，小麦收入的非系统性风险值约为 16.614 亿~42.121 亿元，小麦收入保险可以将这部分风险分散和对冲掉；系统性风险值约为 29.803 亿~41.237 亿元，需要加强农业保险模式和制度创新，将这部分风险有效转移出去。

表 3 - 35　　　　　　　各产区小麦收入总风险值计量结果

地区	种植面积（万亩）	总风险值 1	总风险值 2	系统性风险值 1	系统性风险值 2
河北	3369. 870	- 5. 646	- 7. 643	- 4. 693	- 3. 782
山西	805. 260	- 1. 461	- 1. 624	- 0. 868	- 0. 545
内蒙古	663. 225	- 0. 813	- 0. 973	- 0. 328	- 0. 262
黑龙江	100. 905	- 0. 154	- 0. 164	- 0. 046	- 0. 032
江苏	3536. 805	- 8. 582	- 9. 202	- 5. 857	- 3. 478
安徽	4269. 000	- 7. 746	- 9. 663	- 6. 582	- 5. 239
山东	5991. 045	- 7. 841	- 9. 526	- 5. 205	- 3. 610
河南	8536. 035	- 15. 094	- 18. 700	- 11. 605	- 9. 061
湖北	1578. 090	- 3. 029	- 5. 618	- 1. 934	- 1. 271
四川	874. 380	- 0. 936	- 1. 136	- 0. 494	- 0. 343
云南	436. 695	- 0. 742	- 1. 064	- 0. 299	- 0. 229
陕西	1432. 605	- 2. 103	- 2. 483	- 1. 352	- 0. 854
甘肃	1066. 905	- 1. 057	- 1. 240	- 0. 558	- 0. 405
宁夏	100. 560	- 0. 112	- 0. 131	- 0. 043	- 0. 031
新疆	1702. 875	- 2. 538	- 2. 756	- 1. 372	- 0. 661
求和	34464. 255	- 57. 851	- 71. 924	- 41. 237	- 29. 803

　　资料来源：总风险值 1 根据 $VaR_{0.95}$ 测算，总风险值 2 根据 $ES_{0.95}$ 测算，系统性风险值 1 根据 $\Delta CoVaR_{0.95}$ 测算，系统性风险值 2 根据 $\Delta CoES_{0.95}$ 测算。风险值的单位为亿元。

　　表 3 - 36 报告了各产区玉米收入总风险值计量结果。研究表明，在考虑种植面积后，河北、内蒙古、吉林、黑龙江、山东和河南玉米收入总风险值和系统性风险值均较高；六个地区的总风险值分别约为 12. 902 亿 ~ 13. 933 亿元、17. 604 亿 ~ 35. 935 亿元、10. 557 亿 ~ 13. 176 亿元、19. 404 亿 ~ 60. 845 亿元、13. 717 亿 ~ 15. 434 亿元和 10. 021 亿 ~ 18. 973 亿元；六个地区的系统性风险值分别约为 7. 489 亿 ~ 11. 102 亿元、13. 309 亿 ~ 13. 994 亿元、5. 722 亿 ~ 7. 570 亿元、19. 921 亿 ~ 20. 537 亿元、9. 316 亿 ~ 12. 685 亿元和 6. 141 亿 ~

10.600 亿元。从全国主要产区来看，玉米收入的非系统性风险值约为 22.966 亿 ~ 138.055 亿元，玉米收入保险可以将这部分风险分散和对冲掉；系统性风险值约为 82.317 亿 ~ 107.297 亿元，需要加强农业保险模式和制度创新，将这部分风险有效转移出去。

表 3 - 36　　　　　各产区玉米收入总风险值计量结果

地区	种植面积（万亩）	总风险值 1	总风险值 2	系统性风险值 1	系统性风险值 2
河北	5181.165	- 12.902	- 13.933	- 11.102	- 7.489
山西	2658.855	- 5.655	- 6.354	- 3.368	- 2.309
内蒙古	6306.9	- 17.604	- 35.935	- 13.994	- 13.309
辽宁	4086.285	- 8.527	- 9.439	- 8.754	- 5.356
吉林	6601.845	- 10.557	- 13.176	- 7.570	- 5.722
黑龙江	9786.36	- 19.404	- 60.845	- 20.537	- 19.921
江苏	750.9	- 1.569	- 1.962	- 0.949	- 0.633
安徽	1879.11	- 4.600	- 9.792	- 2.660	- 1.998
山东	5845.515	- 13.717	- 15.434	- 12.685	- 9.316
河南	5779.995	- 10.021	- 18.973	- 10.600	- 6.141
湖北	1144.065	- 1.705	- 2.900	- 1.668	- 0.834
广西	922.575	- 1.701	- 1.746	- 0.917	- 0.479
重庆	665.655	- 0.784	- 0.892	- 0.496	- 0.325
四川	2774.1	- 3.677	- 4.442	- 0.960	- 0.701
贵州	825.585	- 1.304	- 1.694	- 0.609	- 0.427
云南	2819.055	- 3.010	- 3.646	- 1.248	- 0.900
陕西	1773.72	- 2.801	- 3.585	- 2.337	- 1.145
甘肃	1577.73	- 4.111	- 7.549	- 3.031	- 2.394
宁夏	551.13	- 1.497	- 2.007	- 0.957	- 0.732
新疆	1665.39	- 5.117	- 6.067	- 2.853	- 2.188
求和	63595.935	- 130.263	- 220.372	- 107.297	- 82.317

资料来源：总风险值 1 根据 $VaR_{0.95}$ 测算，总风险值 2 根据 $ES_{0.95}$ 测算，系统性风险值 1 根据 $\Delta CoVaR_{0.95}$ 测算，系统性风险值 2 根据 $\Delta CoES_{0.95}$ 测算。风险值的单位为亿元。

表 3 - 37 报告了各产区大豆收入总风险值计量结果。研究表明，在考虑种植面积后，内蒙古、黑龙江和安徽大豆收入总风险值和系统性风险值均较高；三个地区的总风险值分别约为 3.982 亿 ~ 4.535 亿元、6.430 亿 ~ 9.229 亿元、1.018 亿 ~ 1.334 亿元；三个地区的系统性风险值分别约为 1.025 亿 ~ 1.944 亿元、2.842 亿 ~ 4.382 亿元、0.519 亿 ~ 0.721 亿元。从全国主要产区来看，大豆收入的非系统性风险值约为 5.373 亿 ~ 13.498 亿元，大豆收入保险可以将这部分风险分散和对冲掉；系统性风险值约为 5.700 亿 ~ 9.079 亿元，需要加强农业保险模式和制度创新，将这部分风险有效转移出去。

表 3 - 37　　　　　　　各产区大豆收入总风险值计量结果

地区	种植面积（万亩）	总风险值 1	总风险值 2	系统性风险值 1	系统性风险值 2
河北	100.155	- 0.245	- 0.281	- 0.110	- 0.063
山西	138.315	- 0.221	- 0.335	- 0.140	- 0.081
内蒙古	1339.815	- 3.982	- 4.535	- 1.944	- 1.025
辽宁	155.820	- 0.254	- 0.322	- 0.193	- 0.123
吉林	379.110	- 0.500	- 0.616	- 0.413	- 0.269
黑龙江	5831.625	- 6.430	- 9.229	- 4.382	- 2.842
江苏	289.185	- 0.537	- 1.054	- 0.407	- 0.281
安徽	880.830	- 1.018	- 1.334	- 0.721	- 0.519
山东	274.230	- 0.417	- 0.502	- 0.301	- 0.210
河南	499.725	- 0.527	- 0.605	- 0.355	- 0.221
陕西	227.040	- 0.322	- 0.385	- 0.112	- 0.066
求和	10115.850	- 14.452	- 19.198	- 9.079	- 5.700

资料来源：总风险值 1 根据 $VaR_{0.95}$ 测算，总风险值 2 根据 $ES_{0.95}$ 测算，系统性风险值 1 根据 $\Delta CoVaR_{0.95}$ 测算，系统性风险值 2 根据 $\Delta CoES_{0.95}$ 测算。风险值的单位为亿元。

表 3 - 38 报告了各产区油菜收入总风险值计量结果。研究表明，在考虑种植面积后，江西、湖北、湖南、四川和贵州油菜收入总风险

值和系统性风险值均较高；五个地区的总风险值分别约为 0.905 亿 ~ 1.621 亿元、1.874 亿 ~ 2.264 亿元、1.795 亿 ~ 2.173 亿、2.160 亿 ~ 2.575 亿元和 1.051 亿 ~ 1.119 亿元；五个地区的系统性风险值分别约为 0.381 亿 ~ 0.796 亿元、1.027 亿 ~ 1.399 亿元、0.813 亿 ~ 1.155 亿元、1.127 亿 ~ 1.551 亿元和 0.366 亿 ~ 0.768 亿元。从全国主要产区来看，油菜收入的非系统性风险值约为 3.586 亿 ~ 9.235 亿元，油菜收入保险可以将这部分风险分散和对冲掉；系统性风险值约为 5.268 亿 ~ 7.975 亿元，需要加强农业保险模式和制度创新，将这部分风险有效转移出去。

表 3 - 38　　　　　　　各产区油菜收入总风险值计量结果

地区	种植面积（万亩）	总风险值1	总风险值2	系统性风险值1	系统性风险值2
江苏	289.680	-0.522	-0.719	-0.385	-0.260
浙江	180.150	-0.320	-0.385	-0.219	-0.144
安徽	559.410	-0.730	-0.903	-0.448	-0.327
江西	756.765	-0.905	-1.621	-0.796	-0.381
河南	284.835	-0.335	-0.435	-0.167	-0.132
湖北	1641.030	-1.874	-2.264	-1.399	-1.027
湖南	2027.325	-1.795	-2.173	-1.155	-0.813
四川	2031.090	-2.160	-2.575	-1.551	-1.127
贵州	670.095	-1.051	-1.119	-0.768	-0.366
云南	379.755	-0.853	-1.065	-0.468	-0.238
陕西	267.645	-0.473	-0.561	-0.325	-0.222
甘肃	216.000	-0.314	-0.384	-0.151	-0.115
青海	213.645	-0.229	-0.297	-0.145	-0.115
求和	9517.425	-11.561	-14.502	-7.975	-5.268

资料来源：总风险值 1 根据 $VaR_{0.95}$ 测算，总风险值 2 根据 $ES_{0.95}$ 测算，系统性风险值 1 根据 $\Delta CoVaR_{0.95}$ 测算，系统性风险值 2 根据 $\Delta CoES_{0.95}$ 测算。风险值的单位为亿元。

表 3 - 39 报告了各产区棉花收入总风险值计量结果。研究表明，

在考虑种植面积后，新疆棉花收入总风险值和系统性风险值均较高；该地区的总风险值约为 27.475 亿 ~ 30.223 亿元，系统性风险值约为 13.381 亿 ~ 23.392 亿元。从全国主要产区来看，棉花收入的非系统性风险值约为 4.946 亿 ~ 19.358 亿元，棉花收入保险可以将这部分风险分散和对冲掉；系统性风险值约为 15.187 亿 ~ 25.988 亿元，需要加强农业保险模式和制度创新，将这部分风险有效转移出去。

表 3 – 39　　　　　　　各产区棉花收入总风险值计量结果

地区	种植面积（万亩）	总风险值 1	总风险值 2	系统性风险值 1	系统性风险值 2
河北	209.655	-0.596	-0.710	-0.493	-0.310
山西	1.050	-0.004	-0.005	-0.002	-0.001
江苏	8.670	-0.036	-0.054	-0.028	-0.026
安徽	51.645	-0.195	-0.245	-0.163	-0.131
江西	16.545	-0.071	-0.096	-0.062	-0.056
山东	165.270	-0.701	-0.861	-0.510	-0.324
河南	17.250	-0.061	-0.078	-0.043	-0.025
湖北	181.065	-0.788	-0.921	-0.545	-0.344
湖南	90.240	-0.789	-1.041	-0.577	-0.488
陕西	0.450	-0.002	-0.003	-0.001	-0.001
甘肃	24.345	-0.216	-0.309	-0.172	-0.099
新疆	3759.105	-27.475	-30.223	-23.392	-13.381
求和	4525.290	-30.933	-34.546	-25.988	-15.187

資料来源：总风险值 1 根据 $VaR_{0.95}$ 测算，总风险值 2 根据 $ES_{0.95}$ 测算，系统性风险值 1 根据 $\Delta CoVaR_{0.95}$ 测算，系统性风险值 2 根据 $\Delta CoES_{0.95}$ 测算。风险值的单位为亿元。

　　表 3 – 40 报告了各产区苹果收入总风险值计量结果。研究表明，在考虑种植面积后，山西、山东、陕西和甘肃苹果收入总风险值和系统性风险值均较高；四个地区的总风险值分别约为 4.448 亿 ~ 11.652 亿元、12.045 亿 ~ 13.165 亿元、15.821 亿 ~ 19.208 亿元和 7.877 亿 ~

9.909 亿元；四个地区的系统性风险值分别约为 1.645 亿~3.123 亿元、3.634 亿~6.687 亿元、6.208 亿~9.448 亿元、3.333 亿~5.441 亿元。从全国主要产区来看，苹果收入的非系统性风险值约为 18.607 亿~44.862 亿元，苹果收入保险可以将这部分风险分散和对冲掉；系统性风险值约为 17.681 亿~28.964 亿元，需要加强农业保险模式和制度创新，将这部分风险有效转移出去。

表 3-40　　　　　　各产区苹果收入总风险值计量结果

地区	种植面积（万亩）	总风险值 1	总风险值 2	系统性风险值 1	系统性风险值 2
河北	187.950	-2.218	-2.531	-1.071	-0.611
山西	218.850	-4.448	-11.652	-3.123	-1.645
辽宁	204.750	-2.784	-3.316	-1.608	-1.189
山东	369.900	-12.045	-13.165	-6.687	-3.634
河南	178.950	-1.842	-2.107	-1.255	-0.811
陕西	921.900	-15.821	-19.208	-9.448	-6.208
甘肃	361.650	-7.877	-9.909	-5.441	-3.333
宁夏	42.000	-0.536	-0.655	-0.332	-0.250
求和	2485.950	-47.572	-62.544	-28.964	-17.681

资料来源：总风险值 1 根据 $VaR_{0.95}$ 测算，总风险值 2 根据 $ES_{0.95}$ 测算，系统性风险值 1 根据 $\Delta CoVaR_{0.95}$ 测算，系统性风险值 2 根据 $\Delta CoES_{0.95}$ 测算。风险值的单位为亿元。

第4章 农产品收入风险分担机制

当前自然灾害频发、市场不确定性增加、外部环境日趋严峻、农产品收入风险日渐凸显，建立健全农产品收入风险分担机制的重要性不言而喻。本章拟分析农产品收入风险分担机制。首先，介绍了农产品收入风险分担机制的相关概念及其内涵；其次，分别阐述了由政府主导和市场主导的几种常见的农产品收入风险分担机制的制度安排；最后，从立法支持、政策保障和模式创新等方面提出优化由政府和市场等主体共同参与的新型农产品收入风险分担机制的相关举措。

4.1 风险分担机制概述

4.1.1 农产品收入风险来源

风险通常被定义为因不确定性而发生损失的概率。农业风险往往表现出系统性的特征。近年来，防范农业风险已经成为关乎粮食安全、农业生产者收入的重要议题。农产品收入风险是指农业生产经营主体在从事农业生产和经营过程中所遭受的可能影响农产品收入的不确定性。农产品收入可分解为农产品产量和价格两大因素，影响农产品产量和价格的主要风险分别是自然风险和市场风险。例如，2022

年6月至7月，干旱和强降雨袭击了花生主产区河南，这种极端天气极易导致花生大面积减产。另外，受花生市场需求低迷、动物油价格大幅回落、餐饮业对花生油使用结构的转变以及进口花生库存压力等因素的影响，花生价格上升空间受到挤压。以上这些因素在一定程度上会直接或间接地减少花生生产者的收入，因此本节将农产品收入风险划分为自然风险和市场风险，如表4-1所示。

表4-1   收入风险的分类及主要来源

项目	分类	来源
收入风险	自然风险	气象灾害
		生物灾害（病、虫、鼠害）
		地质灾害
		环境灾害
	市场风险	市场供需变动
		农作物价格波动
		贸易环境变化
		信息不对称
		市场前景预测偏差

我国地域辽阔，自然条件复杂，自然灾害发生较为频繁。农作物大面积受灾甚至绝收的情况时有发生，加大了农产品收入波动。表4-2为2010~2020年我国农作物因自然灾害受灾的面积。从表中可以看出，影响农产品收入的自然因素有干旱、洪涝、地质灾害、台风、风雹、低温冷冻和雪灾，每年直接经济损失平均达到3834.25亿元。我国的自然灾害不仅种类多、频率高、强度大，而且具有时空分布广、地域组合明显、受损面广、损害严重等特征[①]。近年来，受温室效应影

---

① 郭庆.农业产业化的风险与防范[J].合肥：安徽农业科学，2006（21）：5718-5719.

表 4 - 2　2010～2020 年我国农作物自然灾害受灾情况

年份	农作物受灾面积（千公顷）		旱灾		洪涝、地质灾害、台风		风雹灾害		低温冰冻、雪灾		直接经济损失（亿元）
	受灾	绝收	受灾	绝收	受灾	绝收	受灾	绝收	受灾	绝收	
2010	3745.29	4863.20	1325.80	2672.30	17524.60	1657.50	2180.10	280.30	4120.70	240.70	5339.90
2011	32470.50	2891.70	16304.20	1505.40	8409.90	872.80	3309.30	302.40	4447.10	211.10	3096.40
2012	24962.00	1826.30	9339.80	374.00	11220.40	1095.30	2780.80	213.40	1617.80	142.90	4185.50
2013	31349.80	3844.40	14100.40	1416.10	11426.90	1828.90	3387.30	412.40	2320.10	180.70	5808.40
2014	24890.70	3090.30	12271.70	1484.70	7222.00	976.90	3225.40	457.70	2132.50	168.20	3373.80
2015	21769.80	2232.70	10609.70	1046.10	7341.30	8410.00	2918.00	309.10	900.30	36.50	2704.10
2016	26220.70	2902.70	9872.70	1018.30	10544.90	1442.40	2908.00	268.80	2885.00	172.70	5032.90
2017	18478.10	1826.70	9874.80	752.40	5808.80	766.10	2268.10	224.20	524.20	83.00	3018.70
2018	20814.30	2585.00	7711.80	922.40	7283.40	1009.90	2406.80	196.60	3412.60	456.10	2644.60
2019	19256.90	2802.00	7838.00	1113.60	8604.80	1480.80	2228.40	171.40	585.70	36.20	3270.90
2020	19957.60	2706.00	5081.00	704.50	11059.60	1498.00	2765.20	290.80	1051.80	212.70	3701.50

资料来源：国家统计局 http://www.stats.gov.cn/.

响，全球气候变化明显，世界各地自然灾害频发，农业自然风险不断扩大。自然灾害往往难以预测，频发的自然灾害极易造成农民歉收、绝收，使得农产品产量和质量偏离预期，严重制约着我国农业的稳定发展。

市场风险通常由外部环境的不确定性所引起，会加剧农产品收入的不稳定性，其主要受市场供需、农作物价格波动、贸易环境变化等因素影响。其中对农产品收入影响最为直接的因素是价格波动，一方面是农业生产资料价格波动与农产品价格波动之间的矛盾。过高的农业生产资料价格会增加农业生产成本，或是当农业生产资料涨幅超过农产品价格涨幅时，农户的预期降低导致生产投入或生产规模缩减，进一步加剧了收入风险；另一方面是较长的生产周期与滞后的市场调节之间的矛盾。在实际的生产经营和经济发展中，市场调节的滞后性会放大农产品价格波动幅度，价格波动不仅会阻碍农民收入稳定增长，也会进一步挫伤农户的生产积极性，由市场风险带来的农产品收入风险日趋上升。

4.1.2 构建风险分担机制的意义

2018 年，习近平总书记在山东考察时强调，"农业农村工作，说一千、道一万，增加农民收入是关键。[①]"农民收入是检验农村工作实效的一个重要尺度，是做好"三农"工作的出发点和落脚点。尽管农业保险在我国已有多年实践，农产品收入保险亦取得了诸多成效，但仍存在"市场失灵"和"政府失灵"的双失灵现象，农业保险市场存在"供需双冷"的局面，对农业风险的分散作用仍不明显，

---

① 新华社. 习近平在山东考察时强调切实把新发展理念落到实处，不断增强经济社会发展新动力 [N/OL]. (2018 - 06 - 14) http://www.gov.cn/xinwen/2018 - 06/14/content_5298781. htm.

亟须构建一套完善且有效的农产品收入风险分担机制[1][2]。建立健全农产品收入风险分担机制具有如下意义：

4.1.2.1　有效降低农产品价格风险

生产规模与农产品价格综合形成了农产品收入，一般来说，农产品价格变化较大，对农户收入的影响较为直观。农产品价格风险通常是指农产品市场价格波动引起的不确定性。在现实情况中，农产品价格受到多方面因素影响，围绕其市场均衡价格波动，因此农产品价格风险实际上承载了农产品市场的风险。从目前的农产品价格风险管理的实践来看，农业保险已经成为常用的农业风险管理工具，但要在更大规模的情况下开展风险管理，仅靠保险行业内部是无法消化的，而农产品衍生品市场可以运用现代市场风险分散方式，将农业保险风险进一步转移。此外，政府和社会等多方主体的力量也能起到辅助作用，共同作用于农业风险管理。因此通过建立农产品收入风险分担机制，利用农业保险、农产品衍生市场等多种工具，能够有效起到对冲农产品价格风险的作用，降低农产品价格风险。

4.1.2.2　促进农民稳定增产增收

建立健全农产品收入风险分担机制，能够为农户生产提供有效的保障措施，减少由于市场供需变化、自然灾害、国际农产品贸易变化等多方面因素造成的损失。近年来，农产品市场价格波动较大，气候变化也使得极端天气频繁出现，形成较严重的自然灾害，一系列因素使得农产品从生产到销售全过程都存在较大风险，威胁着农民收入的稳定。通过农产品收入风险分担机制，有助于在农业生产、分配、交换、消费等各环节形成保护屏障，稳定农业再生产，提高农业生产的有效性。这也就意味着，实际上利用农产品收入风险分担机制，农民只需以较小的成本和费用，就能够提前保障自身收益的稳定，从而起

---

①　https：//www.ccps.gov.cn/xxwx/202210/t20221005_155120.shtml.

②　常玉红．我国政策性农业保险机制创新研究［D］．济南：山东大学，2012.

到增收的作用。

4.1.2.3 激发农业保险市场活力

随着乡村振兴战略的逐步推进，农业发展将迈上新台阶，整体市场规模将不断扩大，因此农业风险管理需求也将进一步提升。从我国农业风险管理总体发展情况来看，相对于庞大的农业规模，农业保险市场份额较小，发展空间广阔。而构建农产品收入风险分担机制，不但有利于将农业保险从单一保险行业主导的保护伞转变为"保险＋金融＋科技＋…"共同发力的农业生产保护网，还有利于以农业保险为支点撬动信贷、科技等资源，使保险保障、资金投入、科技应用等问题得到一站式解决。同时，成熟的风险分担机制可以促使农业保险市场从以保险行业为主导力量转变为多方主体参与、共同推动的综合性更强且保障能力更显著的全方位农业保险市场。

4.1.2.4 稳步推动农村经济发展

农业是农村的主导产业。推动建立农产品收入风险分担机制，从宏观角度来说有助于服务农村经济和社会发展。一方面，农产品收入风险分担机制能够更大范围地覆盖农产品生产，让不同类型和规模的农产品产业享受到更全面的收入保障服务。在此机制下，更多农民有能力、有意愿参保，保障面积逐步扩大，保障水平整体提高。另一方面，助农效益进一步提升。在面临严重自然灾害或是市场价格剧烈波动等情况时，农户能够获得赔偿。同时，该机制作为风险管理的工具，能够精准对接农户的风险保障需求，助力产业发展，从而实现农户增收、产业兴旺。

4.1.2.5 倒逼农产品收入保险创新

农产品收入风险分担机制的日臻完善将倒逼农业保险产品供给端的创新升级，从而促进"三农"领域风险保障缺口进一步缩小。农业保险公司将更加积极地设计与创新农业保险产品以完善农业保险产品体系，满足当前农业经营主体多元化的农业保险需求，为农业经营主体提供实实在在的保障。

由于农产品收入风险造成的损失通常是灾难性的，受灾范围及程度难以准确测量，其概率难以准确预测，往往超出可保风险的范围，一旦发生大规模的灾害，农业保险公司难以承担巨额赔款，拒保、拒赔的案例层出不穷。传统的政策性农业保险或是商业保险都难以覆盖巨灾风险，单纯依靠政府或是保险的力量远远不够，亟须采取一系列行之有效的措施，建立健全农产品收入风险分担机制来充分发挥政府职能作用、提高保险企业的承保能力、吸引更多参与主体、促进农户收入增长、保障国家粮食安全。

4.2 农产品收入风险分担机制分类

4.2.1 政府主导的风险分担机制

政府主导的收入风险分担机制是指由政府制定、执行和提供，用以帮助农业生产者提高规避农产品收入风险能力和效果的政策或公共服务，如政策性农业保险、农业风险补偿、农业再保险等。

4.2.1.1 自然灾害救助

自然灾害救助是指政府为降低自然灾害风险损失的影响，通过构建防灾减灾协调机构，制定灾害应急预案，提供一定的财政资金来开展防灾减灾工作，以更好地促进灾后恢复和重建。政府从全局出发提供灾害援助，并不局限于农业领域的灾害损失[1]。2006 年召开的国家民政会议上，灾害救助工作方针调整为"政府主导、分级管理、社会互助、生产自救"，这明确了以政府为主导，"分级"为核心的自

---

① 袁祥州. 中国粮农风险管理与收入保险制度研究 [D]. 武汉：华中农业大学，2016.

然灾害救助体系。

自然灾害救助的运行主要包括以下环节：第一，组建灾害救助管理机构，完善灾害救助协调机制；第二，制定灾害救助应急预案，强化救助工作的主动性和规范性；第三，各级管理部门严格执行应急预案，开展具体灾害救助工作；第四，积极落实国家救助资金，并确保资金使用效果。

4.2.1.2 政策性农业保险

我国的政策性农业保险自 2007 年开始确立，政策性农业保险是一种通过保费补贴代替直接补贴的政府救灾方式，合理地保障了农业生产及农民收入。政策性农业保险除了具有一般性保险的特点外，还具有非营利性、政府参与、政策性等特点，有效地提升了政府资金的使用效益。其基本原则是：政府引导、市场落实、自愿参与、整体推进。

如表 4 - 3 所示，相较于商业性农业保险，政策性农业保险具有非营利性特征，其主要目的是稳定和保护农民收入，促进农业发展。相比于直接补贴，政策性农业保险能够衔接财政补贴机制和市场机制，是更符合世贸组织规则的举措。2021 年，中央财政拨付保费补贴 333.45 亿元，带动农业保险实现保费收入 965.18 亿元，为农业生产提供风险保障 4.78 万亿元，当前我国已超越美国，成为农业保险规模最大的国家[①]。2022 年，财政部修订印发的《中央财政农业保险保费补贴管理办法》明确了政策性农业保险综合费用率 20% 这一"红线"，优化了农产品保费补贴比例，完善了特色农产品奖补政策，将有效促进农业保险承保机构降本增效。

---

① http://www.gov.cn/xinwen/2022 - 06/21/content_5696873.htm.

项目	政策性农业保险	商业性农业保险
经营主体	政府直接组织并参与经营	商业性保险公司
是否具有营利性	否	是
保费补贴	政府提供一定比例	无
运作机制	政府主导	市场调节
保险责任范围	广	窄

表4-3　　　　　　政策性农业保险与商业性农业保险的差异

政策性农业保险的重点内容是为纳入中央补贴范围的农业保险险种提供保费补贴，作用于农业风险发生之前，主要包含以下几个步骤：第一，由政府确定政策性农业保险的试点品种；第二，依据种植业和养殖业的区别划分不同类型的保险责任；第三，依照"低保障、广覆盖"的原则确定保险金额、保险费率以及保障水平；第四，确定保险模式及经办机构；第五，确定试点地区；第六，加强保险资金管理，通过大灾风险准备金和再保险等手段化解农产品收入风险；第七，依据财政部的相关文件规定确定保险赔付责任。

政策性农业保险的有效实施能够降低农户的投保负担，有效地解决了大部分农户难以承担大额保费的问题，提高了农户的参保积极性，降低了农户因灾受损的可能性，起到了降低农户收入风险的作用。另外，随着近些年农业风险频发，农业保险机构赔付压力加重，甚至造成亏损，农业保险机构承担了巨大的农产品收入风险，经营成本较高，而政策性农业保险能够通过"保险公司自营"的模式，为保险经办机构提供补贴，在一定程度上降低了农业保险机构的经营成本。但在这种风险分散机制下，农业保险机构过于依赖财政支持，自身功能发挥有限，且政府财政负担过大，因此仅以上述模式开展农业保险工作是不可持续的。

4.2.1.3 农业再保险

再保险又称"保险分保""保险的保险"，我国的《保险法》将再保险定义为："保险人将其承担的保险业务，以分保形式部分转移给其他保险人"。基于这一定义，本书结合我国农业保险发展实践将农业再保险定义为：农业保险企业通过与承保企业签订保险合约、支付一定的保费的形式，将超出自身承担能力范围的风险转移到农业再保险企业身上。依据不同的分类标准可以将农业再保险划分为比例再保险、非比例再保险、基础类再保险、附加性再保险、商业再保险等，如表4-4所示。

表4-4   农业再保险分类表

划分标准	类型	常见险种
分保责任	比例再保险	成数再保险、溢额再保险、成数和溢额混合再保险
	非比例再保险	险位超赔再保险、事故超赔再保险、赔付率超赔再保险
保障内容	基础类再保险	农业巨灾再保险、扩大保障再保险
	附加性再保险	收入保护再保险、价格再保险、产量再保险

我国农业再保险的运行主要基于政策性标准再保险协议开展，其参与主体主要包括政府、农户、农险企业（直保公司）、再保险机构。如图4-1所示，农户根据其需求向农险企业购买保险，农险企业需与再保险机构签订再保险合约确定分保方式及分保比例，向其支付再保险保费，并以合同确定各自的权利与义务。其中，原保险人为风险分出者，再保险人为风险分入者（也叫接受者）①。政府在这一风险分担机制中起到制定标准、推动建立再保险基金和大灾风险准备金等作用。当风险发生时，再保险公司按照合同约定的分保比例向直保公司支付赔款，农业再保险实现了农业风险在政府、直保公司和再保险机构之间的共担，增强了各方主体的抗风险能力。

---

① 胡炳志，唐甜. 巨灾风险分散的二维路径探讨——基于成本收益分析［J］. 保险研究，2011（12）：3-10.

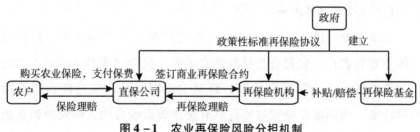

图 4 - 1　农业再保险风险分担机制

农业风险再保险在分散自然风险和巨灾风险方面发挥着不可替代的作用：一是风险分担较充分，关联性较低的风险能够有效地分担到再保险机构及保险市场中；二是交易方便快捷，购买和签订再保险合约的手续较为简便，可供选择的空间较大；三是提供了有效保护，能够降低原保险企业的经营成本、提高承保能力、在一定程度上减少了拒保现象。

然而农业再保险机制在实际运作中仍存在一些突出问题：第一，缺少完善的法律法规。相较于发达国家，我国的农业保险和再保险起步较晚，尚未形成完善的法律体系，难以避免再保险交易过程中的逆选择和道德风险。第二，缺乏有效供给。有限的再保险市场容量难以分担高度关联的风险，例如在灾害频发的年份或当风险扩散到世界范围时，全球再保险机构的整体保障能力同时下滑，多数再保险企业也不得不缩减其再保险业务。第三，政策保障有限。中国农业再保险股份有限公司于 2020 年成立，当前处于起步阶段，地方政府扶持力度较弱，相应的配套政策仍不完善，难以满足农险公司分保需求。

4.2.2　市场主导的风险分担机制

市场主导的农产品收入风险分担机制指的是农业生产者与其他市场参与者，通过具有法律效力的合同而采取的风险分担手段。市场化风险分担机制通常指的是订单农业、农业保险、农业风险证券化等。

4.2.2.1 订单农业

订单农业（contract farming）又称契约农业或合同农业，其参与主体主要有农户、农村合作社及涉农企业，包含"农户＋企业""农户＋合作社＋企业"两种类型。订单农业同时具有契约性和风险性两种特征，该制度安排通过签订具有法律效力的合同，将农户和企业连接在一起，将农业风险分散到企业及涉农产业中。

订单农业稳定了农户的销售渠道，提前确定了产品价格和数量，有利于科学制定生产决策，减少农户和企业的交易成本，是一种能够实现企业与农户双赢的风险分担机制。然而，订单农业所涉及的各主体仍然面临着价格风险、信用风险和自然风险的影响。农业生产的长周期决定了订单农业签订的是远期合约，从合同确立到履约中间需要经历较长时间，自然风险、价格风险等多种风险会影响其顺利运行①。此外，在订单农业中参与主体地位并不平等，由于缺乏市场经验、信息不对称等因素，农户处于弱势地位，而企业掌握的信息更为全面、具有较强的谈判能力，导致农户参与订单农业时不可避免地会面临信用风险。

如图 4-2 所示，订单农业的运行过程包含了以下几个步骤：一是签订订单合同。在这一过程中，农户可以直接与龙头企业签订订单合约，也可以通过合作社与龙头企业签订订单合约。合作社不仅在其中起到桥梁作用，还能够为农户提供信息指导和培训服务，提高农户的市场敏感性；龙头企业则为农业经营主体提供订单收购合同，规定标的产品的价格、数量和质量等内容。二是实施合约。农户依照合同规定开展农业生产经营活动，农村合作社为农户提供必要的技术支持，企业则要通过期货市场套期保值，将自身风险进一步转移。三是履行合约。农户按照约定时间交付农产品，能够避免销售风险，农业

---

① 田宇. 基于博弈论的订单农业主体参与及履约决策研究 [D]. 北京：北京邮电大学，2020.

龙头企业则依托强大的供应链和销售渠道将风险进一步分散到仓储加工业、大宗批发业和零售业等涉农行业。

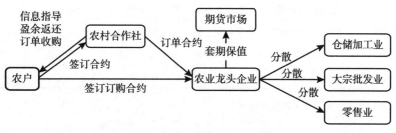

图 4 - 2　订单农业风险分担机制

4.2.2.2　农业保险

农业保险通常以种植业和养殖业为主要保险对象，为因自然风险和灾害、重大事故和价格变动等因素遭受经济损失的农业生产者提供保障。通常来说农业保险具有风险分散、经济补偿、防灾防损和融资的职能。我国农业保险常见的经营模式有专业农保、互助农保和联合共保等。农业保险种类繁多，根据农业保险经营模式、产品形式等的不同对其进行划分，如表 4 - 5 所示，农产品价格指数保险、农产品收入保险主要用于保障农业生产者的收入。

表 4 - 5　　　　　　　　　　　农业保险分类表

分类标准	保险类型	细分种类
种植种类	种植业保险	粮食作物保险、经济作物保险、林木保险、果树保险
	养殖业保险	家畜保险、家禽保险、水产养殖保险、特种养殖保险
生长阶段	生长期农作物保险	小麦种植保险、水稻种植保险、玉米种植保险、棉花种植保险、烟叶种植保险、甘蔗种植保险
	收获期农作物保险	麦场夏粮火灾保险、烤烟水灾保险
经营模式	政策性农业保险	—
	商业性农业保险	—

分类标准	保险类型	细分种类
产品形式	农业生产成本保险	三大粮食作物完全成本保险、大豆完全成本保险
	农业产量保险	水稻产量保险、棉花产量保险
	农产品价格保险	鸡蛋价格保险、茶叶价格保险
	农产品收入保险	大豆收入保险、玉米收入保险
	农业指数保险	天气指数保险、价格指数保险

注：笔者根据现有文件整理得到。

相比传统农业保险，农产品价格指数保险理赔依据的"目标价格"由农产品的物化成本和平均市场利润构成，不仅避免了传统农业保险定损过程中资料收集带来的道德风险、逆向选择以及管理成本高等问题，而且简化了理赔程序，降低了保险的交易成本。

受市场供求关系和农产品价格"发散性蛛网"特点的影响，农产品价格不可避免地产生周期性波动，进而导致农业生产者收入的波动。农产品收入保险（revenue insurance）以农业经营主体的收入为标的，覆盖了由农产品价格和产量的变动导致的收入损失，保障了农户的收入水平。对农业经营主体而言，购买农产品收入保险能够弥补其因收入风险遭受的损失。对于保险公司来说，当面对区域性收入风险时，能够通过再保险制度、大灾风险准备金制度或期货市场转移风险，从而实现农产品收入风险的分散。

以农产品收入保险为例，保险期间内，农业经营主体因农产品单位面积产量降低、价格下跌或产量和价格共同变化而导致实际收入下降，直至低于保险合同的收入目标值时，保险公司依据制定的费率给予不超过最高赔偿额度的补偿。农产品收入保险在实践中衍生出了多种形式：一是区域收入保险，二是"保险＋期货"，其运行机制如图4-3所示。

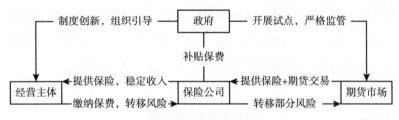

图 4 – 3 农产品收入保险风险分担机制

从图 4 – 3 中可以看出收入风险分担机制的参与主体由政府、农业经营主体（农户）、保险公司共同组成，在"保险 + 期货"模式中则加入期货公司这一环。农业经营主体通过投保农产品收入保险，将农产品因产量和价格导致的收入风险转移给农业保险公司，以确保自身收入损失最小化，保障预期收益。政府则以财政补贴的方式对保费进行补贴以减轻农业经营主体的保费压力。

区域收入保险模式与"保险 + 期货"模式的主要区别在于保险公司分散风险的方式不同：在区域收入保险模式中，政府对保费进行专项管理并引导保险公司建立大灾风险准备制度。保险公司通过购买再保险来化解较强的系统性风险及大灾风险。在"保险 + 期货"模式中，保险公司向期货公司以买入看跌期权的方式进行再保险，而期货公司则运用基差在期货市场进行价格对冲，将风险分散给期货市场，通过市场化的手段将农产品收入风险分散到保险市场和期货市场中。

4.2.2.3 农业风险证券化

农业风险证券化是指将农户可能遭受到的风险集合到一起，打包成可交易的证券在一级市场或二级市场进行兜售，包括农产品债券、期货、期权等，从而将庞大的农业风险转移到了资本市场。[①] 以农产品期货为例，期货合约是指买卖双方在规定的时间和特定的地点交易

---

① 张慧云，沈思玮. 农业巨灾风险证券化研究 [J]. 安徽农业科学，2008（8）：3375 – 3376.

某项资产，并对交易的资产的数量、质量、时间等进行了标准化的设定，农产品期货则指的是资产为农产品的期货合约。经过一百多年的发展，国内外农产品期货覆盖种类丰富，如表4-6所示。

表4-6 农产品期货覆盖品种

类别	品种
粮食作物	水稻、小麦、玉米、燕麦、大麦、黑麦等
经济作物	棉花、大豆、大豆油、豆粕、菜籽油、苹果、糖料、橙汁等
畜产品	鸡蛋、猪肚、活猪、活牛、小牛、猪脯、冻鸡、羊毛等
林产品	木材、板材、天然橡胶等

农产品期货具有一般性期货交易的特征，即交易对象特殊性、交易目的特殊性、交易场所和交易方式的标准化和交易保障制度特殊性。

首先，对于交易对象，其特殊性表现在以农产品作为农产品期货市场交易标的。农产品期货合约区别于现货的实物交易，它由期货交易所统一制定、需要按照规定在特定的交易所内于未来某一特定时间和某一特定地点交割一定数量和一定质量的某种特定农产品的标准化合约，并接受法律的约束。因此，期货合约是实物价值体现的载体。

其次，期货交易特殊性体现在参与期货交易的主体通过合约来对冲预期收入波动上的风险，或者获得投机上的收益。一是保值，即利用农产品期货市场的价格发现功能对农产品进行套期保值，最小化因现货市场中农产品价格大幅波动带来的损失；二是套利，即通过农产品价格在不同地区的波动，赚取差价。期货交易具有双向操作和简便灵活的特点，既可以根据实际需要买入期货，也可以卖出期货，还可以通过与建仓交易相反的操作来解除合约。

最后，农产品期货交易保障制度的特殊性体现在农产品期货交易保障制度由会员制度、保证金制度、每日无负债结算制度组成。尤其是保证金制度体现了期货交易特有的"杠杆效应"，成为交易所控制期货交易风险的一种重要手段。期货交易通过公开喊价和电子化交易的方式进行多方交易，区别于现货市场的一对一交易，有效保证了期货市场竞争的公开、公正、公平。

农业风险证券化的运作过程主要包括两个步骤，如图 4 - 4 所示。

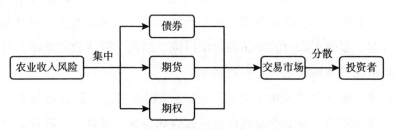

图 4 - 4　农业风险证券化风险分担机制

一是将可能发生的风险打包成可交易的金融证券；二是在资本市场进行出售。农业风险证券带来的好处不仅可以提高农业（再）保险公司的承保能力，还可以从资本市场上募集到更多的资金来提高自身的保障能力[①]，具有保险和金融的双重属性[②]。

以农产品期货分担农业生产经营主体收入风险为例，农产品期货在实践中衍生出两种风险分担机制：一是"农户 + 公司 + 期货"机制；二是"农户 + 合作社 + 期货"机制。图 4 - 5 为"农户 + 公司 + 期货"的分担机制过程，从中可以看出，"农户 + 公司 + 期货"模式的构成要素分为"农户 + 公司"和"公司 + 期货"两个部分。

图 4 - 5　"农户 + 公司 + 期货"风险分担机制

---

① 梁晟 . 我国巨灾保险风险证券化发展研究 [D]. 南宁：广西大学，2019.
② 谢世清 . 巨灾债券的十年发展回顾与展望 [J]. 证券市场导报，2010（8）：17 - 22.

第一部分为"农户 + 公司"模式，可将其视为订单农业。具体步骤为：从事农业经营的龙头公司通过签订订单合同将散户农户组织起来，形成一种契约关系。农户依据合同上的要求生产农产品，公司依靠订单合同从源头上获得了农产品的供给，同时以媒介的身份成为了农产品市场上产品的供给者。通过这一部分，一方面，实现了农户的农产品集中和农产品市场风险的转移；另一方面，龙头公司自签订合同起，集聚了农户农产品的价格风险。因此，对于公司来讲，通过期货市场对冲风险成为了必然趋势。

第二部分为"公司 + 期货"。在这一模式中，一是公司与农产品期货市场对接，将农产品期货价格扣除相应成本后计算出符合期货标准的订单价格，然后依据此价格收购符合期货合同标准的农产品，并按照合同价格进行结算；二是利用期货市场套期保值的功能，使企业实现订单上农产品收入风险的转移。在这一过程中，农业经营主体、公司和期货市场结成了风险共担的共同体。

图 4 - 6 为"农户 + 合作社 + 期货"的分担机制。与"农户 + 公司 + 期货"模式的运行原理类似，农业合作社组织农户加入合作社，签订"期货"合同。这个"期货"合同虽然不是严格意义上的期货，但是需要农户按照合同规定的质量进行生产，并按照约定的数量和价格卖给合作社。合作社作为连接农户和市场的纽带，向入社农户提供信息指导及技术服务，从而推动农业经营主体的标准化生产，提高农产品的质量。

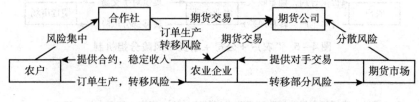

图 4 - 6 "农户 + 合作社 + 期货"风险分担机制

由于合作社收购的最低价格普遍高于现货市场合同的最低价格，农户在收入有保障的前提下愿意在种植前与合作社签订能够保证最低价格的合约，有效地保证了农产品的销路和农户的收入。合作社作为集体农户的法人成为农产品期货市场的会员，使用期货市场的价格发现功能指导农户对农产品的生产和经营做出及时地调整，并在农产品期货市场上建立空头头寸，卖出套期保值。但是考虑到农户出现合同违约风险对企业套期保值的影响，农户需要向合作社支付一定的保证金。

4.3　优化风险分担机制的举措

4.3.1　立法支持

加快建立和完善中国农产品收入风险分担机制的相关法律法规，构建中国农产品收入保险法律框架，完善中国农产品收入保险法律体系。首先，制定并颁布《农产品收入保险法》。农产品收入保险作为农产品收入风险分担体系中的一环，其法律地位由《农产品收入保险法》确定。其次，尽快颁布《农产品收入保险条例》，从法律意义上明确农产品收入保险制度模式中相关主体的权利和义务、农产品收入保险资金的提供和使用规定等使农产品收入保险业务经营符合制度和法律规范。最后，加快出台和实施《农产品收入保险条例实施细则》，制定详细的翔实可行的农产品收入保险制度模式的配套措施和细则。在相关条例的指导下，农产品收入保险可以更好地满足该制度模式的制度设计目标。

4.3.2　制度保障

第一，应当完善农产品收入保险财政补贴机制，加强对农产品收入保险这一准公共物品提供的财政支持，以此增加农产品收入保险的覆盖面。从制度设计层面明确财政补贴的重点，选择恰当的补贴方式。

第二，建立并完善财政再保险补贴制度和大灾风险准备金制度。在政府主导下，构建各省大灾风险准备金运行管理机构，负责准备金筹集与运作。主要资金来源于农险运营公司计提保费与政府补贴；管理方式主要为在风险约束情景下，将筹集资金通过资本市场获得稳定收益，并将其计入大灾准备金①。

第三，完善金融支农制度，强化市场机制作用。综合运用货币政策、金融监管政策和考核评估手段，健全金融服务乡村振兴的体制机制。引导金融机构积极推出小额贷款保证保险，发挥农业保险融资增信作用，从而解决农业经营主体融资难、融资贵等问题。进一步落实金融支农服务乡村振兴的相关政策，以制度保障促进信贷资源涌入乡村，进而促进农民增收，推进农业高质量发展。

4.3.3　模式创新

探索构建"涉农信贷＋农业保险＋再保险"模式，推动贷款银行与保险机构融合发展，结合再保险机制实现更高水平更广范围的农业风险分散。充分利用农村银行类金融机构的各个分支机构和网点分布广泛的优势，向农户宣传普及农业保险相关知识并提供融资和投保

---

① 时天阳. 河北省农业保险大灾风险分散机制优化研究［D］. 石家庄：河北经贸大学，2022.

服务，提高农户参与农业保险的积极性。延长"保险+"模式链条，建立健全"政府+保险+期货+银行+社会+农业企业"等多方主体共同参与的农产品收入风险分担机制，减轻各级政府的补贴压力及保险公司、期货公司、金融机构的经营压力。逐步完善新模式的定损理赔机制和监督管理机制，破解农业保险市场失灵困境。

第5章 农产品收入保险
模式创新

农业保险作为我国宏观调控的重要抓手，在保障农业经营者收入方面发挥了重大作用。常见的农业保险主要包含农业生产成本保险、价格保险、产量保险和收入保险。其中，收入保险以农户的农产品收入作为保险标的，既能保障产量风险，又能规避市场风险（刘素春和刘亚文，2018）。2016年的中央文件提出要完善农业保险制度，将农业保险作为支持农业的重要手段，探索农业保险与农产品期货的联动机制。"保险＋期货"模式一经推出就得到了广泛的关注，此后每年的中央文件都会对"保险＋期货"在农业生产及乡村振兴领域的试点和推广做出要求。在实践层面，期货行业联合保险公司开展了大量试点项目。经过几年的试点和推广，"保险＋期货"模式在实践形式和内容上实现了一些创新，充分发挥了农业风险管理的作用，并在实践过程中衍生出了几种新的模式。综合目前公开的试点信息来看，基于"保险＋期货"风险管理模式所衍生出的农产品收入保险新模式可以总结为以下几种①："收入保险＋期货"模式、"保险＋期货＋银行"模式、"保险＋期货＋互联网"模式、"保险＋期货＋基差收购"模式、"保险＋期货＋订单"模式。下文将对这几种模式的内

---

① 本章部分关于农产品收入保险新模式及其运行机制的内容由笔者和研究生共同撰写。

涵、形成背景、运行机制和实践情况进行梳理，以便把握农产品收入保险新模式的关键内容。

5.1　"收入保险 + 期货" 模式

5.1.1　模式简介

"保险 + 期货" 的模式中涉及的险种包括价格保险和收入保险等。以收入保险为例，农户的收入主要由价格和产量两部分决定，农户收入损失主要源于产量下降和市场价格下跌。收入保险就是既能够防范价格风险，同时也能保障产量风险的保险合约。相较于传统的农业价格保险，农产品收入保险的优势在于不仅能够防范价格下跌风险，而且能减少产量下降带来的收入损失，也实现了从 "保成本" "保价格" 到 "保收入" 的升级，与农户的实际需求更加匹配，符合 "绿箱" 政策。"保险 + 期货" 就是保险公司和期货公司合作，综合利用期货市场价格发现和风险管理的基本功能以及保险市场分摊损失和经济补偿的基本功能，结合各自的专业风控优势和网点服务优势，为农民提供简便易行的价格保险、收入保险、保底价粮食收购等保障工具，同时将自身承担的风险在畅通的传递链条和更大的市场空间完成多元分散的模式①。"收入保险 + 期货" 模式是指结合保险行业与期货市场的优势，帮助农户防范收入风险的一种收入保险模式。该模式的主要功能是保障农户的收入，为农户提供价格和产量的双重保险，为保险公司提供合理的保费定价参考，在提高农产品收入保险风险管理能力的同时降低保险公司面临的风险。"收入保险 + 期货" 模

---

① https：//new. qq. com/rain/a/20220329 A08 PUK00.

式主要涉及三大主体：农户、保险公司和期货公司。

5.1.2 形成背景

5.1.2.1 政策背景

2015 年，在大连商品交易所的组织下，期货公司和保险公司在 2014 年锦州义县玉米场外期权的试点基础上进一步合作，形成了"保险＋期货"模式的雏形。该次试点结果成效显著，有效地承担了参与试点的农户在玉米市场价格大跌的情况下面临的风险，保障了农户的收益。随后，2016 年中央文件《中共中央、国务院关于落实发展新理念加快农业现代化实现全面小康目标的若干意见》首次提到"稳步扩大'保险＋期货'试点"。2019 年，党中央出台的《关于坚持农业农村优先发展做好"三农"工作的若干意见》在"完善农业支持保护制度"部分，明确提出要"推进稻谷、小麦、玉米完全成本保险和收入保险试点"。该意见首次将收入保险与"保险＋期货"放在同一个板块，从政策层面为保障农民收入提供支撑，引导各方主体在"价格保险＋期货"的基础上探索"收入保险＋期货"的可行性。2021 年，《中共中央、国务院关于全面推进乡村振兴加快农业农村现代化的意见》中有关内容的表述为："发挥'保险＋期货'在服务乡村产业发展中的作用"。连续 7 年，中央文件都提及"保险＋期货"这一模式对发展农村产业和完善农业保险机制的重要作用，足可见国家对这一模式以及促进农业农村发展与农民增收工作的重视程度。2022 年，《中共中央 国务院关于做好 2022 年全面推进乡村振兴重点工作的意见》提出要"优化完善'保险＋期货'模式"，相较于 2021 年的表述舍弃了"试点"二字。从这一政策来看，当前的"保险＋期货"已是行之有效、经过实践检验的可行模式，后续工作的重点便是如何完善和优化这一模式。

党中央的文件对"保险 + 期货"模式的持续关注释放出了这样一个信号:"保险 + 期货"模式有效结合了期货市场价格发现的优势和保险公司管理风险的能力,在创新服务"三农"上发挥了强有力的作用。在这样的政策背景下,商品交易所也不断在扩大收入保险新模式的试点范围,将目光聚焦在保障农民收入这一问题上,逐步扩大收入保险的覆盖面。

5.1.2.2　现实背景

传统的农业经营风险主要与产出不确定性有关,但随着农产品市场卷入全球化浪潮的进程加快,农产品价格出现剧烈波动,提高了农业经营风险。鉴于农业生产天然的弱质性以及农产品消费对于国家安全的重要性,各国相继出台了应对农产品价格风险的支持政策以保障农业生产者的收入。政府应对市场价格风险的政策措施主要有两种:一种是农产品托市收购政策,另一种是目标价格补贴政策(谢啟阳,2022)。我国自 2007 年开始实施政策性农业保险,而农产品价格保险于 2011 年开始试点。在遭受意外经济损失时,农业保险一直是保障农业生产者收入的重要工具。传统农业保险业务主要针对产量风险防范进行设计,然而农产品市场价格大幅下跌通常是系统性的,难以通过大数法则实现损失分摊,理论上属于不可保范畴;在实践中,由于政府的支持,使农产品价格风险在一定条件下具有了可保性。尽管保险公司和中央政府在农业政策性保险上进行了多种尝试,但不可避免的仍是风险分散的难题。

20 世纪 90 年代以来,除了财政补贴,我国先后尝试利用期货合约对农产品价格风险进行管理。但是,仍有一些因素制约了期货交易在农产品价格风险管理领域中的大范围推广:一是我国农业生产经营分散化的特点与场内期货的标准化、集中化、规模化、杠杆化的交易要求并不相匹配;二是农产品期货交易市场建立时间短、发展不充分,交易参与主体数量、交易产品种类较少,交易的活跃程度也较低。"保险 + 期货"模式作为一种新的风险管理工具应运而生,是跨行业服务农业，防范价格风险的创新模式，在试点中取得了有效的成果并得到了推广。

由于价格波动极易引起系统性风险，这对保险公司的财务安全造成了巨大的冲击。对于保险公司而言，农业价格保险需要有完善的大灾风险分散机制才能提高农户承保意愿。我国专业的农业再保险公司于2020年成立，此前的巨灾风险分散渠道主要为国际再保险商业机构和由中国财产再保险公司牵头组建的互助组织"农业再保险共同体"，风险保障能力有限且不稳定。对于农产品生产者而言，保费会随着保障程度的提高而提高，需要较大的财政补贴力度才能提高农户投保意愿，这些因素制约了农产品保险试点的进一步推广。

农产品市场化改革的深入进一步提升了价格风险，农业生产者的收入存在因价格下跌遭受损失的可能。纯粹的价格保险对保险公司而言财务风险巨大；对农户而言保费高昂，且交易所的期货合约对交易规模、保证金、交易商品种类乃至金融专业技能等各方面均有严格要求，并不适合普通农户。基于这一现状，2015年8月，中国人保财险大连分公司推出了玉米和鸡蛋的"价格保险＋期货"合约，该合约的核心在于保险公司一方面通过保单集合农户的价格风险对冲需求，另一方面作为机构投资者利用期权期货合约将风险对冲需求转移分散到资本市场。相对于政策性的农产品价格保险而言，"价格保险＋期货"模式克服了系统性市场风险分散困难的缺陷，其避险成本也较为低廉。然而在实践当中存在着一些问题，例如，当农户因为自然灾害或意外事件导致歉收或绝收时，"价格保险＋期货"模式难以保障其预期收入，故此，"保险＋期货"模式结合农产品收入保险的试点项目正式提出。2018年开始，我国开展了水稻、小麦、玉米等三大粮食作物的完全成本保险和收入保险试点。收入风险主要来源于自然风险和市场风险，鉴于保险业务与期权、期货交易相结合的模式在防范市场价格风险方面的表现突出，各机构开始尝试将传统的产量保险业务与"价格保险 + 期货"业务进行整合，提出了"收入保险 + 期货"模式，这一模式在此后的试点中也逐渐占据了主导地位。

5.1.3　运行机制

在"收入保险 + 期货"模式下，保险公司发挥着两个方面的作用：一是需要承担农产品的产量风险；二是需要转移价格风险。理论上产量风险和价格风险之间存在着对冲关系，同时承担这两种风险并不会加大保险公司面临的风险，反而能够减少运营成本。此外，保险公司能够选择利用再保险或其他金融工具来分散上述两类风险。"保险 + 期货"模式为农户提供了更为全面的保障，有效地避免了系统性风险。对于期货公司来说，需要从期货市场购买场内期货或期权，并利用自身的技术和经验复制农产品看跌期权到期货市场，实现风险的扩散。另外，期货市场的价格发现功能为保险合同的定价提供了参考。"保险 + 期货"模式的运行机制如图 5 – 1 所示。

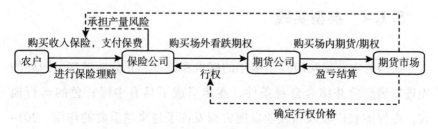

图 5 – 1　"收入保险 + 期货"模式运行机制

由图 5 – 1 可见，该模式的主要环节包括：保险定价，设计收入保险的合约时依据期货市场价格或者历史价格厘定保险费率；购买保险，农户从保险公司购入农产品收入保险并向其支付保费，实现产量风险和价格风险转移，进而保障收入；购买期权，保险公司需要从期货公司购买相应农产品的场外看跌期权对其承担的价格风险进行"再保险",用以对冲由于农产品价格下跌引起的理赔风险,从而转移自身的价格风险。分散风险,期货公司从期货市场购买相应数量的场内期货或期权用以分散风险。期货市场发挥的作用在于:一方面为保险定价提供价格预期;另一方面为期货公司提供期货和期权用以交易,将风险进一步转移给期货交易者。

"收入保险+期货"模式主要运用在种植业上,覆盖了减产和价格波动带来的风险,能够直接锁定农户的收入,相较单独的农产品收入保险提供了更加全面的保障。其优势在于为农户提供了产量和价格的双重保障,借助期货市场分担了风险,市场积极性较高。然而,养殖业缺少相关的保险实践。此外,在"收入保险+期货"的实践过程中存在以下劣势:一是受限于我国期货市场的发展,当前的期货市场并不具备良好的价格发现功能,难以有效地分散风险,在一定程度上抑制了农业"收入保险+期货"模式的发展。二是农产品产量与价格之间存在内在关联,价格风险与产量风险的自然对冲会加大农产品收入保险合约的定价难度。

5.1.4 典型实践

我国的农业保险历经了多年的探索和试点,充分地借鉴了国外的先进发展经验并结合自身条件,逐步形成了具有中国特色的运行模式,在保障农户收入和农业发展方面发挥了越来越重要的作用。2014年,我国推行了农产品目标价格制度改革,为2015年"保险+期货"的试点提供了基础。"收入保险+期货"模式延续了"价格保险+期货"模式的成功经验,进一步扩大保障范围和程度,由商品交易所、保险公司和政府等多方主体共同参与,从2017年的试点至今,为新型农业经营主体提供了有效的收入保障体系,在实践中取得了瞩目的成绩。在政府的大力支持下,"收入保险+期货"模式试点的覆盖范围、作物品种以及参与企业都有了量的提升和质的飞跃。

2017 年 7 月，人保财险与华信期货在"价格保险＋期货"试点项目的基础上，推出了大豆"收入保险＋期货"方案，实现了我国"收入保险＋期货"项目的商业化尝试。这一方案为内蒙古甘河农场的 4432 吨大豆提供了收入保险，其中，华信期货承担了价格风险，人保财险承担了产量风险。相较于"价格保险＋期货"，该模式锁定了农户的预期收入，满足了农户的实际需求，能够有效地提升农户的参保意愿，因此在实际运营中取得了良好的效果。同时，该项目解决了传统模式中交易所和政府补贴资金有限的问题，为更广大的农户提高了保障。

自 2017 年起，由大商所牵头，连续五年在太和县开展大豆"保险＋期货"项目，累计承保面积约 68 万亩，保障金额达 4.5 亿元，累计帮扶农户 5.2 万户。2021 年太和县大豆"保险＋期货"收入险县域覆盖项目是大连商品交易所 2021 年支持的八个省份县域覆盖收入险项目之一，也得到了省政府的高度重视，由省地方金融监督管理局会同省农业农村厅、财政厅、证监局及证券期货协会等相关单位共同支持和协调督导。[①]

2017 年 12 月 7 日和 12 月 12 日，华信期货与中华财险辽宁分公司首个联合开展的玉米收入险项目（见表 5－1）顺利完成理赔，总计赔付 85.63 万元。在这一实践中尝试引入了收入保险，2017 年，由大商所支持开展的"保险＋期货"项目共计 32 个，其中有 9 个项目试点了收入保险，而此前开展的"保险＋期货"模式均以价格保险为主。凭借着保障力度更强的优势，"收入保险＋期货"模式逐渐替代"价格保险＋期货"成为了主流。自 2019 年以来，大商所在玉米和大豆主产区开展的"收入保险＋期货"项目所覆盖的县域多达

---

① 何珂."保险＋期货"，为农民收入撑起"保护伞"［N/OL］.安徽日报，2021 - 12 - 29. http：//www.dce.com.cn/dalianshangpin/xwzx93/mtkdss/6301045/index.html.

44 个。2021 年，我国首个苹果"保险+期货"项目在黄陵县落地，该项目由郑商所支持，长江期货和陕西人保联合承保，为 600 余户果农的 7000 余亩苹果提供了保障，最终每亩平均获赔 354 元，保障了果农近 250 万元的损失。目前该项目已成功运营两年，对比两年的数据，如表 5-2 所示，该项目的覆盖范围和保障数量都有了明显的提升，为果农提供了产量和价格的双重保险，尽管在疫情影响导致收入不及预期的情况下，参保果农的收入仍有保障①。

表 5-1　　　　　"保险+期货"首个玉米收入险试点概况

保险标的	保险期间	保障额度	涉及地区	目标价格	目标产量	目标收入	理赔结算均价
玉米期货1801 合约	2017.7.12~11.24	2580万元	铁岭市铁岭县、锦州市北镇市和葫芦岛市建昌县	1720元/吨	0.6吨/亩	910元/亩	1677元/吨

资料来源：根据公开信息整理得到。

表 5-2　　　　　　　　2021 年与 2022 年黄陵县苹果
"保险+期货"试点项目数据对比

年份	覆盖面积（亩）	覆盖乡镇数量（个）	保障农户数量（户）	每亩获赔金额（元）	项目总赔付金额（万元）
2021	7000	3	607	354	250
2022	11573	4	1381	419.08	485

当前，"收入保险+期货"试点涵盖了玉米、大豆、生猪、苹果等多个农产品品种，中国期货业协会（以下简称"中期协"）数据显示，截至 2022 年 9 月，"保险+期货"模式已为脱贫县（乡、村）

---

① 姚宜兵. 辽宁"保险+期货"首个玉米收入险完成理赔 [N/OL]. 安徽日报，2017-12-18. http：//www. dce. com. cn/dalianshangpin/xwzx93/mtkdss/6081310/index. html.

提供了保障，承保货值约 537.6 亿元，参与期货机构达百余家，保障的脱贫县（乡、村）扩大到了 500 多个，呈遍地开花之势。"收入保险 + 期货"模式为农户风险管理提供了优质服务，是发展乡村振兴战略、巩固脱贫攻坚成果的有力推手。

5.2 "保险 + 期货 + 银行"模式

5.2.1 模式简介

尽管农户能够通过购买农业保险保障大部分的风险，然而，当前我国的农业保险市场化运作水平还有较大提升空间，不利于规模化发展，当政府补贴力度较小时农户难以承担高额的保费。另外，农业生产前期投入较多，对农户而言普遍缺少抵押物，农户取得信贷难是当前普遍存在的问题，这也在一定程度上阻碍了"保险 + 期货"模式的推广。因此，将商业银行这一主体引入"保险 + 期货"模式，形成了"保险 + 期货 + 银行"模式，其参与主体主要包含农业生产经营者、商业银行、保险公司和期货公司。商业银行的加入能够为农户提供信贷及其他金融服务，对解决农户、农业企业资金短缺、融资难等问题有重要意义。"保险 + 期货 + 银行"通过打通银证保三方金融机构之间的壁垒，将保险的资产避险功能、期货的风险对冲功能、银行的资金支持功能三者相结合，通过金融组合拳管理和分散农业生产过程中农户承担的价格风险，变"输血式"扶贫为"造血式"扶贫，从而成为打破"谷贱伤农"魔咒的一剂良药。①

---

① 曹婷婷，葛永波. 中国金融扶贫的创新举措——以苹果"保险 + 期货 + 银行"为例 [J]. 金融理论与实践，2018（12）：90 – 96.

5.2.2　形成背景

上文已经提到，中央文件大力推动了"保险 + 期货"模式的发展，该模式充分地发挥了农产品收入保险保障农民收入的作用，期货公司和期货市场的引入也成功地实现了风险的分散和转移。然而，资金向来是横在农户和关联企业面前的一块大石头，对农业收储企业而言，缺乏足够的资金不仅会影响其对现货的吞储能力，也会影响议价能力和定价权。随着现代农业的发展以及农户的金融服务需求日益增长，传统的"保险 + 期货"模式仅满足了农户的避险需求，尚未涉及贷款、储蓄融资等农户开展生产活动中无法避开的环节。

针对上述问题，传统的解决措施是由财政补贴，然而输血式的扶持并不可持续，金融机构也难以从中获取足够的经营利润，保险公司承保积极性低等问题同样突出。2016 年，国务院印发的《推进普惠金融发展规划》首次将普惠金融纳入国家战略，提出以可负担的成本为有金融服务需求的社会各阶层和群体提供适当有效的金融服务，惠及农民，为农民的金融服务需求提供了政策支持。2021 年发布的《关于金融支持新型农业经营主体发展的意见》明确了完善金融服务体系、扩宽融资渠道、提高农业保险服务能力等要求，助推了"保险 + 期货 + 银行"模式的发展。

2018 年，我国首个苹果"保险 + 期货 + 银行"项目在延长县开展，发挥了商业银行的资金支持作用，解决了农户和农业企业的融资问题。自此，"保险 + 期货"模式的金融主体扩展到 3 个，进一步发挥了金融服务"三农"工作和乡村振兴战略的作用。"保险 + 期货 + 银行"模式的出现为农户提供了投入端和收入端的强有力保障，同时提高了农户参与农业保险的积极性。

5.2.3 运行机制

在实践中，"保险+期货+银行"模式的三方金融机构分别从投入端和收入端发挥作用，商业银行在投入端为农户和企业提供资金支持，保险和期货公司为农户提供收入保障。商业银行通过直接向农户或企业提供无抵押贷款、为各方主体提供交易平台等多种方式发挥作用。参保农户和企业可将保险合约作为背书，提高贷款的成功率。

如图5-2所示，商业银行一方面为农户提供涉农信贷服务和融资服务，如扶农小额贷款融资支持，解决了农户在生产经营过程中资金困难的问题，帮助农户在市场发生变化时及时调整生产计划；另一方面是面向农业企业或者种植合作社提供融资支持，如标准仓单质押融资、小微企业普惠贷款、信用保证保险等。[①] 保险公司首先通过与各方主体协商，完成农产品收入保险合约设计，并通过银保监会立案审批；其次与农业经营主体签订保单，将收入的保费用于购买期货公司的场外看跌期权，用以分散价格风险；最后依照约定进行赔付。

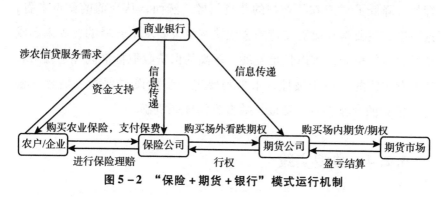

图5-2 "保险+期货+银行"模式运行机制

① 卢锐. 延安市苹果产业"保险+期货+银行"金融惠农模式案例研究 [D]. 哈尔滨：哈尔滨商业大学，2022.

以农户、涉农企业和农村信用社为代表的农业经营主体为了保障收入，从商业银行获取资金支持，向保险公司购入农产品收入保险。期货公司对"保险＋期货＋银行"模式的试点方案进行整体设计和产品推广，为保险公司提供相应的场外期权合约。此外，商业银行通过为对应的农产品收入保险设立融资产品，发行与之挂钩的理财产品等为农户及相关农业企业提供资金及金融服务。保险公司将收取的保费用于购买场外看跌期权，当农户收入低于约定价格发生理赔时，保险公司可利用期权行权来对冲亏损风险。赔付依据约定进行，农户购入农产品收入保险相当于锁定了收入，当保险期内农业经营主体的收入低于保单约定金额时，参保主体可要求保险公司赔付；实际收入高于目标收入时，保险公司不需要对农业经营主体进行赔付。

商业银行的加入为"保险＋期货"模式带来了积极作用，一方面，提高了信贷投放的积极性，政府、保险企业和期货企业的共同参与，提高了农户和农业企业的信度，降低了银行的不良贷款率，普惠金融和风险补偿金等多项举措激发了银行的参与积极性；另一方面，银行能够搭建起完善的信息平台，从需求导向出发，为缺少抵押物的农户和农业企业提供创新型的融资担保方式，以农产品或保单作为抵押物，降低了"三农"客户的获贷门槛。然而，从当前的试点来看，这一模式主要是在政府支持的金融扶贫政策要求下开展的，尚未形成市场化运作机制，难以长足发展，较高的保费收取标准同样会打击农业经营主体的参与积极性，未来需要进一步建设"保险＋期货＋银行"模式的合作平台，形成长效普惠的体制机制。

5.2.4　典型实践

黑龙江是我国十三个粮食主产区之一，也是玉米主产区。受玉米临储政策和出口下降等因素影响，2015 年黑龙江玉米价格持续走低，在随后的一段时间内，我国的玉米市场也处于低迷状态，严重影响了玉米主产区农户的收入。2018 年，由大商所支持的玉米收入保险项目落地嫩江县，参与主体包括中粮期货、人保财险、中粮集团旗下的龙江银行等，该项目（见表 5-3）在以往的"保险＋期货"模式中加入了商业银行，发挥了多方金融机构共同参与的优势，旨在满足玉米种植户的收入保障需求和生产经营资金需求。玉米种植户从人保财险处购买保险，将保单作为抵押物从龙江银行获得贷款，共获 300 万余元贷款[①]。

表 5-3　　　　中粮期货黑龙江嫩江玉米收入险项目试点情况

保险标的	保险期间	覆盖面积	玉米现货数量	目标价格	目标产量	目标收入	保障水平
大商所玉米期货合约 C1901	2018 年 6 月 15 日 至 2018 年 10 月 31 日	5 万亩	2.5 万吨	1820 元/吨	0.5 吨/亩	910 元/亩	95%

资料来源：根据公开信息整理。

嫩江县"保险＋期货＋银行"试点是中粮期货推出的首个收入保险项目，也是引入银行支农贷款的积极尝试。该方案惠及了嫩江县前进镇、科洛镇、白云乡等五个乡镇。

在该项目中，一米信息服务（北京）有限公司（以下简称"一米信息"）提供了资金支持，进一步地降低了玉米种植户的参保成本，最终仅需支付 30% 的保费。实际运行中这一模式切实地发挥了保障农户收入的作用，2018 年 7 月，嫩江县遭遇罕见特大暴雨，导致玉米产量大幅下降。2019 年 2 月，该项目的理赔仪式顺利举行，

---

① 王姣. 保险＋期货＋银行"模式：搭建农民收入保障体系［N/OL］. 中国证券报，2018 - 07 - 03. http：//www. dce. com. cn/dalianshangpin/xwzx93/jysxw/6110789/index. html.

参保农户顺利获得 300 多万元的赔偿。[①] "保险＋期货＋银行"的出现帮助玉米种植户规避了自然灾害引起的减产损失，有效地破解了农户在生产经营中面临的收入风险和资金短缺等难题，是支农惠农的有效举措。

5.3 "保险＋期货＋互联网" 模式

5.3.1 模式简介

"保险＋期货＋互联网"模式最早出现于 2016 年，是整合了保险、期货和互联网多方资源形成的保障农户收入的一种新模式。这一模式融合了互联网平台和传统的保险和期货等金融企业，让"保险＋期货"从线下转到线上，通过互联网平台能够实现在线投保、索赔等流程，极大地提高了信息在各方主体间的传递效率，简化了交易流程，降低了农户参与农产品收入保险的门槛。互联网的引入提高了"保险＋期货"这一模式的风险抵御能力，同时提高了这一模式的运行效率。

5.3.2 形成背景

随着我国科技的迅猛发展和农村互联网基础设施的普及，越来越多的现代技术在农业生产经营等领域得到了应用，例如，在保险核算、定损、理赔时引入全球定位系统（GPS）、地理信息系统

---

① 许大鹏. 金融支持农产品的保险＋期货＋银行模式研究 [D]. 广州：广州大学，2022.

（GIS）、卫星遥感（RS）等技术。"互联网+"和大数据的支撑有效地保障了保险理赔核定的客观、公正，与传统的农产品收入保险定损方式相比效率有了较大的提升。

"保险+期货+互联网"模式的出现一方面离不开政策的大力支持，另一方面得益于互联网的迅速发展。中国互联网信息中心发布的第 50 次《中国互联网网络发展状况统计报告》显示，截至 2022 年 6 月，我国网民规模为 10.51 亿人，互联网普及率达 74.4%，较 2021 年 12 月新增网民 1919 万人，互联网普及率较 2021 年 12 月提升 1.4 个百分点（见图 5-3）。随着移动互联网的普及，现有建制村已实现"村村通宽带"。我国农村互联网的网民规模也在不断增加，2022 年上半年，我国农村网民规模达 2.93 亿人，农村地区互联网普及率为58.8%，较 2021 年 12 月提升 1.2 个百分点。[①]

图 5-3　近十年中国网民规模和农村网民规模对比

资料来源：中国互联网络信息中心，http://www.cnnic.net.cn/.

① 中国互联网络信息中心. CNNIC 发布第 50 次《中国互联网络发展状况统计报告》［EB/OL］. 2022-08-31. http://www.cnnic.net.cn/n4/2022/0916/c38-10594.html.

在鼓励农业保险创新、保持市场活力的良好契机下，"互联网＋"
模式在扩宽农产品收入保险渠道、提升"保险＋期货"模式服务质
量和运行效率等方面具有独到的优势，据此提出了"保险＋期货＋
互联网"模式。

5.3.3 运行机制

如图 5-4 所示，"保险＋期货＋互联网"模式的运行机制是：
首先，农户、农业企业等参保主体通过互联网平台咨询相关保险产品
信息、发布投保需求等；其次，互联网平台依据需求匹配对应的保险
产品、提供报价及合适的保险公司，促成签约；再次，保险公司和期
货公司根据实时投保、承保、理赔等数据进行风险监控，并实现风险
对冲；最后，一旦触发理赔标准，参保主体便可通过互联网平台获得
赔付。

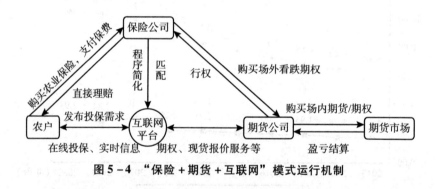

图 5-4 "保险＋期货＋互联网"模式运行机制

互联网平台在该模式中发挥了桥梁作用，为多方主体提供服务。
一是对于参保主体，可通过平台实现一键投保，免去烦琐的投保过
程，也可通过平台获取更多金融资讯服务，提高风险管理能力；二是
对于保险公司，互联网平台能够降低其经营成本及承保风险；三是对
于期货公司，平台提供了期货期权报价、投保承保等海量数据，能够

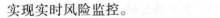

实现实时风险监控。

"保险＋期货＋互联网"模式不仅拥有"保险＋期货"模式转移农户价格风险、保障农业经营主体收入的优势，还进一步地推动了农产品收入保险市场化，降低了农户的参保门槛，免去了一系列保险核保和理赔等繁琐的程序，提高了投保到理赔过程的公开透明程度，极大地提高了传统"保险＋期货"模式的运行效率。但是这一模式也存在一定的限制：其一，参保主体适用范围有限，当投保量小或是较为分散时，承保成本会大幅提升，导致平台出现无法接单的情况，适用于农村合作社这类体量较大的主体。其二，参与的互联网平台有限，该模式要求提供互联网平台的企业具备专业的农保运营能力和大量的保险公司、期货公司的资源，当前少有企业能够满足要求。其三，农户投保普遍有所顾虑，由于农户对互联网平台的了解有限，本身的保险知识也有限，平台所能提供的信息也无法解决所有问题，难以从根源解决信息不对称的问题，这会进一步加大农户投保的顾虑，不利于这一模式的推广。

5.3.4　典型实践

在 2016 年《中共中央、国务院关于落实发展新理念加快农业现代化实现全面小康目标的若干意见》的政策推动下，2016 年 10 月 14 日，九州证券（九州期货股东）、人保财险北京分公司和一米信息服务公司"保险＋期货"创新项目正式签约，我国首个"保险＋期货＋互联网"创新模式正式落地试点（见表 5－4）。"保险＋期货＋互联网"这一创新模式分别通过大连商品交易所"保险＋期货"玉米试点项目和郑州商品交易所"保险＋期货"试点项目审批。① 在首个

---

① 大连商品交易所. 国内首个"保险加期货加互联网"模式落地 ［N/OL］. 期货日报，2016－10－17. http：//www. dce. com. cn/dalianshangpin/cdpd/cjzx/6006177/index. html.

"保险 + 期货 + 互联网"模式试点中,主要的突破表现在理赔方面①。
"保险 + 期货 + 互联网"模式相较于传统的农产品收入保险模式有平
台优势,一是弥补了保险公司、期货公司和农业经营主体之间信息不
对称的缺点,为各方主体提供了及时准确、公开透明的价格信息;二
是在理赔方面简化了农户的操作,降低了农户参与模式的门槛,免去
了大量的程序,提高了理赔效率。

表 5 – 4   首个"保险 + 期货 + 互联网"模式试点项目概况

参与主体	人保财险 + 九州证券 + 一米信息
保障品种	玉米、大豆、棉花
保费来源	政府期货公司:70% ~ 80%;农户:10% 交易所和保险公司:10%;互联网平台:10%
保障范围	价格风险 + 部分产量风险
理赔方式	自动理赔

资料来源:根据公开信息整理得到。

2016 年的保险试点中,一米信息联合人保财险推出了玉米价格
保险,人保财险负责承保并向九州证券购入对应的看跌期权转移风
险,九州证券则通过期货市场将风险分散到投资者中。相较于传统的
"保险 + 期货"模式,该项目引入了一米信息平台,结合了互联网平
台跟金融行业的优势,在提高了技术保障和服务质量的同时降低了保
险公司和期货公司的经营成本,形成了保险、期货和互联网协同发展
的格局。然而,价格保险仅能覆盖农户的部分风险,随着收入保险试
点逐渐扩大,2017 年和 2018 年,一米信息相继推出了收入保险和玉
米"收入保险 + 信贷",其发展趋势由保价格转为保收入,并进一步
整合了金融行业资源,解决了农户的经营资金短缺的问题。

———————

① 王军,张文蕾. 基于互联网平台的"保险 + 期货 + 互联网"农产品价格保险模式
探讨 [J]. 齐齐哈尔大学学报(哲学社会科学版),2019 (7):77 – 81.

5.4　"保险 + 期货 + 基差收购" 模式

5.4.1　模式简介

"保险 + 期货 + 基差收购" 模式是基于 "保险 + 期货" 模式的扩展和延伸，广义上的 "保险 + 期货 + 基差收购" 模式结合的是价格险、产量险和收入险等险种，狭义上的 "保险 + 期货 + 基差收购" 模式指的是某一农业保险与期货及基差收购的结合。本书所提到的模式指的是 "收入保险 + 期货 + 基差收购" 模式，这一模式结合了收入保险和基差贸易两个环节，最大的优势在于转移了 "保险 +" 模式交易过程中的基差风险。"保险 + 期货 + 基差收购" 模式与上文所说的 "保险 + 期货" 模式相似，在基差收购环节涉及基差合同和点价交易两个概念。

5.4.1.1　基差合同

基差是指某一特定商品在某一特定时间和地点的现货价格与该商品在期货市场的期货价格之差，即基差 = 现货价格 – 期货价格。基差合同是指企业在与客户签订农产品交易合同时，不以农产品的现货价格为准，而是按照基差价格加上期货市场的结算价作为定价标准。例如，豆粕出厂价格当日的市场价为 3100 元/吨，但豆厂并不以当日豆粕的市场价出售，而是以大豆主力合约的价格加上基差价格则为本日的交易价。假设当日豆粕期货主力合约的收盘价为 2900 元/吨，则基差价格为 200 元/吨。但豆粕期货价格处于不断波动的状态，签订豆粕基差合同的客户则需要事先购买基差价格 200 元/吨，再依据主力合约的行情进行判断，决定在哪一点位点价。例如，在大豆主力期货合约为 3200 元时点价，那么该基差合同中约定的实际豆粕售价为

$3200 + 200 = 3400$ 元/吨。

在实际中,签订基差合同主要包含以下几个步骤:一是卖家和买家报价和询价,确定当时的基差价格;二是买方和卖方签订基差采购合同;三是买家缴纳保证金;四是买家点价,可分为先点价后提货和先提货后点价两种,前者要求结清货款后提货,后者则是提货后需要结清贷款。

5.4.1.2 点价交易

点价是大宗商品贸易市场交易时将产品定价分为底价和价差(又称升贴水)两部分的一种定价方式。买卖双方需要事先议定升贴水,确认点好的价格和数量后,即可按照一般贸易条款签订原材料购销合同。[①] 底价由一方根据行情点选、以当时瞬间期货价格作为底价。点价交易的特点主要为:一是能够提高实体企业在贸易交易的效率、弹性,降低交易与谈判成本,稳定并提高企业获利与风险管理能力;二是提高价格透明度来避免恶性竞争,提供公平价格及高效率贸易环境。在"保险+期货+基差收购"模式中,基差收购合同的底价即该农产品期货价格与现货价格的差。

综合来看,"保险+期货+基差收购"模式是指以收入保险为桥梁,沟通起农产品期货市场和农业经营主体,以期货价格和基差之和作为定价进行收购,能够推动令各方主体受益、促进农业增效、农民增收的新型农产品收入保险模式的形成。该模式主要涉及以下主体:政府、农产品种植户、保险公司、期货公司、农产品收购加工企业等。

5.4.2 形成背景

国家实行农产品临储政策对农产品进行托底收购是我国保障农产

---

① 李孟有. 点价已成为实体企业稳定健康发展的助推器 [Z/OL]. https://www. shfe. com. cn/content/zwbs – 2017/3 – 4. pdf.

品价格的传统模式。然而，当农产品价格暴跌而收储价格上涨时，国内库存会严重堆积，导致农产品供过于求。这一模式随着收储压力和库存压力的逐年增大暴露出了不少短板。实践证明，农业风险保障单纯依靠政府、脱离市场不可行。因此，从 2014 年起，国家取消了临储政策，农产品价格逐渐由市场供求决定。自然灾害、粮价波动、储粮难、卖粮难，成为摆在广大农民面前的难题。① 2017 年发布的《中共中央、国务院关于深入推进农业供给侧结构性改革加快培育农业农村发展新动能的若干意见》提出要增加农产品期货品种，弥补期货体系的空白，扩大"保险＋期货"模式的触达范围。② 这一政策的提出，使得进一步延长"保险＋期货"模式的链条有了支撑，三大主要期货交易所联合农产品主产地陆续推出试点项目，进一步发挥了金融机构分担农业风险的作用。

尽管"保险＋期货"模式融合了保险业和期货市场，在农业风险管理中发挥了分散风险、保障收益、提振市场等作用。但在实际运行中，参保农户往往是以市场价格出售农产品，而保单是以期货市场的交易价格作为约定，期现货市场波动不同步导致的基差风险会使农户的部分损失无法得到保障，进一步降低了农户的参保意愿，陷入恶性循环。基于这样的政策背景和现实背景，大商所联合申万期货探索性地提出了"保险＋期货＋基差收购"模式试点，解决了参与"保险＋期货"的农户因基差风险无法完全保障收入的难题。

5.4.3　运行机制

从试点项目来看，"保险＋期货＋基差收购"模式是"保险＋期货"模式的升级与发展。相较于传统的"保险＋期货"模式，

---

① http：//www. moa. gov. cn/xw/qg/201903/t20190318_6176783. htm.
② http：//www. crnews. net/zt/jj2022nzyyhwj/lnyhwj/944845_20220221014627. html.

参与主体增加了农产品收购加工企业，以基差贸易的形式，为农产品收购加工企业规避价格波动的风险，其运作机制由两部分组成，如图5－5所示。①

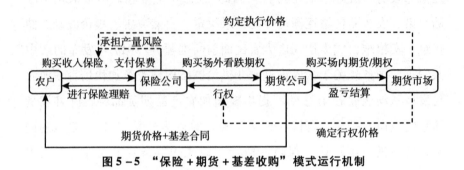

图5－5　"保险＋期货＋基差收购"模式运行机制

第一，在"收入保险＋期货"部分，期货公司和保险公司根据大商所发布的农产品期货价格数据和当地从农产品种植的实际情况设计农产品收入保险，农户根据需求选择是否投保，将农产品的产量和价格风险转移到保险公司。类似地，保险公司向期货公司买入看跌期权，并借助场外期权交易，从而实现风险的转移和分散，以此降低自身承担的风险；期货公司则根据大商所提供的交易数据复制看跌期权，将风险分散到期货市场中。

第二，在基差收购部分，首先，期货公司会根据现实情况与当地政府确定基差价格，作为基差合同的底价。其次，期货公司与农户根据基差价格签订基差采购合同，在双方约定的时间内可以点价，以此作为升贴水，最终以点价月份的农产品期货价格作为定价出售农产品。再次，期货公司在农产品合约所在的期货商品交易所买入对应数量的农产品期货进行套期保值，用以降低农产品价格波动带来的不确定性的影响。最后，农户在约定的时间内将农产品出售给期货公司，

---

① 蔡佳莹. 桦川县玉米"保险＋期货＋基差收购"金融扶贫案例研究［D］. 哈尔滨：哈尔滨商业大学，2021.

期货公司在收购农产品的同时卖出期货合约平仓。

　　"保险 + 期货 + 基差收购"模式与"保险 + 期货"模式同样具有规避自然灾害和市场风险的优势，在保障了农户收入的同时，这一模式为农户提供了更多的选择，并针对其他"保险 +"模式存在的农户因基差风险参保意愿不强的问题，为农户的收入提供了更为全面的保障，能够有效降低因基差波动带来的损失，提高农户的参保意愿，激发保险市场和期货市场的活力。

5.4.4　典型实践

　　自 2016 年开展"保险 + 期货"试点项目以来，"保险 + 期货"的试点项目和规模增速显著，项目规模由 2018 年的 120.15 亿元增长到 2020 年的 209.87 亿元，项目数量由 2018 年的 291 个增加到 2022 年的 1907 个。① 截至 2021 年底，郑商所累计支持开展"保险 + 期货"试点项目惠及 25 万农户。② 2018 年，大商所与桦川县政府通力合作，探索性地推出了"保险 + 期货 + 基差收购"模式的项目试点。此次试点的主要参与主体为桦川县政府、中国人民财产保险股份有限公司（简称人保财险）、鲁证期货股份有限公司（简称鲁证期货）、桦川县玉米种植户，各个参与主体承担了不同的分工。

　　本次"保险 + 期货 + 基差收购"试点项目引入了农产品收购企业，由大商所支持，人保财险设计玉米保险，确定了目标产量、目标价格和目标收入（见表 5 - 5），保险覆盖玉米种植面积共计 41.09 万亩，投保总量为 24 万吨，保费共计 1517.81 万元。基差收购环节的引入为参保农户提供了更多选择空间，不仅保障了农户的收入风险，还保障了玉米种植户的销售渠道。本次试点得到了政府和多方主体的

---

① http：//www. dce. com. cn/dalianshangpin/xwzx93/mtkdss/8519989/index. html.

② https：//baijiahao. baidu. com/s？id = 1730990211332341985&wfr = spider&for = pc.

大力支持，在政府和期货公司的支持下，农户的自缴保费仅为 5%，即 75.89 万元，平均每亩参保玉米农户所需支付的保费低于 2 元，提高了农户的参保积极性[①]。

表 5-5　　桦川县玉米"保险＋期货＋基差收购"项目试点情况

保险标的	保险期间	覆盖面积	目标价格	目标产量	目标收入	保费
大商所玉米期货合约 C1901	2018 年 7 月 15 日至 2018 年 12 月 15 日	41.09 万亩	1878 元/吨	0.58 吨/亩	910 元/亩	1571.81 万元

资料来源：根据公开信息整理得到。

　　桦川县政府为该项目的成果落地提供了诸多支持，包括政策支持、经济支持和数据支持等。其一，桦川县政府提出了一系列的支持和保障政策，促进了"保险＋期货＋基差收购"的试点开展；其二，此次项目中，农产品种植户 10% 的保险费用是由桦川县政府提供的；其三，桦川县政府调动各相关机构统筹了玉米种植户的具体情况及当地玉米种植情况等数据，为保单的设计、新模式的普及和项目的推广提供了支撑。[②]

5.5　"保险＋期货＋订单"模式

5.5.1　模式简介

　　"保险＋期货＋订单"模式是"保险＋期货"模式的延伸和发

---

①　http://www.dce.com.cn/dalianshangpin/xwzx93/jysxw/6132337/index.html.
②　蔡佳莹. 桦川县玉米"保险＋期货＋基差收购"金融扶贫案例研究［D］. 哈尔滨：哈尔滨商业大学，2021.

展，订单农业的引入从销售端为农户提供了更为全面的保障。农户或农村合作社同时与保险公司和龙头企业签订合同，一方面能够保障收入，另一方面能够破解农产品销路难的问题。该模式的一部分与前文所述的"收入保险＋期货"模式相同，另一部分则涉及订单农业的概念。

订单农业，又称契约农业，是通过缔结产销合同来组织农户的生产和涉农组织（收购企业、中介或运销户等）的收购。订单农业的本质是农业生产和农产品销售远期合约，是农业经营过程中产生的新型合作方式。一方面，农户或农村合作社与龙头企业签订销售合同可提前锁定销售渠道，减少农产品销售难产生的顾虑；另一方面，龙头企业和收购企业通过签订收购合同可稳定产品供应，是获取高质量农产品的有效途径。

5.5.2　形成背景

"保险＋期货"模式的推广为广大农户提供了收入风险管理工具，有效地抵御了产量风险和市场风险，然而农户仍普遍面临着销售难、销售渠道有限等问题。为此，2017 年 10 月 13 日，农业部、国家发改委等六部门联合印发了《关于促进农业产业化联合体发展的指导意见》，提出要鼓励探索"保险＋期货＋订单"模式。[①] 在此背景下，探索订单农业与期货、保险融合发展的路径成为了理论和实践同样重要的课题，"保险＋期货＋订单"价格风险管理模式应运而生。2018 年《中共中央　国务院关于实施乡村振兴战略的意见》明确指出要稳步扩大"保险＋期货"试点，探索"订单农业＋保险＋

---

① http：//www. njhs. moa. gov. cn/tzggjzcjd/201801/t20180125_6314802. htm.

期货"试点。[①]

2021 年，民建中央向 2021 全国两会提交《关于完善农业"订单 + 保险 + 期货"模式的提案》，从完善管理机制、法律法规、开发多级保险体系，加强建设期货市场等方面提出要进一步推动"保险 + 期货 + 订单"模式试点。[②]

开展"保险 + 期货 + 订单"模式试点是化解农产品购销两难、保障农户收入的现实需求，在多项政策推动之下，三大商品交易所陆续开展了该模式下多个品种的试点。目前，"保险 + 期货 + 订单"试点项目涵盖玉米、大豆、苹果和天然橡胶等多个品种，这一风险管理模式的诞生为各方参与者带来了诸多利益。该模式为农户提供了双保险，在保障了种植收入的同时也保障了产品销路，从传统的"以产定销"转换为"以销定产"，极大增强了农户的种植积极性，也为打破农业产业化的利益壁垒提供了新思路。

5.5.3 运行机制

通过分析可见，"保险 + 期货 + 订单"模式包含两部分的内容[③]（见图 5 - 6）。一部分是传统的"保险 + 期货"，另一部分是订单农业，商品交易所在其中起到引导和资金支持的作用。在"保险 + 期货"部分，首先，农户或农村合作社通过购买农产品收入保险规避价格风险，保障收入；其次，保险公司设计农产品收入保险并通过审批，承保后通过购买产外期权将价格风险以再保险的形式转移至期货公司；再次，期货公司通过购买相关的金融衍生品实现风险对冲；最

---

① 孙字典，夏振洲. 订单农业、保险和期货市场融合发展研究［J］. 金融理论与实践，2018（7）：68 - 72.
② http：//cpc. people. com. cn/BIG5/n1/2021/0301/c436821 - 32039408. html.
③ 谢啟阳. "保险 + 期货"模式下鸡蛋价格保险定价研究［D］. 南昌：东华理工大学，2022.

后，进入理赔阶段，农户获得保险公司的赔付，保险公司在支付保费的同时可通过行权获利，期货公司获得保险公司支付的权利金和对冲收入。在订单农业部分，农户或农村合作社与农产品收购企业签订基差销售合同，依据合同约定进行生产，享有自主确定出售时机和价格的权力。

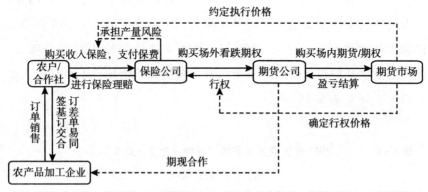

图 5 - 6　"保险 + 期货 + 订单"模式运行机制

"保险 + 期货 + 订单"模式相比"保险 + 期货"模式增加了龙头企业的参与，这一主体的加入不仅为农户和农村合作社提供了资金和技术，还帮助其规避了基差风险。在"保险 + 期货"模式中引入订单农业的优势在于能够减弱农业生产和销售中信息不对称的影响。一方面，解决了农产品市场供需不匹配的问题；另一方面，为农业加工企业提供保质保量的农产品，极大地降低了交易成本。在订单农业的基础上"保险 + 期货"引入更能为农业经营主体提供具有保障的保单，农业经营主体同样能将签订的订单和保单作为质押品向商业银行申请贷款，从而形成良性循环。

5.5.4　典型实践

从 2017 年以来，中国五矿已经在 8 个国家级贫困县和 1 个省级贫困县，在天然橡胶、棉花、玉米、甘蔗、苹果等5个品种上，试点并推出了"价格保险""收入保险"和"保险＋期货＋订单"等扶贫项目23个。其中已结项17个，覆盖45万余亩次种植面积、3万余户次农户（其中，建档立卡户21785户次），实现赔付2117.1万元，帮助蔗农和果农分别实现销售收入3100余万元和196.8万元。[①]

2017年是"保险＋期货＋订单"模式试点的首个年份，同年，在大商所的支持下，期货公司、保险公司联合农产品加工企业在黑龙江和吉林两地开展了2个"保险＋期货＋订单"模式的试点项目，保障的作物品种包含大豆和玉米，其中包括价格险项目1个，收入险项目1个（见表5-6）[②]。

表5-6　　　　2017年大商所开展的"保险＋期货＋订单"
模式试点项目概况

试点品种	玉米	大豆	合计
试点基本情况			
试点区域	黑龙江省	吉林省	—
试点数量（个）	1	1	2
现货量（万吨）	2.2	0.6	3.5
投保规模（万亩）	3.87	3.75	10.87
龙头企业	吉林云天化	九三粮油工业集团	
保险及赔付情况			
保费总额（万元）	177.77	255	432.77
平均保费（元/吨）	80.8	68	—
赔付总额（万元）	120.2	247.06	367.26
赔付水平（吨）	54.63	65.88	—

---

① https://baijiahao.baidu.com/s? id = 1680685875227706684&wfr = spider&for = pc.
② 王雨佳. "订单＋保险＋期货"价格风险管理模式研究 [D]. 大连：大连理工大学，2019.

续表

试点品种	玉米	大豆	合计
订单农业情况			
基准合约	C1801	A1801	—
基差（元/吨）	-200	-160	—
期货价格（元/吨）	1672	3800	—
现货价格（元/吨）	1540	3560~3600	—
实际售价（元/吨）	1540	3640	—

资料来源：根据已有研究整理。

"保险＋期货＋订单"模式的试点打破了传统农业经营以产定销的模式，充分发挥了订单农业统一供应、统一种植、统一销售的优势①，解决了农业经营主体销售渠道少、销路难等突出问题，实现了农户的增收。并且在传统的订单农业的基础上引入了保险公司和期货公司，有效帮助农业龙头企业转移市场风险，避免了因价格波动承担的巨大市场风险，从真正意义上实现了保障农户收入的双保险。

总的来说，"保险＋期货"及其衍生的新模式在保障农业生产经营主体收入方面发挥着重要作用。新模式的试点和推广有效地激发了农户参与农产品收入保险的积极性，通过引入保险、期货、商业银行、信贷等多方金融主体，有效地实现了风险的转移和分散。持续创新农产品收入保险模式，继续延长"保险＋"链条是发展新农业的主旋律，也是帮助农户保收增收，推动乡村振兴的有益探索。

---

① 安辉，何萱，齐晓东. 大商所"订单＋保险＋期货"模式的成本收益研究 ［J］. 管理案例研究与评论，2021，14（2）：217-230.

第6章 收入保险试点案例分析

国家为保障农户收入投入巨大，粮食储备的相关支出在 2014 年就已经达到了 1500 亿元以上。作为收入保障政策体系重要组成部分的粮食收储制度陷入了"收储造成国内价格堰塞湖——吸引大量廉价国外替代品进口——国产品种消费锐减——过剩更加严重——收储量继续加大"的怪圈，财政包袱沉重①。在这一背景下，国家在粮食主产区积极试点了种植业收入保险，探索了收入保险的新模式，使农户分享到了种粮利润。同时，根据农产品衍生品市场运行情况，部分省份试点了相关农产品"保险＋期货"风险分担模式。经过近几年的连续试点，积累了丰富的运营经验。因此，有必要及时分析总结试点案例，提炼出经验启示和对策建议。

---

① 于险峰，张仁军. 帮农民"锁"定玉米种植收益 [N]. 农民日报，2017－09－17.

6.1　水稻收入保险试点案例[①]

水稻是我国重要的粮食作物之一，全国有 2/3 的人口将稻米作为主食。随着农业产业化和现代化的不断推进，农民在享受高收益的同时，也承担了日益凸显的经营风险。现代农民不仅遭受自然灾害带来的产量下降损失，在市场交易中也面临价格波动带来的损失，传统的农业保险已无法满足当前水稻产业发展的需要。2016 年至今，中央文件多次提出创新农业保险制度，推动了水稻收入保险试点工作的开展。水稻收入保险作为一种新型农业保险，是一种以一定历史时期水稻亩均产量和约定价格为标准来确定目标收入水平，以种植者的实际种植收入低于约定目标收入为基础进行保险赔偿的农业保险赔偿制度（王鑫、夏英，2021）。水稻收入保险制度能够有效防范农业风险，对于保障广大农民的收入也有十分重要的现实意义。本案例旨在通过对江苏省常州市武进区水稻收入保险试点项目的分析，为其他地区实施水稻收入保险提供经验启示。

---

① 本案例素材主要来源于以下文献：

王鑫，夏英. 我国农业收入保险运行效果析论——基于"武进模式"与"桦川模式"的典型案例 [J]. 中州学刊，2021（9）：48–55.

王鑫，夏英. 美国和日本农业收入保险运行机制比较及借鉴 [J]. 西南金融，2021（8）：27–37.

林乐芬，陈燕，刘贺露. 水稻收入保险试验效果与复制推广的政策建议——基于江苏省常州市武进区国家农村改革试验区的调查 [J]. 保险理论与实践，2019（6）：13–34.

祖兆林. 由试验田走向大江南北——水稻目标收入保险"武进模式"纪实 [N/OL]. 中国银行保险报网，2020–12–09. http：//xw. cbimc. cn/2020–12/09/content_374120. htm.

林乐芬，刘贺霞. 促进农作物收入保险试点与推广 [J/OL]. 中国社会科学报，2020–04–15. http：//sscp. cssn. cn/xkpd/jjx_20146/202004/t20200415_5114106. html.

6.1.1 案例背景

6.1.1.1 水稻收入保险实施的背景

作为一个农业发展大国，我国土地辽阔，农产品的种类十分丰富，农业生产在经济发展中发挥着十分关键的作用。但我国农业生产面临着许多风险，受到了多种威胁。近十几年来，中国的经济环境发生了翻天覆地的变化，"三农"问题一直是社会主义现代化工作的重中之重。农业领域的转型升级面临着许多难题，如农业信息化水平、标准化水平不高，农业领域的金融风险防控能力不强等。随着我国新型农业经营主体迅速发展，农业生产过程中的经营风险更加突出，使得传统的农业保险难以发挥较大的作用。因此，未来如何探索一种全新的农业保险、创新农业金融工具、健全农业的风险控制体系，提高农民种植农产品的经济效应和积极性，是一个艰巨且十分重要的任务。

武进区位于江苏省的南部，占地面积 1246.64 平方公里，被称为江苏省的"鱼米之乡"。武进区的主要农作物是水稻和小麦，历来都有"扬州麦子武进稻"的美名，这既离不开其得天独厚的地理位置，也离不开当地先进的水稻培育技术。武进区位于长三角地区，自然条件十分优异，气候适宜，土壤肥沃，非常有利于水稻的生长。同时，武进常规水稻的育种水平在全国都处于领先地位，培育出的新品种在品质优异的同时产量也极高，例如，"武香粳 113""武科粳 7375"，以及"武育粳 528"等。

那么，如何对农业保险进行创新呢？此前，中央文件把创新农业保险放在发展工作的关键位置，支持各地探索农产品收入保险制度，为农业生产提供更为安全的双重保险。为了积极响应国家政策号召，切实解决农业发展中遇到的难题，学术界和农业部门纷纷开始评估和分析收入保险的运行效果。随后，在 2014 年 12 月，为了进一步贯彻落实中央文件精神，积极响应农业部改革试验的政策要求，持续提高乡村振兴金融服务水平，江苏省常州市武进区正式获批全国第二批农村改革试验区，开始试验水稻收入保险改革项目。

6.1.1.2　江苏省常州市武进区水稻收入保险试点概况

2014 年 12 月，君辰农业服务专业合作社在江苏省常州市武进区前黄镇成功举行了水稻收入保险签约仪式。中国人民保险股份有限公司武进区分行、武进区推进委员会办公室都与前黄镇、礼嘉镇、雪堰镇的君辰、建东、何墅、旺庄四家合作社签订了水稻收入保险三方协议。全省首批水稻收入保险试点田达到 1600 多亩。2015 年武进区模拟运行了水稻收入保险。

2016 年正式开始运行水稻收入保险，考虑到收入保险的运行风险以及有限的财政能力，因此当时的规模较小。保险机构在综合评估了试验区内稻农的经营能力之后，最后一共选取了 4 个合作社加入试点项目。如表 6 - 1 所示，此次承保水稻种植面积合计 1690 亩，签单保费一共 182520 元。运行过程中，以省最近五年水稻的平均年产量以及物价局价格检测中心发布的最低水稻收购价为参照，最终将 2016 年水稻目标收入定为每亩 1800 元，保险费率定为 6%，相当于每亩需缴纳保费 108 元。在保险费用方面，武进区财政需要承担保费的 80%，即每亩 86.4 元；农户自身承担 20%，即每亩 21.6 元。在保险期间（11～12 月），如果出现由于产量或者收购价下降而导致水稻销售收入金额低于保险约定的金额的情况，那么保险公司需要依据保险合同来进行赔偿。

表 6 – 1　　　2016～2017 年常州武进水稻收入保险试验区参保情况

试点年份	参保面积（亩）	参保数量（户）	签单保费（元）	保险金额（元）
2016	1690	4	182520.00	3042000.00
2017	3691.211	11	398649.60	6008077.65

资料来源：林乐芬，陈燕，刘贺露．水稻收入保险试验效果与复制推广的政策建议——基于江苏省常州市武进区国家农村改革试验区的调查［J］．保险理论与实践，2019（6）：13 – 34.

2017 年，武进区开展了试点改革，综合考虑了专家的意见之后，决定扩大参保品种的范围。研究决定今后试点区域内的参保品种从最初的武粳系列拓展到适宜本地生产的多个品种。与此同时，参保合作社的数量也有所增加，由过去的 4 户增加到 11 户。最终，2017 年全年保险公司一共承保了 3691.2 亩水稻，签单保费合计 398649.6 元。按照保险合同的规定，保险金额合计 6008077.65 元。

6.1.2　武进区水稻收入保险实施方案

水稻收入保险最终实施的效果与其制定的实施方案有很大关系。因此，要制定一个合理的收入保险实施方案，从选择参保主体，划分保险责任，到制定合理的保险费率等每一个步骤都至关重要。2016 年武进区与人保财险公司合作，采取"联办共保"的新模式进行地区试点。政府以及保险企业共同承担配合，形成了良好的合作关系。具体来说，政府通常是社会活动的推动者以及发挥着信用担保和保费补贴的作用，而保险公司则在保险金额、费率、险后责任的确定以及投保理赔服务方面发挥着关键作用。

武进区水稻收入保险采取浮动费率机制，将保险费率确定为 6%，同时规定保险水稻在上一年保险责任期间内未发生赔付，费率调整系数为 0.9，充分提高了农户投保的积极性。此外，为进一步宣

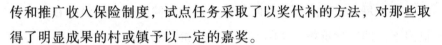

传和推广收入保险制度，试点任务采取了以奖代补的方法，对那些取得了明显成果的村或镇予以一定的嘉奖。

6.1.2.1　参保主体

在运行初期，武进区参保主体仅由新型农业经营主体组成。然而，在之后的几年里，参保户的数量逐渐增加，覆盖面逐渐扩大，促使了与之相关的保险政策的变化，具体变化如表 6-2 所示。

表 6-2　　　　2017～2019 年武进区水稻收入保险政策变化表

项目	2017 年	2018 年	2019 年
保险金额	1800 元/亩	1600 元/亩	1600 元/亩
保险品种	本地育成的审定品种	武粳、南粳系列等适宜本地种植的审定品种	武粳、南粳系列等适宜本地种植的审定品种
保险费率	6%	6%	6%×0.9
投保对象	11 个新型农业经营主体	50 亩以上规模种植水稻的新型农业经营主体（共 21 户）	30 亩以上规模种植水稻的农业经营主体（共 59 户）
农户自缴	21.6 元/亩	19.2 元/亩	17.28 元/亩

资料来源：王鑫，夏英．我国农业收入保险运行效果析论——基于"武进模式"与"桦川模式"的典型案例 [J]．中州学刊，2021（9）：48-55.

自 2020 年以来，武进区政府秉持着自愿投保的原则，在全区范围内大力推广水稻收入保险。2020 年 5 月，江苏省财政厅与省银行和保险监督管理局等相关机构部门联合发布了《关于开展水稻收入保险试点工作的通知》，将试点范围扩大到江苏省内年产量 5 亿公斤以上的产粮大县、区或市，无论是大农户、小农户，还是农业生产经营组织者都被纳入试点范围。

6.1.2.2　定损理赔机制

武进区的水稻收入保险赔偿机制简单易懂且方便落实，即在投保期间，投保人的实际收入低于目标收入，就可以将这种情况认定为保险事故，那么保险人就必须根据合同的相关条款来赔偿被保险人。保

险金额 = 每亩保险金额 × 保险数量。这种保险赔付机制当中有四个关键因素，即实际价格、实际产量、约定价格和约定产量。其中，实际价格根据省价格监测中心发布的水稻价格计算；实际产量由农险办在赔付前对水稻实行田块抽样测产，通过实割实测确定水稻平均产量；约定产量参照当年本地水稻正常年景前三年平均产量；约定价格为国家发布的水稻最低收购价格。

6.1.2.3 风险防控方案

收入保险运行的过程中不可避免地存在一些风险，既包括我们可以预测的风险，也包括一些潜在风险。为了有效地防范风险，必须制定全面且周密的风险防控方案。首先，采用"联办共保"的运作模式，政府与保险公司平均分摊风险。其次，制定保费补贴政策，给予参加试点的农民 80% 保费补贴，并将水稻收入保险纳入政策性农业保险管理。政府实行专项管理、封闭经营，建立巨灾风险准备金制度。同时，保险公司还购买了再保险以防范和化解自身风险。最后，合理选择试点对象。在武进区的试点后期，保险公司通过加强信用评价体系的建设，及时掌握参保人财务及信用状况，降低发生逆向选择或是道德风险的可能性；充分运用科技手段进行风险防范，如无人机航拍和 GPS 定位系统等，旨在真正做到精准承保和精准理赔。

6.1.3 武进区水稻收入保险实施效果

2014 年武进区水稻收入保险开展试点以来，取得了优秀的成绩，在全国都发挥了良好的引领和示范作用。

6.1.3.1 切实保障农户收入

武进区水稻收入保险的详细参保及理赔情况如表 6 - 3 所示，2017 ~ 2019 年武进区水稻收入保险的参保人数逐年提高。2017 年水稻受连续阴雨天气影响产量相较于上一年大幅下降，保险公司理赔面积达 3600 余亩，实际支出 63.6 万元，一定程度上弥补了稻农的经济损失。收入保险不但能很好地防范由于水稻市场价格变动而产生的风险，还能在一定程度上降低农户的经营风险，使农户的收入有所保障。

表 6 - 3　　　2017～2019 年武进区水稻收入保险参保及理赔情况统计

年份	单位保额（元/亩）	费率（%）	承保户数（户）	承保面积（亩）	总保费（万元）	理赔户数（户）	赔款金额（万元）
2017	1800	6	11	3691	39.86	11	63.6
2018	1600	6	21	6620	63.55	0	0
2019	1600	5.4	59	14489	131.7	59	95.62

资料来源：王鑫，夏英. 我国农业收入保险运行效果析论——基于"武进模式"与"桦川模式"的典型案例 [J]. 中州学刊，2021（9）：48－55.

6.1.3.2　稳定粮食种植面积

水稻等粮食生产对于保障我国的粮食供应具有非同寻常的意义。武进区是一个传统的大型水稻种植区，最近十多年以来，受到了来自国际粮食价格变动的影响，还有粮食的生产成本上升等不利影响。在这种环境下，农户的水稻种植收入大幅下降，进而导致武进区全区的水稻种植面积逐渐减少。加之新冠疫情在全球范围内大流行，国际市场的农产品供给面临不确定性，故稳定国内的粮食生产势在必行。我国的主要谷物为水稻、小麦和玉米等，水稻在其中占了很大的比重。如果水稻种植面积大幅减少，势必会对我国粮食生产机构的稳定以及粮食供应的保障造成不利影响。水稻收入保险从根本上消除了农户的顾虑，有力地保障了农户的收入，大大地鼓舞了农户种植水稻的信心。因此，武进区近些年自实施水稻收入保险以来，水稻种植面积一直保持稳定。水稻收入保险对稳定粮食种植面积起了很大的作用。

6.1.3.3　完善农村金融体系

相较于城市，农村的金融产品种类不足，市场成熟度低。然而，水稻收入保险不但丰富了农业保险产品类型，同时也为农民购买金融产品提供了更多的选择。在推进水稻收入保险开展的过程中，武进区采取了一系列创新举措，包括完善经营主体信用体系建设等，为将来改革农村农业保险体系以及完善农村的金融发展体系，奠定了非常坚实的基础。

6.1.4 水稻收入保险试点存在的问题

6.1.4.1 缺乏中央财政补贴

从表 6-4 可以看出，2017 年江苏省水稻成本保险补贴支出为每亩 645 元，保险费率为 4%，保费为每亩 25.8 元。如果采用的是收入保险，保险费率为 6%，保费将提高到每亩 108 元。在武进区水稻收入保险项目中，成本保险保费补贴金额享受市级财政补贴比例的 65%，而收入保险无法享受市级财政补贴，缺乏各级财政补贴机制。由此可见，如果只有区县财政补贴，而没有中央财政补贴，那么实行收入保险制度会给区县财政带来非常大的压力。因此，部分区县政府存在通过降低保费补贴比例以缓解财政压力的情况，然而，降低保费补贴比例并不可取。高昂的保费会抑制新型农业经营主体的参保积极性，最终导致参保户数量过少，大规模承保目标难以实现。考虑到巨大的财政补贴和一些系统性风险压力，收入保险仅靠地方政府财政是远远不够的，还需要各级财政的补贴。

表 6-4　2017 年江苏省水稻成本保险与收入保险财政补贴比较

险种	保额 （元/亩）	费率 （%）	保费 （元/亩）	补贴比例 （%）	财政补贴 （元/亩）
成本保险	645	4	25.8	70~100	18.06~25.8
收入保险	1800	6	108	80	86.4

资料来源：林乐芬，陈燕，刘贺露. 水稻收入保险试验效果与复制推广的政策建议——基于江苏省常州市武进区国家农村改革试验区的调查 [J]. 保险理论与实践，2019 (6)：13-34.

6.1.4.2 配套机制不够完善

一是缺少相关数据共享机制。与传统农业保险相比，收入保险需要更全面且及时的生产和价格信息。然而，现阶段中国的农业数据大多分散在各个部门，信息集成程度较低，部门之间缺乏有效的数据共享机制。二是缺少金融风险分担机制。农业气象巨灾以及病虫害等影响农户收益稳定性。农户收入不稳定，且资产少，缺乏抵押物，因此，很难得到信贷支持。创新相关模式，完善相关机制才能调动农户生产积极性，解决农村金融抑制问题。

6.1.4.3 产品设计不够精准

收入保险产品要想顺利运行，就必须精准测算目标收入和实际收入。影响水稻收入的因素主要是产量和价格，因此产量信息是收入保险核算的重要因素之一。在本案例中，武进区采用了实割实测的方式来确定水稻实际产量，但如果现有的产量和价格数据不够完整或者是难以获取，他们通常会对整个地区赔偿，也就是整县理赔的赔付方式。在这种情况下，很难实现精准赔付。

与产量信息相比，定价更为复杂。目标价格与实际价格之间存在差异，则容易导致价格差，引起市场紊乱。在武进区的定损理赔机制中，就存在这种价格锁定不准确的问题。一方面，在最低收购价方面，现行水稻最低收购价格是国家为保障水稻种植户种植收入而制定的兜底价格，但实际中该价格往往成为水稻收购价格的最高指导价格，稻农们面临着最低收购价下调带来的风险[①]。另一方面，受国家最低收购保护价政策的影响，江苏省价格监测中心发布的监测价格整体波动幅度较小，监测发布价格也基于市场出清的假设，简单平均价格与实际价格之间存在价差，无法精确反映农户的实际损失情况。

---

① 王鑫，夏英．我国农业收入保险运行效果析论——基于"武进模式"与"桦川模式"的典型案例［J］．中州学刊，2021（9）：48–55．

6.1.5 武进区水稻收入保险试点启示

6.1.5.1 明确收入保险政策目标

收入保险政策的宏观目标应是确保国家粮食安全，防范和化解农业生产经营风险，加快农业领域的产业转型。微观目标应是保障农民收入稳定，并尽可能地扩大种植面积，呼吁广大农民进行农业生产创新，提高保险公司的服务效率。

6.1.5.2 加快补齐制度供给短板

首先，加快完善相关法律法规。一方面，制定并完善相关法律法规和条例，真正做到在收入保险经营过程中各环节的规范化和法制化；另一方面，地方政府要充分考虑当地农业的发展情况，从实际出发探索能够落地的方案。

其次，优化政府农业补贴机制。结合前文我们不难发现，武进区在收入保险的经营过程中主要依赖的就是区级财政补贴。在不久的将来，将全面推行农产品收入保险，中央财政补贴将发挥十分关键的作用，应将其纳入国家政策性农业保险的范围，还应构建省—市—县三级联动补贴政策体系。

最后，完善再保险制度。收入保险的发展虽然在某种意义上来说，对拓宽保险公司的业务渠道有一定的帮助，但也需要注意的是收入保险经营风险较大，业务量不断增多，经营风险随之大大增加。因此，有必要完善再保险制度，目的是分散来自收入保险市场的高风险。

6.1.5.3 优化水稻收入保险产品设计

要把农产品收入保险做好并且在我国各地推广开来，就必须在充分考虑我国现有资源条件的基础上，设计和完善收入保险产品。我们可以从三个方面做好产品设计：目标收入、覆盖范围和补偿。其中，目标收入在整个设计过程中是最重要的。在武进区水稻收入保险试点项目中，目标收入极其容易受到国家相关政策的影响，从而导致价格的锁定不够精准。普及农产品收入保险必须寻找更符合我国农业发展的价格发现机制，同时结合农产品价格发现机制保障农户收入水平。

科学界定保险保障范围。我国政府自开展农业保险以来，十分重视保险政策、理论和实践，但农产品收入保险依然发展不成熟。这主要是因为我国农产品收入保险的保障范围还比较狭窄，只要求赔偿因产量或价格下降而引起的部分收入损失。相比之下，日本的农产品收入保险会对农业巨灾进行理赔，还会补偿因盗窃、伤害和汇率变化而产生的收入损失。因此，我国在推广农产品收入保险时，可以适当研究和学习国外的农产品收入保险制度，对一些特殊行为造成的收入损失部分进行适当的补偿，尽可能做到"应保尽保、能保则保"。

提高定损和理赔的效率。一方面，加强信息基础设施建设。由中国银保监会牵头保险公司建立专用数据库，这样既可以更详细地统计投保人以往年份的单位产量和单价，又便于更新未来收入保险的产量和价格信息等。完善的信息化有助于提高保险赔付的精准性，以便于对投保户进行及时、有效公平的赔偿。另一方面，也可以充分利用科学技术实现精准理赔。例如，无人机航拍和 GPS 定位系统等。

因地制宜制定实施方案。农产品收入保险在支农中发挥着突出的作用。目前，我国各省区之间的农业发展情况都不相同，存在着明显的差异，我们需要根据不同的农作物来制定不同的农产品收入保险方案。另外，不同地区的农业保险发展阶段以及农业保险的实施情况也不一样，不同地区的政府财政情况更不尽相同，这都是在制定收入保险实施方案时需要考虑的问题。即使是在同一省份的不同试点地区，每个参与试点地区的财力状况和农业保险发展的实际发展情况也是不尽相同的。因此，各地区应对农产品收入保险相关政策的制定应保持高度的重视，不能照搬试点地区的收入保险实施方案，应该要从当地的各方面实际情况出发，循序渐进、因地制宜地制定收入保险方案。

明确各部门的工作责任。在整个水稻收入保险运行的过程中，要确保每一环节都能顺利进行，就必须明确各部门的具体工作和具体责任，并切实地落实下去。例如，财政部门负责财政补贴资金拨付等工作，做到合理利用财政补贴资金。农业部门负责项目宣传、业务承保、专家鉴定、防灾防损、查勘理赔、组织培训等全面工作。承办保险公司也应按照监管部门的要求规范经营，强化内控管理，认真履行社会责任，保障广大农民的经济利益，切实发挥保险的主要职能作用。

完善农业保险监管体系。目前，我国农业保险的监管体系还存在许多问题。例如，监管方式不适应实际情况、监管法律体系缺乏系统性以及监管协调机制未建立等。为了促进农产品收入保险的全面推广，规范农业保险的承保理赔程序，增强农民参保的信心以及保障广大农民的经济利益，必须重视并完善我国的农业保险监管体系。首先，加快完善农产品收入保险的相关法律法规和制度体系，为今后我国农业保险的监管提供有力的制度保障。其次，承办保险公司必须履行自身的职责，接受相关部门监督检查，不得随意更改理赔标准，按照保险合同及时对农户进行赔付，同时简化理赔流程。最后，县农业农村局要对各乡镇及相关单位服务工作进展及成效进行考评督查，对于已经发现的问题及时解决，对于潜在的问题要保持警惕，做好相关预防工作和应对措施，确保收入保险工作的有序开展。

6.2 玉米收入保险试点案例[①]

农产品供给侧改革的目的是形成市场主导的农产品价格机制。玉

---

① 本案例素材主要参考了以下文献：

杨春蕾. 黑龙江省农作物收入保险桦川模式研究 [D]. 长春：吉林大学，2022.

杨海司. 农产品"保险+期货"模式发展路径研究 [D]. 兰州：兰州财经大学，2022.

王小静. 山西省玉米种植收入保险定价研究 [D]. 太原：山西财经大学，2022.

李祥. 辽宁省义县玉米价格"保险+期货"试点问题研究 [D]. 沈阳：沈阳农业大学，2018.

米价格的大幅波动，给农业生产带来了巨大的冲击。为最大限度地减少损失，保障玉米的生产，我国实施了新一轮的玉米收储机制改革，采取了"市场定价＋价补分离"的措施。在这一背景下，我国需要更有效的玉米风险管理工具来分散相关风险。

6.2.1 案例背景

6.2.1.1 玉米收入保险实施的背景

玉米的植株高，叶子面积大，因此生长过程中需要更多的降水量。玉米生长期最佳降水量为 410～640 毫升，辽宁省每年降水量平均达到 400～970 毫升，为玉米生长提供良好的生长环境。辽宁省陆地总面积占全国陆地总面积的 1.5%，约 14.8 万平方公里。其中陆地面积中 59.5% 是山地，大约占 8.8 万平方公里；32.4% 是平地，占 4.8 万平方公里；8.1% 是水域和其他地形，大约占 1.2 万平方公里。辽宁省地势大体由北向南，东西两侧为山地以及丘陵，向中心延展，中部的地形为平原，总体向渤海方向倾斜。辽宁省属于中纬度地区的南半部，地处欧亚大陆东岸，属于温带大陆性季风气候。这种气候具有雨热同期、四季鲜明的特点，春季干燥多风，秋季较短，一年中大部分的时候天气晴朗。

凭借着气候、降水量等优势，辽宁省成为我国玉米种植的主要基地，种植品种包括：辽单 565、辽单 33 号、良玉 99 和辽单 575。辽宁省南部城市受地形地貌的制约，玉米种植主要集中在西北地区，其中沈阳、铁岭、锦州、朝阳、阜新五个城市玉米种植面积占辽宁省总种植面积的 68%。

近几年数据显示，自 2011 年开始，国际上各类农产品的价格都有明显下滑，而在此期间，我国玉米的收储价格稳步攀升，这导致玉米种植一度成为"热门"，造成我国玉米库存积压严重，供给严重不平衡。为解决这一现象，我国采取各种措施，其一就是出台玉米结构调整指导意见，并要求各省对农业部供给结构进行改革。在上述因素的刺激下，2016～2018 年辽宁省乃至全国的玉米种植面积和产量较以前年度均有所减少。

由表 6－5 可知，2016～2018 年我国玉米种植面积逐年递减，2018 年的玉米产量相比于 2016 年减少了近 650 万吨。2016 年，我国玉米受玉米收储政策临时改革、国内高库存的压力和供过于求的状况等多因素的影响，价格有所降低。玉米价格的降低直接导致玉米种植户积极性下降，进而影响玉米产量。

表 6－5　　　　　　2016～2020 年我国玉米种植面积及产量

年份	面积（千公顷）	产量（万吨）
2016	44177.61	26361.31
2017	42399.00	25907.07
2018	42130.05	25717.39
2019	41284.06	26077.89
2020	41260.00	26067.00

资料来源：国家统计局。

玉米收入保险是以玉米种植者的收入作为玉米收入保险标的，可以在一定程度上为玉米种植者的损失提供保障。玉米种植者的损失主要是由自然灾害、价格波动和其他不确定因素导致的。玉米收入保险试点的有序开展促进了玉米种植业的蓬勃发展。玉米收入保险对我国发展玉米种植业具有重要意义，其不仅可以提高玉米种植户的积极性，保障国家粮食安全，而且可以创新和完善我国粮食作物市场风险管理工具。

6.2.1.2　辽宁省义县玉米收入保险试点概况

国家一直在着力健全农产品风险管理制度。随着玉米收入保险试点的开展，传统的农产品保险制度已经显露出缺陷，农业生产者的收入无法得到有效保障。而市场对低风险的农业生产需求的逐渐加大，促进了政府部门开始制定新的价格风险规避的新险种。期货公司经过了不断探索和努力，最终和保险公司达成了共识，确定联合开展"保险＋期货"试点项目。自此之后，随着经验积累，"保险＋期货"试点的农产品种类和地区范围不断扩大，衍生出的模式也在不断地迭代创新。

玉米"保险＋期货"是由大连商品交易所在国家有关政策的扶持下，以转移玉米价格风险为目标而开展的保险项目，也叫作玉米期货价格保险。辽宁省锦州义县在 2014 年就已经启动了将农业保险和期货相结合的项目，并将具体实践落实到当地的玉米价格上，成为国内较早一批开展农产品价格保险试点的"领头羊"，保险试点经验十分值得学习探索。

义县是辽宁省锦州市玉米种植大县。2013 年，新湖瑞丰期货公司参与了义县"保险＋期货"试点，设计了"二次点价＋复制场外期货"保险方案，并取得了成功，使"保险＋期货"试点有了一个好的开端，也为大连商品交易所"农产品期货价格保险"的业务发展创造了良好现实条件。2014 年，大连商品交易所联合相关期货公司，借用保险理念，创新性地开展了三个场外期权服务"三农"试点项目，并于 2015 年推出国内首单基于大商所期货价格的玉米、鸡蛋价格保险，成功探索了"保险＋期货"模式[①]。2021 年 5 月，中央农村工作领导小组下设的中央农办调研组到义县调研玉米收入保险试点工作开展情况。2022 年，辽宁省政府继续在康平县、台安县、岫岩县、海城市、义县、铁岭县开展了玉米种植收入保险。

---

① 刘开雄. "保险＋期货"能否解决农民"靠天收"？［N/OL］. 新华网，2016－11－27. http：//www. xinhuanet. com/politics/2016－11/27/c_1119997863. htm.

6.2.2 义县玉米收入保险实施方案

6.2.2.1 "二次点价＋复制期权"模式

2013 年，新湖瑞丰期货公司与辽宁省义县粮食收储企业辽宁辽锦生化科技有限责任公司、华茂谷物种植专业合作社以及当地种粮大户，四方共同签约参与试行了"二次点价＋复制期货"保险方案（合约信息见表 6-6 至表 6-8）。

根据提出的方案，新湖瑞丰期货有限公司累计收购 1000 吨玉米现货。其中，分别采用一次性保底价和二次点价方案各收购了 500 吨玉米。新湖瑞丰期货公司将 1000 吨玉米存放于辽锦生化科技有限公司的库房，通过期货市场实现套期保值，转移这批玉米的价格风险从而确保农户的收入达到预期。经过"二次点价＋复制期权"模式的操作，新湖瑞丰在现货市场上一次性点价的玉米盈利 60 元/吨，二次点价的玉米盈利 45 元/吨，共计盈利 52500 元；而新湖瑞丰在期货市场上亏损近 16000 元，算上新湖瑞丰需承担的税费、咨询费等，基本收支相抵，为"二次点价＋复制期权"模式的发展带来一个好开端。①

6.2.2.2 2015 年义县玉米收入保险发展情况

2015 年，在大连商品交易所等多方共同努力下，义县开创了玉米"保险＋期货"的新模式。其具体条款如表 6-6 所示。

表 6-6　　　　　2015 年义县玉米"保险＋期货"条款

条款	内容
保险标的	玉米 C1609
投保数量	1000 吨

---

① 资料来源：http://www.cntaoli.com/news/1638.html.

条款	内容
目标价格	2160 元/吨
投保期限	2015 年 9 月 1 日 ~ 2016 年 8 月 31 日
理赔结算价格	C1609 合约保险期间交易日收盘价的算数平均数

资料来源：李祥. 辽宁省义县玉米价格"保险 + 期货"试点问题研究 [D]. 沈阳：沈阳农业大学，2018.

农户投保后，人保财险购买了新湖瑞丰 1000 吨玉米看跌期权，期权费为 9.66 万元，在保险合同期满后，根据玉米 C1609 期货合约核算，保险期内玉米成交结算价的算术平均值为 1918.6 元/吨，远低于目标价。最终，人保财险补偿给农户约 24.14 万元。

6.2.2.3 2016 年义县玉米收入保险发展情况

2016 年，义县继续试行相关保险方案，农业部为此向辽宁省划拨 500 万元专项资金。其具体条款如表 6-7 所示。

表 6-7 　　　　　　2016 年义县玉米"保险 + 期货"条款

条款	内容
保险标的	玉米 C1609
投保数量	8000 吨
目标价格	1650 元/吨
投保期限	2016 年 10 月 17 日 ~ 2016 年 12 月 16 日

资料来源：李祥. 辽宁省义县玉米价格"保险 + 期货"试点问题研究 [D]. 沈阳：沈阳农业大学，2018.

与 2015 年相比，人保财险有限公司将义县玉米保险规模扩大至 8000 吨，并且投保期限缩短至 60 天。双方最终于 2016 年 12 月底进行了理赔，总计赔偿 69.49 万元[①]。经过两年的试点，该模式日益完

---

① https：//xuexi. huize. com/study/detal - 270476. html.

善，但基差等问题也逐步显露出来。

6.2.2.4　2017 年义县玉米收入保险发展情况

2017 年，大连商品交易所共支持了 32 个"保险＋期货"试点项目。其中玉米保险试点项目为辽宁省清原县和义县 14 个乡镇 1469 户农户生产的 2.2 万吨玉米提供了保险服务。保险公司在义县玉米保险方案中优化了相关合约，设置了一定的基差补贴（见表 6－8）。当年承保价格比农户投保时玉米期货合约价高出约 8.5%。

表 6－8　　　　　　　　2017 年义县玉米"保险＋期货"条款

条款	内容
保险标的	玉米
目标价格	1820 元/吨
投保期限	2017 年 8 月 4 日~12 月 5 日
投保数量	22000 吨
理赔结算价格	大商所 C1801 合约在保险期间 39 个交易日收盘价算术平均值为 1700 元/吨
理赔金额	Max（目标价格－结算价格）×22000 吨
保费	220 万元
理赔额总计	187 万元

资料来源：根据大商所和新湖瑞丰期货公司数据整理得到。

保险合同内容在 2016 年的基础上做出了部分改进。在保费补贴方面，适当提高了补贴力度，保费补贴增加了 10%，同时农户缴费下调了 10%。当年承保期内，保险公司积极分析玉米行情波动并采取了有效应对措施。2017 年 11 月下旬，玉米期货目标合约 C1801 的收盘价在 1700 元/吨附近波动。保险公司预期未来玉米市场价格会出现上涨趋势，于 2017 年 11 月 23 日选择提前平仓离场，每吨玉米返回权利金约 85 元，实际赔付 187 万余元。

经过 3 年的发展，玉米"保险＋期货"模式从毫无经验到不断改进。此次辽宁义县的玉米期货保险试点为国内其他农作物的"保险＋期货"的开展积累了大量经验，但是由于发展时间过短，保险与期货市场还不完善，"保险＋期货"模式目前还面临着若干困难，亟待解决。

6.2.3　义县玉米收入保险实施效果

新湖瑞丰期货公司在义县试点过程中，主要试行了"二次点价＋复制期权"方案。"二次点价"指的是农户在收获农产品后先与新湖瑞丰期货公司进行合同价格交易，在约定时间内如果粮食价格上涨时，农户可以要求重新计算农产品价格，并且新湖瑞丰需要将两次计算的差价补给农户。总体来看，这种方案取得了一定的成效。

6.2.3.1　保障收入

"二次点价＋复制期货"的模式限制了农户的实际收入。首先，一次点价中新湖瑞丰期货公司合同价 2225 元/吨的价格与合约到期后玉米市场价格 2285 元存在着 60 元/吨的差价，影响了农民的收入。其次，二次点价虽然可以根据市场价格来售卖，但是需要在价差基础上扣除 30 元/吨的货物运输价格，间接地限制了农民获取更高的收入。

反观玉米"保险＋期货"模式，农民仍然拥有获取更高收入的机会。人保财险和农户签订保险合同后，为玉米价格下跌所带来的收入风险提供一种契约式的保障，且人保财险公司没有限制价格上涨所带来的收入机会。在此种保险合同条件下，农民可以有更自由的选择，根据市场玉米行情考虑把玉米是否出售，以获取更多的利润。

6.2.3.2　转移风险

在玉米"保险＋期货"模式中，人保财险公司在和农户签订合约后收取的保费只能保障农户玉米的价格下跌带来的收入损失，并不拥有玉米的所有权。只有经过农户的同意，才能对买入的期权产品进行平仓或放弃权利。出现市场价格低于目标价格情况时，人保财险公司获取农户同意后就可在期货市场获利，以此来赔偿农户的损失，保障农民收入。当市场价格超过目标价格时，人保财险买入看跌期货将陷入损失局面，人保财险无权要求农户通过行权来减少风险，处于极其被动的位置，转移风险的手段也因此更为局促。而在"二次点价＋复制期货"的保险方案中，企业在和农户签订合同后拥有玉米的所有权，仅在价格上涨时给予二次点价玉米一定的价格补偿。在这种方案中，企业有更多风险应对方式，也处于更加有利的地位。因此，这种保险方案对保险双方都十分有益。

6.2.4 玉米收入保险试点存在的问题

6.2.4.1 政府扶持资金不足

玉米收入保险成立的第一个宗旨就是为农民解决农业生产中出现的价格和产量风险问题，进一步稳固脱贫攻坚的成果，为农民提供更加坚定的双重保障。纵观国内多年收入保险试点工作，虽取得了一定成效，但在项目推进过程中仍存在难题。

主要的问题之一是政府扶持资金占比较少。"保险＋期货"纳入政策性农业保险体系之前，试点的资金主要由期货公司、期货交易所承担。工作信息显示，截至 2022 年三季度末，在资金投入方面，期货行业累计投入帮扶资金达 14.63 亿元①。政府尚未建成与保险、期货市场的风险共担体系，导致企业既要出钱搞试点又要承担主要风险。没有纳入政策性保险范围，资金支持不足等问题使"保险＋期货"模式仍停留在试点阶段，难以大范围推广。从政策试点的确定

---

① 李莉. 期货行业加大帮扶力度多个"保险＋期货"项目结硕果［N/OL］. 中国证券报，2022 – 11 – 11. https：//view. inews. qq. com/a/20221111A04PY100.

到经济工作的落地实施，相关项目对政府资金的需求较大。但从大部分试点的资金支持力度来看，政府资金占比仅有4%～15%，相对于传统农业保险项目扶持资金占比60%～80%来看，目前对"保险＋期货"的资金扶持水平偏低。

6.2.4.2 风险管理制度不完善

农业保险经营中应该重视系统性风险。为此，2014年财政部颁布了《农业保险大灾风险准备金管理办法》；2015年，中国保监会、财政部和农业农村部颁布了《关于进一步完善中央财政保费补贴型农业保险产品条款拟订工作的通知》。但从银保监会发布《2021年银行保险机构公司治理监管评估结果总体情况》来看，部分保险机构在风险内控方面存在着较为严重的问题。在风险内控方面的问题主要表现如下：一是部分机构风险管理体系不健全，风险管理能力不足，例如，风险管理机制不健全、与控股股东间的风险隔离未落实、并表管理能力不足。二是部分机构合规内控不完善，例如，合规意识不牢、案件风险突出。三是部分机构内部审计不健全，例如，内审机制不完善、内审部门缺乏独立性[①]。

6.2.4.3 存在违约风险

"保险＋期货"存在违约风险，与农户签订合同后，保险公司并未取得玉米的所有权，当玉米现货价格高于保险合约规定的目标价格时，有可能出现在未征得保险公司同意前农户擅自在现货市场出售玉米的情况。一旦发生类似事件，保险公司将无法在期货市场上提供相应的产品对冲基差风险，从而发生重大损失。这将导致农户违约售粮，保险公司违约拒赔的局面。当玉米现货价格远低于保险合约的目标价格时，保险公司甚至期货公司都可能遭受严重损失。此时，也存

---

① 孟凡霞，李海颜. 银保监会：部分银行保险机构存在风险管理机制不健全、内审部门缺乏独立性等问题 [N/OL]. 北京商报，https：//m. gmw. cn/baijia/2021－11/14/1302678237. html.

在保险公司违约拒赔的风险。

保险合约中的目标价格锚定了大商所玉米主力期货价格，因此，其客观性和权威性得到了认可。但是由于玉米期货市场价格的波动下行，导致了玉米目标价格远低于原来的收储价格。目标价格过低，农户及合作社违约风险将增加。另外，调查也显示义县种粮大户及合作社负责人大多认为保险合约中的玉米目标价格不合理，与农户预期收入存在一定的差距。但对于保险公司来说，目标价格设置越高，保险公司赔付概率越高，赔付金额也可能越大，违约风险也越大。可以说目标价格是农户和保险公司违约风险函数的关键变量。创新收入风险分担模式和制度是解决基差风险的主要途径。

6.2.4.4 保障力度有限

义县早期试点的玉米保险形式上是一种价格保险。这种保险合约只保障由价格下降导致的收入损失，并没有考虑到价格和产量之间可能存在的"此消彼长"关系。欧美国家相似的农业保险主要是收入保险，并采用了"保险＋期货"的模式分担收入风险。农产品收入保险将投保标的的价格和产量都纳入保障范围，根据产量变化和价格波动精算出农户收入变动，并视情况给予一定赔付。相比较而言，欧美农产品收入保险对农户收入的保障力度更大，而义县早期试点的玉米保险赔付公式中，产量是确定值。这种仅关注农产品价格波动而没有顾及产量变化的保险产品对农户收入的保障力度有限。

6.2.5 义县玉米收入保险试点启示

6.2.5.1 加快推进玉米场内期权市场建设

充分借鉴发达国家农业期货期权发展经验，调整投资者结构，降低和转移农产品市场存在的风险，促进玉米场内期权的健康发展。加快我国玉米市场化改革，降低玉米价格的波动频率，提高玉米种植者规避风险的能力，降低玉米生产的经营风险。加快推出玉米期权，推动玉米交割区域扩大至全国，努力推动玉米市场多级渠道的全面融合与畅通。优化玉米期权市场的法律、具体运行机制等方面，建设更加完善的玉米期权交易市场，满足更多的玉米生产经营主体的个性化需求，降低生产风险，推动玉米产业的优化升级。

6.2.5.2 提升政府支持力度简化保险程序

加强政府在农业风险管理中的引导和规范作用，努力构建农业风险保障体系，加大政府对"保险＋期货"的财政支持力度。扩大政府财政补贴范围，将农民购买保险、保险公司承保纳入财政补贴范围，同时将期货公司从事农业风险费用转移纳入财政补贴，促进"保险＋期货"的发展。另外，将期货公司部分业务纳入免税范畴，保障期货公司的收益，提高期货公司的积极性和创新性，促进"保险＋期货"模式的发展。政府还应简政放权，为期货公司的发展提供基础设施和行政审批上的支持。简化政策审批手续及保险理赔程序，提高模式运行效率。加大对投保低地区的资金政策方面支持，还应发挥引导和宣传作用，加强农民对该模式的理解，提高对该模式的认可度，促进该模式的发展。

6.2.5.3 加大科技在农业保险的应用力度

随着农业保险业务规模的扩大，农业保险承保不规范，理赔不精准，经营成本高，运行效率低，容易诱发道德风险和逆向选择等问题日益凸显。这些问题严重制约农业保险实现高质量发展，影响农业保险有效发挥其制度优势。运用互联网大数据等新型创新技术，可以为农民和经营主体提供更加科学有效的保险服务。例如在数据处理环节，"科技＋数据"赋能有助于简化数据收集条目，拓宽数据收集渠道，从而精准匹配农户信息和地块信息，降低信息的不对称性。加大农产品收入保险基础数据库的建设，为保险发展提供大量的数据支撑，通过无人机及保险机器人的应用，为创新农业保险模式探索可行路径。新技术与农业保险相结合促使农业保险精准化发展，是我国农业保险发展的必经之路。

6.2.5.4 引入金融机构充当信用监督角色

在"保险＋期货"模式中，主要的风险除市场风险外还包括信用风险。引入银行等金融机构发挥信用监督与保证作用，提高农民投保的信心。在农户信用风险方面，银行以地方政府补助成为质押，保障农户执行保险协议；在保险公司方面，银行以保费作为质押，保证保险公司执行保险协议；在农业企业方面，银行以企业贷款作为质押，保障农业企业能够正常运营。另外，引入银行等金融机构还能为农业生产带来资金支持。对于农户而言，以贷款保障农业发展，为农户的规模生产带来资金支持，缓解农户的"融资难"问题；于保险公司来说，银行提供贷款用以缓解保险公司的权利金压力以及赔付压力；对于农业企业而言，通过增加其贷款额度和信用等级缓解其在粮食采购中的资金负担。银行等金融机构的参与提高了"保险＋期货"模式运行各方的信用水平，规避了违约风险。

6.3 棉花收入保险试点案例[①]

6.3.1 案例背景

我国长江黄河流域水系、西北半内陆及少部分北部地区是棉花作物种植的几个主要区域。近年来，产区主要已集中到西北半内陆平原地区和两河流域地区。不难发现，西北内陆棉区的地位逐步提高，无

---

① 本案例参考了以下文献：

杨梦醒. 新疆棉花收入保险试点案例分析［D］. 保定：河北大学，2019.

棉花价格保险在疆试点落地，http：//www.zh－hz.com/dz/html/2017－09/29/content_137977.htm.

新疆启动棉花"价格保险＋期货"试点，http：//www.moa.gov.cn/xw/qg/201810/t20181030_6161921.htm.

论是从棉花种植面积还是人均产量来看，其规模都已明显超越两河流域。新疆维吾尔自治区无疑是当下全西北甚至是全国最为主要的棉花产地。其棉花的优势主要有两点：其一为得天独厚的自然条件；其二为较大的资金扶持和推广力度。

棉花具有喜欢光照、害怕雨水的特点。从自然条件来看，新疆维吾尔自治区的北部和南部地区分别属于中温带和暖温带，光照时间充足，气候干燥，热量供应充足且无霜期较长。由于其地处盆地边缘，平坦宽阔的丘陵地势对棉花的发育生长都十分有利。从以往的调查数据上看，维吾尔自治区棉花的种植面积和产量整体保持上升趋势，且占全国的比重也是呈逐年加大的趋势。具体情况如下图 6 – 1 和图 6 – 2 所示[①]。2021 年，全国棉花产量为 573.1 万吨，全年棉花种植面积为 4359.62 千公顷，而新疆维吾尔自治区的棉花全年

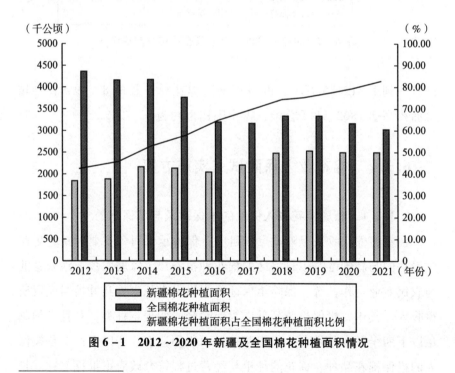

图 6 – 1　2012～2020 年新疆及全国棉花种植面积情况

---

① 图 6 – 1 和图 6 – 2 由笔者根据新疆维吾尔自治区统计局数据整理绘制得到。

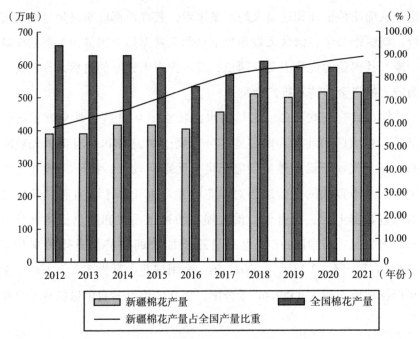

图 6 - 2 2012～2020 年新疆及全国棉花产量情况

产量达到了 512.85 万吨, 占当年全国棉花总产量的 89.49%; 种植
总面积高达 1862.51 千公顷, 占全国比重约为 42.72%。

6.3.2 棉花收入保险试点实施方案

6.3.2.1 新疆棉花收入保险的承保对象与承保标的

在新疆棉花收入保险试点项目中, 保险承保对象主要为新疆生产
建设兵团与新疆维吾尔自治区的棉花种植农户、家庭农场、涉农企业
与农民专业合作社等。保险承保标的为投保人从事棉花种植与经营所
得收入。其中, 投保棉花品种应为保险合同所规定种类, 并且必须满
足以下四个基本条件: 一是棉花投保面积须达 100 亩以上; 二是投保
人的投保棉花品种、棉花的种植与经营过程符合政府审批标准; 三是
棉花种植地点须位于非蓄洪区与行洪区内, 且在洪水水位线以上; 四

是在投保前，棉花的生产与管理须处于正常状态。

6.3.2.2　新疆棉花收入保险的保险责任

在新疆棉花收入保险条款中，约定保险公司的保险责任为投保人在投保期内受到棉花价格下行、产量减少或两者同时降低的影响，实际收入低于约定目标收入时的给付责任。其中，保险约定目标每亩收入 = 约定棉花目标平均每亩产量 × 约定棉花目标价格。约定棉花目标平均每亩产量基于当地政府公布的前三年棉花平均亩产确定。而约定棉花目标价格参考新疆棉花品种的实际成本、预期种植与经营收入以及播种期内棉花 CF1701 期货合约收盘价格、具体的棉花保障价格等由保险双方协商处理。

6.3.2.3　新疆棉花收入保险的保费确定与理赔

新疆棉花收入保险条款中的保险金额，应参考当地种植来源平均收入、棉花的预期产量与预期价格，并结合保险条款来确定。具体测算如下：

$$y = P \times Q \qquad\qquad (6-1)$$
$$Y = y \times M \qquad\qquad (6-2)$$
$$PA = r \times Y \qquad\qquad (6-3)$$

其中，y 为每亩保险金额，P 为约定棉花每亩价格（元/公斤），Q 为约定棉花每亩产量（公斤/亩），Y 为总保险金额，M 为承保面积，PA 为保险费用，r 为保险费率。

此外，当产量减少、价格下跌或二者同时下行导致投保人实际收入低于目标收入时，保险人按下式计算实际理赔金额：理赔金额 = （约定棉花目标亩均收入 - 实际棉花亩均收入）× 承保面积。

6.3.3　棉花收入保险试点实施情况[①]

2016 年，中华联合保险股份有限公司新疆分公司棉花合作社探

---

① 杨梦醒. 新疆棉花收入保险试点案例分析 [D]. 保定：河北大学，2019.

索在石河子地区开展了棉花收入保险试点工作。此次试点大致情况为：保险覆盖面积达 1500 亩，参保农户为 10 户，保费实际收入金额合计约为 31.5 万元，最高保额为 315 万元。皮棉目标价格设置为 1.5 万元/吨，目标产量设置为亩产 140 公斤，计算得出目标收入为 0.21 万元/亩。项目最终理赔金额约为 51.44 万元，结合具体情况来看，2016 年新疆棉花的实际产量为每亩 132.7 公斤，实际现货平均价格为 1.36 元/吨，两项指标均达到了保险理赔触发条件。

2017 年，在充分吸取 2016 年试点工作经验的基础上，中华联合保险股份有限公司新疆分公司再次开展了棉花试点业务，且扩大了试点规模，其间 5 个分公司参与其中，累计承保面积共计 21.10 万亩，参保农户多达 575 户，保费收入共计约 5504 万元，总保额达 5.47 亿元。

2018 年公布的新疆棉花现货市场平均成交价格为 1.57 万元/吨，目标价格为 1.65 万元/吨~1.70 万元/吨，可见目标价格高于实际交货价格，最终中华联合股份有限公司新疆分公司合计赔款 5604 万元，有 94.9% 的参保农户因此受益。2018 年棉花的总参保商户数比 2017 年减少 436 户，但棉花承保面积却较 2017 年增加了约 5.9 万亩，赔付率有所下降。推测可能是更多的种植大户参与了收入保险试点，从而降低了该保险公司的经营资金成本。

6.3.4 棉花收入保险试点效果与问题

6.3.4.1 棉花收入保险试点的效果

自棉花收入保险在新疆进行试点以来，已经开展了 3 年的业务，其保障范围不断扩大，保障范围显著提高，试点作用得到了有效发挥。棉花收入保险产品也深受新疆卖棉农的喜爱，保障了他们的农业生产，为我国进一步开展农产品收入保险业务、创新相关保险产品提供了有效的经验借鉴。

1. 保障范围不断扩大

新疆棉花收入保险开办之初，承保面积只有 1500 亩，参保农户只有 10 户，随着棉花收入保险试点范围的逐渐扩大，2018 年的承保面积超过 27 万亩，整体增长了约 179 倍，3 年累计承保面积达到 48.25 万亩，并累计为 724 户棉农提供风险保障。同时经营主体的集约化程度不断加深，个体散户的总体比重下降，而家庭农场与棉花合作社等中大型的农业经营主体所占比例在不断扩大。大型农业经营主体的棉花生产规模更大，成本支出更多，面临的生产风险也更大，因此比小型散户更加敏感，会选择进行棉花收入保险的投保。另外，从农户的收入来源分析，新疆棉农收入来源单一，绝大多数农户单纯依靠棉花获取经济收入。而收入来源的单一性，就推动棉花经营主体愿意承付棉花收入保险保费，以转移生产过程中棉花面临的风险，保障新疆棉农的收益。最后，棉农通过多年的棉花种植经验，能够简单预测今年的棉花收成，并且结合当地的气象数据报告，提前预估棉花产量以及今年的收益。因此，会选择对棉花进行收入保险的投保，转移风险保障收入。

2. 保障程度显著提高[①]

2016 年棉花收入保险的保险金额只有 315 万元，2018 年超过 20 亿元，整体增长了约 650 倍，3 年保障金额累计达到 26.1 亿元。在保障程度方面，棉花收入保险投保优势极其明显。以 2016 年为例，棉花收入保险的每亩保障金额为 2100 元，而棉花成本保险的每亩平均保额为 980 元，收入保险的保额是传统成本保险的 2 倍左右，2016 年新疆棉花的总成本为 2306 元/亩，收入保险保额可以覆盖全部的生产成本以及总成本的 91%，而成本保险只能覆盖全部的生产成本的 49%。

---

① 杨梦醒. 新疆棉花收入保险试点案例分析 ［D］. 保定：河北大学，2019.

3. 试点作用有效发挥

2016~2018年，新疆棉花收入保险累计向新疆棉农支付赔款1.7亿元，累计受益农户达639户。市场经济的高速发展，导致了部分农产品的价格波动十分严重，而棉花就是其中之一，价格波动受到市场化改革的影响，这会直接影响棉农的生产积极性和收入的稳定性。棉花收入保险试点的开展改变了传统保障自然风险的模式，加强了对市场风险的保障。在棉花市场价格下跌时，可以用保险工具弥补棉农的经济损失，稳定棉农的收益，提高棉农来年继续种植棉花的积极性。对于不同的农业经营主体而言，棉花收入保险都为他们提供了全面的风险保障工具，有效地降低了棉花经营主体的经营风险和投资风险。同时，棉花收入保险相对于其他类的金融保险工具，更加易于接受，农户也能够轻松地明白运行机制，直观地反映出棉花的市场价格变化。另外，新疆棉花收入保险的推行，为我国其他农产品种类的收入保险提供了现实模板和运营经验，有利于加快农产品保险的创新，推动农业保险的发展。

6.3.4.2 棉花收入保险试点存在的问题

1. 棉花收入保险的农户接受程度低

认知度低、运作经验少与保费高是导致棉农对棉花收入保险接受程度低的三种主要因素。具体来看，首先，新疆棉农亟须创新性金融工具以转移生产经营风险，但其普遍缺乏保险意识，对于如何使用棉花收入保险合理规避棉花价格下跌或产量减少的双重风险知之甚少，导致新疆棉花收入保险的整体接受度较低；其次，中华联合保险股份有限公司新疆分公司开展棉花收入保险的时间较短，难以克服准确核算实际收入与精准锁定目标收入的难点，使棉农难以接受棉花收入保险；最后，相较于传统的棉花种植成本保险，棉花收入保险能够同时覆盖棉花产量与价格风险，因此，其保险费率相对较高，使棉农保费负担更重。

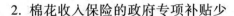

2. 棉花收入保险的政府专项补贴少

从全国范围内来看，农产品收入保险尚未列入中央财政保费补贴目录，仅依赖于地方财政与各期货交易所的补贴与支持，而新疆棉花收入保险业务不享受政府的财政补贴，保费需由农户自行承担，这无疑加重了棉农的经济负担①。而棉花种植成本保险属于财政补贴范围，这种差异性补贴使得棉农参与棉花收入保险的意愿薄弱，并使地方政府助力推广棉花收入保险的积极性下降。对比来看，河南省的小麦收入保险已纳入财政补贴范围，由中央财政和地方财政各承担保费的35％，剩下的30％由农户自行承担。这一行为能够直接激发农户的投保积极性和扩大保险公司的保险试点范围②。

3. 棉花收入保险现有基础数据薄弱

缺少基础数据支持是阻碍棉花收入保险费率厘定的关键因素。棉花收入的保费总额为棉花预期总产量、棉花目标价格以及保险费率三者的乘积。其费率厘定相较于传统棉花保险更为复杂，需要的样本数据量更为庞大。而我国棉农平均教育水平相对较低，无法科学提供单个经营主体的生产数据。同时，我国棉花统计数据不完整，区域数据也相对匮乏，这使棉花收入保险的费率厘定工作难以展开，并影响了农业保险创新的脚步。

此外，与发达国家相比，我国现代农产品期货市场起步较晚，尚处于发展阶段，期货与现货价格关联度较弱，无法有效发挥棉花期货价格分析预测与指引作用，这也阻碍了棉花收入保险的费率精准厘定。

4. 棉花收入保险的企业赔付压力大

在棉花收入保险试点项目中，中华联合保险股份有限公司新疆分

① 王鑫，夏英. 我国农业收入保险运行效果析论——基于"武进模式"与"桦川模式"的典型案例 [J]. 中州学刊，2021（9）：48－55.

② 杨梦醒. 新疆棉花收入保险试点案例分析 [D]. 保定：河北大学，2019.

公司 2016 年的保费收入仅为 31.5 万元，赔付金额为 51.4 万元；2017 年保费收入为 5952 万元，赔付金额却超过 1 亿元。可以明显看出，这两年试点的棉花收入保险均出现了亏损。主要原因可以总结为以下三点：一是新疆地域辽阔，自然灾害种类多且发生频率高，这严重威胁了棉农棉花种植与经营收入的稳定性，同时提升了保险公司的赔付风险；二是收入保险的赔付率明显超过传统棉花种植保险，尤其是棉花市场出现系统性风险时，保险公司的赔付压力剧增；三是目前保险市场尚未建立高效的风险分散体系。当棉花收入保险汇聚棉花经营主体的收入风险后，无法通过其他渠道进一步有效分散风险。

6.3.5　新疆棉花收入保险试点建议

6.3.5.1　设立弹性棉花收入保险补贴制度

地方财政补贴对收入保险的试点工作开展发挥着极其重要的作用，政府应当基于保险类型与棉花经营主体的异质性构建弹性的棉花收入保险补贴制度。在不同的棉花收入保险中，保障水平与保障规模有所区别。同时，棉花经营主体的风险偏好存在差异：大规模棉花种植户生产能力强，资金充足，普遍偏好风险保障水平较高的收入保险；而小规模棉花种植户往往因资金匮乏，缺乏风险保障产品。基于此，政府应充分考虑棉花种植农户的差异性，并根据收入保险的差异化保障水平与规模设计财政补贴制度，从而有效提高财政资金利用的精准度与效率，促进农民增收增产。

6.3.5.2　完善棉花产量采集体系与价格形成机制

应当完善新疆棉花价格与产量数据的采集体系。保险费率的厘定需要大量数据的支撑，同时其精确性受到数据地域范畴的影响。目前，棉花种植与经营收入的测算区域为各主产区，县级领域的相关数据匮乏。因此，新疆政府应当重视更小地域范围内棉花产量与价格数据的采集，建立完善的棉花信息数据库与信息共享平台，从而有效保障棉花收入保险价格厘定的精确性。

期货市场具有价格发现功能,期货市场的发展是棉花收入保险繁荣发展的重要基础。但与国外期货市场相比,我国农产品期货市场发展过慢且不成熟。因此,政府应当加快农产品期货市场的发展,增强农产品期货市场价格发现功能,让期货市场发挥棉花价格形成过程的主导作用。

6.3.5.3 构建保险企业赔付风险调节体系

保险公司应当从风险区划、风险预测与风险分散三个角度出发构建保险赔付风险的调节机制。首先,保险公司应在风险区划工作中投入大量人力、物力以实现严格的风险区划,根据各地具体情况设置不同保障水平与保险费率,从而建立灵活的风险调节机制以降低企业自身的经营活动风险;其次,保险公司要建立科学合理的风险预测体系,合理预测发布风险信息,提高企业防范赔付风险的能力;最后,保险公司要合理运用风险分担工具以分摊自身赔付风险,通过再保险与期货等工具分散赔付风险。

6.3.5.4 加大棉花收入保险的宣传力度

各级政府与保险企业等应当重视农村地区的宣传与培训工作,加大对棉农的保险知识普及力度。首先,棉花收入保险在农村地区的推广势必要同当地政府紧密结合,保险宣传人员应在当地政府的配合下,积极宣传棉花收入保险的作用与意义,提高棉农的保险认知水平;其次,政府可以在尚未试点收入保险地区的电视台开设收入保险专栏,普及保险常识,加强农户风险管理意识;最后,保险公司可在基层开展保险专题培训,以提高其对农业保险的认知水平,从而更好地发挥政府在棉花收入保险与棉农之间的桥梁作用[1]。

---

[1] 李鸿敏. 农业保险覆盖率及其提高策略 [J]. 北方园艺, 2014 (19): 210 - 212.

6.4　苹果收入保险试点案例[①]

当前气候环境复杂，全国区域性水涝和干旱频发，受自然灾害影响，农户损失巨大。除自然风险外，市场风险和生产技术风险也不容忽视。对此，我国为保障农民的收入，设立农产品收入保险制度。收入保险以农民预期收入金额为标的，对种植户遭受自然灾害以及价格波动造成的损失进行赔付。本案例基于陕西省延安市苹果种植背景及产业现状，对首个苹果收入保险试点案例进行相关研究，剖析试点存在的问题，并从中得到经验和启发，助力收入保险进一步发展。

6.4.1　案例背景

6.4.1.1　产业基本情况

陕西省是我国重要的苹果产地之一，每年苹果产量居全国第一位。陕西苹果种植在海拔高、光照时间长、昼夜温差较大的渭北黄土高原，这些特殊的种植环境造就了陕西苹果"汁甜肉脆、角质层厚"的品质特征。

延安市位于陕西省北部，其温度、湿度等7项气象指标完全符合

---

① 本案例主要参考文献：

郝宗张. 苹果收入保险研究——以陕西省为例 [J]. 保险理论与实践，2018（2）：13-28.

廖万凯. 赣州市开展脐橙收入保险的可行性报告 [D]. 南昌：江西财经大学，2019.

刘夏冰. 陕西苹果产业保险体系构建 [D]. 杨凌：西北农林科技大学，2015.

徐婷婷，孙蓉，崔微微. 经济作物收入保险及其定价研究——以陕西苹果为例 [J]. 保险研究，2017（11）：33-43.

黄陵县人民政府：http://www.huangling.gov.cn/.

陕西省统计局：http://tjj.shaanxi.gov.cn/.

苹果生长条件，是世界上苹果生长最佳地区之一①。立足地域优势，精耕苹果品牌，延安正成为新崛起的世界"苹果之都"。2015 年起，延安苹果被选定作为"国礼"，用于中国外交；2016 年 10 月，在多个国家激烈的竞争中，延安凭借其盛产高品质苹果的优势脱颖而出，拿下首届苹果大会的举办权；2018 年，由延安市洛川县打造专属苹果品牌——"洛川苹果"，品牌价值突破 69.2 亿元，同年，又依托延安市果树试验基地注册了"延安苹果"地理标志；2021 年 6 月和 10 月，延安苹果通过神舟载人飞船进入太空，书写了新鲜水果上太空的新历史，为我国航天员提供了营养保障。

6.4.1.2　生产概况

到目前为止，延安 13 个县区全部成为陕西省优质苹果基地县，苹果产业已经成为全市规模最大、覆盖面最广、从业人数最多、对脱贫攻坚贡献最大的支柱产业，给当地经济发展带来巨大贡献。延安目前苹果种植总面积达到 300 多万亩，约占全国的 1/9、陕西的 1/3②。

图 6-3 是近几年陕西省和延安市的苹果产量统计，从中可以看出，陕西省自 2016 年以来苹果产量一直保持增长趋势，且延安市苹果产量的占比逐渐增大。2016 年，陕西省总产量 1033.2 万吨，其中延安市 303.2 万吨，占全省的 29%；2020 年，延安市产量为 370.4 万吨，占全省的 31%，居全省第二位；2021 年，全省苹果产量为 1242.46 万吨，其中延安市产量 400.53 万吨，产量相较于 2016 年增长比例达到 33%，占全省总产量的 32.24%。

---

① 卢婷. 陕西省延安市苹果"保险 + 期货"试点问题研究 [D]. 秦皇岛：河北科技师范学院，2020.

② 曹钰. 基于种植户视角的延长县苹果生产投入产出研究 [D]. 呼和浩特：内蒙古农业大学，2014.

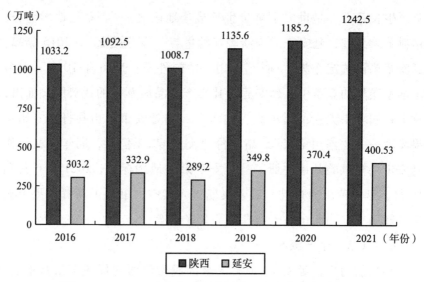

图 6-3　2016～2021 年陕西省以及延安市苹果产量统计

6.4.1.3　延安市苹果生产面临的风险分析

苹果种植主要面临自然灾害、市场价格波动、生产技术落后等风险。

1. 自然灾害风险

延安地处陕北黄土高原，昼夜温差较大，虽成就苹果的香甜可口，却也带来了冰雹和霜降等极端天气。苹果种植对外部自然环境要求较高，整个生长过程受自然环境影响巨大。在苹果萌芽初期，气温过高会导致其提前发芽，气温过低则会阻碍其生长。苹果生长的每个阶段对降水量的需求不同，降水过少过多都无法满足其健康生长。若出现大风天气则会加速苹果水分蒸发以及阻碍花朵授粉。因此，高温、洪涝、沙尘等极端天气都会影响苹果的萌芽以及开花结果过程，从而给苹果的产量以及品质带来巨大的威胁及挑战。

近年来自然灾害频发，陕西苹果种植户损失巨大。查阅相关资料显示：2013 年，陕甘宁出现持续低温冻害，其中仅延安市就有 186 万亩苹果种植面积受灾，经济损失超过 40 亿元；2014 年，灾害造成陕西省全省苹果损失共计 1.9 亿元，然而果农仅得到 3100 万元的农业保险赔偿，只占损失的 16.3%[①]；2018 年，延安市遭受冻灾，受冻面积 176.9 万亩，直接造成经济损失 25 亿元；2020 年，共计 9.3 万亩苹果受到灾害的影响，造成损失超 1.2 亿元。

2. 价格风险

苹果种植是当地居民的主要收入来源之一，苹果价格决定当地经济水平。价格受多个方面因素影响，风险难以避免，农民只能被迫承受苹果价格出现上涨或者下跌带来的风险及损失。

陕西省农业局数据显示，苹果的价格波荡起伏。从图 6 - 4 苹果平均价格变化情况可以看出，2014 年苹果的平均价格达到近几年的峰值，均价为 4.26 元/公斤，2016 年价格达到最低，均价为 3.26 元/公斤，两者之间的价格相差 1 元，波动达到 30.67%，幅度较大。

（元/公斤）

图 6 - 4　2013～2021 年陕西苹果平均价格变化情况

3. 生产技术风险

延安大部分苹果生产区依旧面临技术不发达、标准化种植程度

---

① 郝宗张. 苹果收入保险研究——以陕西省为例 [J]. 保险理论与实践, 2018 (2): 13 - 28.

低、专业人员匮乏等问题。果园长期借助机械进行相关种植作业，忽略对生产技术的研发，阻碍农业种植的创新发展，制约果园机械化的全面普及。延安地处偏远地区，农业种植行业条件艰苦，许多专业技术人员纷纷转行，各地方乡镇果业部门缺乏技术人员，且苹果种植人员技能培训不足，导致延安市苹果产业发展受阻。

6.4.2　延安市苹果收入保险试点情况

目前，我国的农业保险主要有产量保险、价格保险和收入保险。产量保险、价格保险分别只能够对产量下降或市场价格降低进行保障，都无法全面保障农户利益①。从参保者的角度来看，收入保险弥补了前两者单一性缺点，对产量和价格实行双重保障，大大降低了种植风险，有效缓解了"果贱伤农"的情况。

6.4.2.1　我国现有收入保险产品形式

我国现在的收入保险总共分为两类形式，分别是综合收入保险和收入保险。市场上流通的保险多是以"产量保险 + 价格保险"为主的综合收入保险，为农民种植期间因自然灾害带来产量的损失或市场价格波动造成的收入下降提供保障。两种形式的收入保险主要区别在于，前者赔付触发机制是当产量和价格分别低于约定数额，后者则是当在受到产量和价格共同影响下使实际收入低于约定收入时。

6.4.2.2　"政策性农业保险"到"收入保险"

政策性农业保险的主要开展方式是政府与保险公司合作，研发相关农业保险。在保险公司的市场经营依托下，吸引农民购买农业保险，然后政府通过对购买保险的主体提供一定优惠或补贴，达到弥补农民经济损失的目的。政策性农业保险的实施，使得农民只需缴纳很

---

① 李凤. 不同形式农业保险的相关研究——产量、价格、收入保险［J］. 中国集体经济，2020（14）：105 – 106.

少的保险费用就可以得到较大程度的保障。

陕西省政府经过多次调研和反复讨论，于 2007 年制定了《2008 年延安市政策性苹果保险试点实施方案》，推出政策性保险试点。苹果作为延安市主要经营的农产品之一，是首批纳入省级政策性农业保险试点品种的唯一种植业作物[①]。

政策性农业保险项目试点选址在延安市洛川县，共承保苹果种植面积 11 万亩，单位保额为 2000 元/亩、保险费率 4%、保险费为 80 元/亩，其中政府补贴 50% 的保险费用，种植户只承担 50%。此后，洛川县发生冰雹灾害，苹果保险一次性支付理赔款近 70 万元，及时弥补了种植户的损失。据统计，2007～2016 年，陕西省共有 270 万农户参与了苹果保险，保障种植面积达到 411 万亩，累积获赔 2.5 亿元[②]。

试点的几年间，虽然保险参保率逐步上升，取得较好的发展，但是，依然存在一些弊端——农业政策性保险只对自然灾害或意外事故提供保障。随着我国农产品市场的不断发展和成熟，市场价格变化对种植户的收入影响越来越大，传统的农业保险已经无法满足农户需求。

6.4.2.3 收入保险试点

2017 年，中央提出进行农业保险改革，从传统农业保险"保成本"的目标转向"保收入"的新目标，出台文件支持地方开展特色农产品保险，探索农产品收入保险新制度。

收入保险以农业种植户的约定收入为保险标的，当果农的实际收入受到自然灾害以及价格风险的影响而低于规定的约定收入时，保险公司进行理赔。2016 年底，延安市在其所属黄陵县等多个乡镇首次

---

① 卢婷. 陕西省延安市苹果"保险＋期货"试点问题研究 [D]. 秦皇岛：河北科技师范学院，2020.

② 徐婷婷，孙蓉，崔微微. 经济作物收入保险及其定价研究——以陕西苹果为例 [J]. 保险研究，2017（11）：33－43.

开展苹果收入保险，试点区域涉及全县隆坊、田庄、阿党、桥山 4 个苹果主产镇。

表 6-9 是 2016～2017 年黄陵县苹果收入保险参保情况。2016 年，参保果农 1407 户，投保苹果种植面积 10432.8 亩；单位保费为每亩 630 元，其中政府专项补贴 70%，即果农每亩只需缴纳 189 元，共计保费 657.26 万元；最终为投保果农的 7400 万元收入提供保障，获得赔偿金 360.7 万元。

表 6-9　　　　　　2016～2017 年黄陵县苹果收入保险参保情况

年份	单位保额（元/亩）	费率（%）	单位保费（元/亩）	承保户数（户）	承保面积（亩）	总保费（万元）	赔款金额（万元）
2016	7000	9	630	1407	10432.8	657.26	360.7
2017	5600	9	504	239	3966	199.89	—

2017 年，239 户果农参与投保，参保面积 3965 亩，每亩保险金额为 5600 元，保险费 504 元，共缴纳 199.84 万元保险费，保障苹果收入 2220.4 万元[①]。

6.4.2.4　黄陵县首个苹果"保险+期货"收入险试点

2020 年，陕西遭受极端天气影响，果园大量减产。2021 年，市场上苹果滞销，导致库存积压严重，苹果价格一路下跌。黄陵县农户面临产量下降和价格的双重风险。2021 年 8 月，在郑商所的推动下，由郑商所出资支持，长江期货主导，陕西人保承保，在传统"保险+期货"价格保险约合的基础上，首次推出新险种——基于"保险+期货"方案的苹果收入保险合约。

2021 年 8 月 25 日，延安市选定黄陵县作为苹果"保险+期货"收入险首批试点，分别在黄陵县 3 个苹果主产镇开展。为宣传和支持

---

① 资料来源于《2017 年黄陵县金融支农苹果收入保险试点工作实施方案》.

保险项目的开展，郑商所和黄陵县政府给予了保险金额优惠补贴，果农只需要缴纳总保费的10%，便可获得三个月的"苹果收入"保险。具体参保情况如表6-10所示，全县15个村一共607户果农参与保险，参保面积总计7048.8亩，保障产量10573.2吨，8月31日投保工作全部完成，保险有效期为2021年9~12月。2021年12月，项目进入理赔阶段，平均每亩苹果种植面积赔付约354元，共计赔付近250万元[①]。

表 6 - 10 　　　　黄陵县"保险+期货"收入险参保情况

模式	"保险+期货"收入险
保险品种	黄陵县红富士
保险面积	7040.8 亩
保险产量	10573.2 吨
保费来源	果农承担总保费的 10%，郑商所和黄陵县承担 90%
保险费用	668.31 万元
保险期限	2021 年 9 月 ~ 2021 年 12 月
赔付	250 万元

6.4.3　延安市苹果收入保险实施方案

6.4.3.1　试点地选择

产量影响苹果的平均销售价格，所以收入保险的试点应该优先选择陕西苹果的主产区。陕西苹果基地县主要有洛川县、礼泉县、白水县、黄陵县等，是苹果生产最优的区域。

6.4.3.2　保险责任

保险责任是对保险公司承保范围的界定，是实际赔付时的依据。

---

① 王宁. 全国首单苹果"保险+期货"收入险进入理赔阶段 [N/OL]. 证券日报，2021 - 12 - 08. http：//www. zqrb. cn/money/qihuo/2021 - 12 - 08/A1638953549628. html.

保险公司承保的是自然灾害造成产量下降与价格下跌共同作用而导致的实际收入低于约定收入的风险。

1. 自然灾害

陕西苹果保险方案，主要是规定在哪几种情况下造成苹果损失时保险公司需要进行赔付，主要有暴雨、洪灾、内涝、风灾、雹灾、冻灾。

2. 保障产量

保障产量以近几年苹果种植地区的平均产量为基础，再结合当年种植情况来确定。2016 年，延安市苹果收入保险的保障产量为 2000 千克/亩。

3. 保障价格

收入保险作为一种保险机制，须满足保险可保性要求，因此保障价格的设定显得尤为重要。当前，我国确定保障价格的方法主要有两种：一是以当年平均地头收购价为主要依据；二是参考期货市场，依靠期货合约的价格发现功能确定保障价格。延安市首次实行收入保险时，我国苹果期货还未上市，所以试点初期是将当年平均地头收购价作为保障价格。2016 年，延安市黄陵县苹果收入保险方案中，保障价格为 5 元/千克。

4. 约定收入

约定收入由保障产量和保障价格共同确定。即约定收入（元/亩）=保障产量（千克/亩）×保障价格（元/千克），即 2016 年延安苹果收入保险的约定收入为 10000 元/亩。

6.4.3.3 保险金额

单位保险金额是保险公司赔偿的依据和费用计算的基础，许多地区收入保险的保险金额通常为约定收入。此次延安市苹果收入保险规定以约定收入的 70% 作为单位保险金额。即单位保险金额=约定收入（元/亩）×保障比例（70%）。

6.4.3.4　保险费

保险公司在设计保险合同时会根据当地收入和自身的盈利目标设定出一个合理的费率，果农在购买农业保险时，就依据保险费率向保险公司缴纳费用。延安市将苹果收入保险合约的保险费率设定为9%，其中政府承担70%保险费，果农承担30%。

6.4.3.5　保险赔付规则

延安市苹果收入保险以约定收入的92%为标准，当购买保险的苹果种植户实际收入低于此项标准，便视作保险事故发生，触发苹果收入保险理赔条件，保险公司需要赔付[①]。以实际情况为例，延安苹果收入保险规定的约定收入为每亩10000元，按照92%的比例，果农的每亩实际收入如果低于约定收入，但是没有低于9200元，则依然不满足赔付条件。具体赔付金额计算公式为：每亩赔偿金额 = 单位保险金额 × 参保面积。

6.4.4　延安市苹果收入保险实施效果

6.4.4.1　保障程度高

陕西省延安市政府和有关部门大力支持和开展有关苹果收入保险活动，在2016年苹果收入保险方案通过时，便获得农业部金融支农创新项目资金600万元。相比以往的政策性保险和传统的苹果保险，苹果收入保险立足于保障农民收入，提高了保险的保障能力。以全国人民财产保险公司在延长县开展的苹果"保险 + 期货 + 银行"项目为例，项目中每亩保险金额高达165000元，而传统的苹果保险每亩保险金额只有2000元[②]，相比前者农户需要缴纳的费用更低却可以

---

① 廖万凯. 赣州市开展脐橙收入保险的可行性报告［D］. 南昌：江西财经大学，2019.

② 晓霞. 陕西省：农业保险助力乡村产业振兴［N］. 陕西日报. 2019 – 07 – 11. http：//www. moa. gov. cn/xw/qg/201907/t20190712_6320796. htm.

得到同等力度的保护，保障程度大大提高。在保护措施上，传统的农业保险相对单一，只是单纯对自然灾害带来的产量损失进行承保和赔付，而收入保险的保障标的是种植户收入，可以同时保障由产量和价格风险带来的亏损风险，在价格下跌时农民也能得到赔偿。双重的风险保障在最大程度上保证农户稳定地获取约定的收入，为当地苹果产业的持续健康发展提供了坚强的后盾。

6.4.4.2　投保积极性强

苹果试点期间，黄陵县就遭遇了冰雹、大风等极端天气，果树难以存活，果农损失惨重。保险公司收到信息反馈后，便开始整理数据并对参保的果农进行理赔，取得良好效果。理赔结束后，通过政府的大力宣传以及农民的口口相传，果农对苹果保险有了进一步理解，明白收入保险的重要作用，投保积极性高涨，态度逐渐从"不想保"转变到"我要保"。据统计，仅 2016 年，参与苹果收入保险果农达到了 6.29 万户，参保面积同比增加 45 万亩，保险金额高达 9 亿元，最终获赔 3823 万元。

6.4.4.3　助力脱贫攻坚

延安作为陕西省苹果的优生区和主产区，现有 100 多万人以经营种植苹果为主业，接近总人口的一半。果农苹果种植收入达到人均6900 元，占到人均纯收入 60% 以上，在一些贫困地区，居民 90% 以上的收入都来自苹果产业。

苹果收入保险的实施，为果农种植苹果提供自然风险和市场价格风险保障，解决了产业扶贫中最根本的问题，有效解决了一些从事苹果生产的贫困家庭因为产业收入受损而引起的致贫、返贫问题，实现了扶贫政策的精准落地[①]。相关数据显示，自 2015 年以来，延安市实现 16.8 万贫困人口全面脱贫，整体贫困率下降到 3%。截至 2019

---

① 张海军，施培，谭博，聂建亮. 农业收入保险创新精准扶贫的思路与实践［J］. 中国保险，2020（7）：19－23.

年 5 月 7 日，陕西省政府发布公告宣布延安市延川县、宜川县成功脱贫，这标志着革命圣地延安的贫困县全部打赢脱贫攻坚战。

6.4.5　苹果收入保险试点存在的问题

苹果收入保险建立的最初目标是帮扶果农，为农户提供了产量和价格双重风险保障。但在探究陕西延安市的苹果产业保险发展过程中，发现在苹果产业保险的相关发展中依旧面临着一些问题，具体来讲表现在以下四个方面。

6.4.5.1　农业险运营模式单一

陕西虽然是苹果种植大省，销售量居于全国首列，但是苹果收入保险的试点较晚，发展较慢，农业保险的运营模式设计没有充分考虑实际风险分布状况、种植规模、经济发展水平等，造成保险服务对象单一，保险种类匮乏[①]，保险服务条款在实际中难以运行。

服务对象单一，无法满足不同规模种植户的参保需求。目前，延安多数农业种植者以家庭为单位的形式进行生产经营，市场现有经营者的规模较小。以"保险＋期货"这类模式为例，其主要是通过在期货市场上购买期货合约达到转移风险的目的，在期货交易市场中，1 手的交易量为 10 吨。调查显示，2018 年，延安市苹果的亩产量为 8151 斤，约合 0.82 吨，这意味着大多数苹果种植家庭的年产量不足 1 手的交易量，根本不满足参保的条件[②]，这会对许多想要参保的种植户产生限制。

农业保险服务条款较为笼统，保险合同的设计难以适应各个地区农户在苹果保险方面的不同要求。举例而言，虽然同在延安市，但是

---

① 刘夏冰. 陕西苹果产业保险体系构建［D］. 杨凌：西北农林科技大学，2015.
② 卢婷. 陕西省延安市苹果"保险＋期货"试点问题研究［D］. 秦皇岛：河北科技师范学院，2020.

各个地方遭受自然灾害可能性不同，就存在一方损失惨重，而另一方却无法满足保险理赔条件的情况，这会大大削弱受灾可能性较低区域的参保积极性。

6.4.5.2 价格发现机制不健全

收入保险的保险标的是约定收入，而约定收入是由具体的保障产量和保障价格共同确定的，两者的确定关系到苹果收入保险的保障水平。通常情况下，确定保障产量的方法较为简单。一个地区每年的种植产量往往保持稳定，变化幅度较小，保险公司可以在政府帮助下，计算出最近几年投保地区的单位面积平均产量，再结合种植环境及种植方式变化从而制定出合理的保障产量。保障产量的计算需要大量的数据支撑，陕西省政府也一直致力于数据的积累：第一，从1980年开始陕西统计局、农业局等权威机构，就通过严格的统计调查程序记录了苹果的产量；第二，陕西近年来建立了标准化生产基地，可以对苹果的产量、品种进行全方面监测并计入数据库。因此，苹果收入保险关键在于如何确定一个公平、公开、公正的保障价格。

保险公司销售和果农购买收入保险的前提是存在一个市场化的交易价格。目前我国部分试点参考了欧美成功开展收入保险国家的经验，借助期货市场的价格发现功能来确定保障价格。然而直到2017年12月22日，我国苹果期货才成功进入交易所。目前苹果期货市场尚不成熟，导致期货市场与现货市场关联度较弱，对确定目标价格的参考意义不大，市场机制无法充分发挥价格预测作用[1]。

6.4.5.3 "保险＋期货" 保险费高

近年来，我国极端天气频发，自然灾害波及范围大。受此影响，农业具有较高的风险，农业保险费率也会有所提高。"保险＋期货"模式下的收入保险只是利用期货市场探索性地分散了收入构成中的价格波动风险，将更多的不确定性留给了保险公司。加之我国收入保险

---

① 任雪莹. 烟台苹果收入保险定价研究 [D]. 泰安：山东农业大学, 2019.

的发展时间较短，其保险的经营管理成本与开拓业务成本相对较高。保险公司作为一个营利性质的机构又需要从中获利。在风险和成本的共同作用下，保险公司要想减少损失就不得不提高保险费用。

对于果农来说，在购买"保险＋期货"模式中的保险合约时，除了交付保险费用之外还要缴纳一定比例的保证金，所需资金较多。这使得农民在收入水平有限的情况下不会购买保险。这种情况下，农户损失得不到补偿，从而缺少资金投入来年的生产经营，收入问题陷入一个恶性循环，更加没有能力投保，参保意愿也受到影响。

6.4.5.4 法律监管制度不完善

收入保险的成功开展与当地财政支持、政策补贴以及强有力的监管系统密不可分。法律法规的制定与监管体系的完善，决定着苹果收入保险实施效果如何以及能否持续性发展。陕西从 2016 年开展探索苹果保险到 2021 年利用期货市场探索开展"保险＋期货"收入保险只有六年时间。试点期间相关法律规范和监管体系并不完善。相比于一些西方国家出台专门的法律条例确保农产品收入保险的普及和持续发展，陕西省政府只是在试点初期以文件的形式部署开展工作。这种开展方式缺少法律效力，实施效果无法长久保持。除此之外，农产品收入保险的参保者大多文化水平不高，难以理解保险合同中保障产量的测量和保障价格的计算、保险责任的划分、费率的合理性等一系列条款，出现买卖双方掌握信息程度不同的局面。在这种信息不对称情况下，保险公司出现道德风险概率增大，参保者难以保障自己的利益不受到侵害。

6.4.6 延安市苹果收入保险试点启示

6.4.6.1 创新农产品收入保险模式

政府应借鉴国外农业保险经验，结合我国国情，针对现行模式下存在的不足，加大保险产品的研发投入，创新多样化的保险产品种类。致力于实现农业保险产品设计的规范化和科学化，积极开发"互联网＋"农业保险、"保险＋气象"模式气象指数保险等新产品，为农民提供个性化的保险服务，有效提高收入保险的适用性和农户投保的积极性，使农产品收入保险的覆盖面得以扩大①。

各地经济发展水平和种植环境大有不同，应实行差异化保险模式。一方面，鼓励当地政府和保险公司实地调研，根据农产品品种、种植区域风险、农户收入等指标对所要统计的区域进行合理的划分，细化风险等级，制定不同的保险赔付规则和实行差异化的保险模式，加大农民自主选择权，让农民选择险种和缴费档次。例如，针对个体种植户，其经营规模小、风险系数低、参保成本高，可以重点推行"基本＋补充"型产品，基本险不必缴费，只有要求较高保障时需要其自行缴纳补充保障部分保费。针对规模种植者，其经营规模大、风险集中，产量满足期货交易市场要求，可以开展"保险＋期货"模式收入保险。

6.4.6.2 构建农产品数据管理体系

收入保险应当以完善的生产数据作为支撑，才能实现更精确的风险管理。因此，要想进一步发展农业保险，就必须做好统筹工作，建立严密的数据调查、汇总和上报程序，加大苹果收入基础数据的建设力度。政府可以与保险公司合作，在每个试点设置相关数据收集部门，建立和完善农产品的信息数据库，将种植产区的亩产、成本、费用、收入以及不同品种、等级的产品市场价格等信息统一纳入"大数据库"。数据收集部门在收集到足够数据的基础上，再根据种植面积、地域等不同标准对数据进行分类和整理，有助于精确地有差异地厘定保险费率，满足更多农民的需求。同时，运用科技手段构建农业保险大数据资源的跨部门共享机制，使得政府、

---

① 姜德华．"保险＋期货"在我国农产品价格风险管理中的应用——基于陕西富县苹果试点的案例分析 [J]．价格理论与实践，2020（8）：120－123．

保险公司实现信息云共享，有利于了解相关市场行情，便于判断保障价格的合理性。

6.4.6.3　完善农业保险利益引导机制

单纯增强农民的风险管理意识和加大政府的宣传力度并不能从根源解决农产品收入保险覆盖率低的问题。因此，应采取利益引导机制，配合政府的补贴政策，赋予商业保险公司持续经营的动力，为参保人购买农业保险提供资金支持。现阶段政府对农险公司的优惠主要是减免部分营业税和所得税，支持力度较低。因此，可以充分考虑在财政收入水平较高的经济发达地区建立保险基金，政府划拨一笔专项资金为参与农保的商业保险公司提供针对性的优惠和资金支持。为解决农民"保不起"难题，除了政府补贴一定比例保险费用，还应加快推进"期货＋保险＋银行"模式的运行，运用金融力量和市场手段。在这一模式下，农户可以利用保险单、标准仓单作为质押物向银行等金融机构融资，以保证农业生产的顺利进行[①]。

6.4.6.4　健全农业保险法律监管体系

"产品开发、法律先行"，推行收入保险的前提是健全的农产品收入保险法律法规。随着收入保险行业的逐渐成熟，保险信息数据以及服务质量等一系列问题不容忽视，亟须制定规范统一的行业秩序，推进保险行业健康发展。因此，政府在推行苹果收入保险的过程中应充分借鉴国内外成功的发展经验，结合本省自身的生产状况和市场行情，推出相关法律法规，从源头上有效防范风险，引导新型业态合法依规发展，保障产品顺利推广。

在监管方面，首先，监管部门应加强对苹果交易市场行为的监督，管控市场价格，杜绝违反职业道德行为的发生，防止保险公司侵

---

① 袁博. 苹果"保险＋期货＋银行"模式助力乡村振兴［J］. 南方农业，2022，16（15）：40－43.

害果农利益，使苹果收入保险真正成为稳定农民收入的"保护伞"①。其次，严格规范参保者的行为，加大惩罚力度，对虚假销售、逃避责任的行为严肃处理，使保险公司能够有法可依，在规定的范围内开展业务。最后，政府部门要明确相关职责，进一步提升监管部门的公信力。

① 张耀文. 湖南省水稻收入保险产品设计［D］. 开封：河南大学，2020.

第 7 章 国外农业保险的经验借鉴

7.1 美国农业保险经验借鉴

7.1.1 美国农业保险发展历程

7.1.1.1 美国农业保险的历史背景

农业保险历史悠久,早在 18 世纪末期,德国就提出了早期保险计划。到 19 世纪末,许多欧洲国家和美国都制定了主要针对冰雹的农作物保险计划。而雹灾险于 19 世纪 80 年代首次在美国出现,此后一直被广泛使用。然而该保险在多地试点的结果却并不理想,这类综合险的试点与推广基本上都以失败结尾。19 世纪末农业雹灾保险的开展标志着美国农业保险的产生。目前来说,美国主流的农业保险是农业收入保险以及农业产量保险。

纵观世界农业保险的发展历史,美国是其中历史较长且实施效果较好的国家之一,农民收入的稳定和美国农业经济的发展,乃至美国总体经济的繁荣,少不了发达的农业保险制度为其保驾护航。美国农业保险从最初的制度建立到之后的不断改革,乃至进一步的发展繁荣都有其特定的历史背景。

7.1.1.2 美国农业保险的发展概况

20 世纪 80 年代以来，许多新兴农业大国崛起，美国农产品在国际农产品贸易市场上遇到了强有力的竞争对手。从 1945 年开始到 1980 年，美国对新开展的农作物保险内容不断进行修正，然而试验成效及影响效果甚微。在 1981 年 3 月至 1987 年 7 月，美国的农产品净出口遭受打击，美国国内农产品价格迅速下跌，当时的政策体系难以扭转乾坤。由此开始，美国联邦政府开始积极调整相关的农业政策，加大对农业发展的投入，出台一系列支持政策，积极助力农业生产者降低生产成本以提升国际竞争力。

20 世纪 90 年代是美国农业保险突破性创新发展的时期，美国的农业收入保险就是在这个时段产生。自此以后，美国农业收入保险的种类开始逐步增加，规模也日益扩大。其在运行了半个多世纪产量保险的基础上创造出了收入保险，主要原因是农民对于收入保障的需求实际上更为迫切。从 1996 年开始，美国便开始逐步试点农业收入保险，投入约 8 年时间用于开发和试验各类收入保险产品，收入保险既保障了农民收入，又大大降低了农业补贴金额和"黄箱"支持水平，2003 年开始在全国普遍推广，并逐渐发展成熟（许叶颖等，2021）。

7.1.1.3 美国农业保险发展现状

美国是较早开展农业保险的国家之一，目前已发展成为国际上农业保险规模排行前列的国家。美国农业保险的保费收入，1989～2016 年，逐渐从 8.1 亿美元增长至 93.3 亿美元，取得了令人瞩目的发展成就。其中，在 1996 年，美国的农作物收入类保险合计保费只占保费总额的 7.9%，然而到了 2016 年，该保险合计占比飙升至80.6%，覆盖面在全国迅速扩大。从各种农业保险的覆盖范围来看，美国 1996 年农作物收入类保险面积实际覆盖率为 5.7%，承保面积也仅为 1165.4 英亩①，之后逐年递增，到 2016 年农业收入保险覆盖

---

① 1 英亩≈0.405 公顷。

率已上升至68.1%，承保面积更是达到1.97亿英亩，而且其中98%以上都是种植险（田菁等，2018）。另外统计数据显示，2004年，美国农业保险保费收入是41.9亿美元，承保面积高达2.21亿英亩，赔偿责任金额为446.2亿美元，其中政府对农业保险的财政补贴达到24.8亿美元。[①] 在2011年时美国的农业收入保险保费规模甚至突破了107亿美元，约占全部农业保费收入的90%。在2016~2017年期间，美国农业保险年均保费则是保持在100亿美元左右，业务发展相对稳定（郑军，杨玉洁，2020）。2017年，联邦政府对农业安全网支出136.3亿美元，其中，联邦农业保险计划支出106亿美元，农业商品计划支出24亿美元，农业灾害援助计划支出6.3亿元（李琼等，2018）。

目前，美国农业保险覆盖了近120种粮食作物和经济作物，2019年保费收入达到101.23亿美元，其中基于期货价格的收入保险保费收入占农业保险总保费收入的80%以上，联邦政府补贴63.67亿美元，实际发生赔付101.31亿美元，较好地发挥了农业保险服务农场主收入保障的作用（李正强，2020）。到2021年，美国农险保费收入143亿美元，同比增长了37.8%。

7.1.2 美国农业保险制度

19世纪末美国的一场自然雹灾，让美国农业保险制度正式诞生。也正是如此，1933年，美国国会还通过了一项《农业调整法》，联邦政府通过与农户签订协议并对参与播种面积控制的农民支付直接补贴的方法来提高农业经济的风险分散能力，使农户自愿缩小主要农作物的播种面积，以期稳定农产品价格，保障农民收入。美国政府的正式介入始于20世纪30年代末，《农业调整法案》第五章中首次批准了

---

① 李斌. 玛曲县藏区特色农业保险开办模式探析 [D]. 兰州：兰州大学，2013.

《联邦农作物保险》，但在此后几十年时间里，它本质上仍是一个具有实验性质的项目，无论在作物保护品种和地区覆盖方面都是极为有限的。1938 年，美国国会通过《联邦作物保险法案》，创立农作物保险项目，但其险种单一，运行成本高，农户参与度低。直到 1980 年，该法案才进一步将保险范围扩大到大部分作物和地区，这反映了国会的愿景，即为所有地区的所有农民提供保护。法案确立了公私合作的框架，在这个框架下，私营企业负责销售保险和维护运营保单，而产生的行政和运营费用由联邦政府报销。这项立法的重大意义是引入了美国政府和私人保险公司之间的公私合作关系。这种合作关系的主要目的是在联邦政府的监管和财政支持下提高私营部门提供保险服务的效率，降低投保门槛。

1980~2010 年，联邦农作物保险计划的覆盖范围（覆盖的作物种类和地理区域）不断扩大，产品种类迅速拓展，这主要是得益于国会的持续关注和补贴的大幅增加：1994 年的《联邦农作物保险改革法》增加了补贴，再次扩大了保险产品的覆盖范围；1996 年，隶属于美国农业部的风险管理局（RMA）成立，专门负责管理联邦农作物保险（李琼等，2018）。2000 年 5 月，新通过的《农业风险保护法》（ARPA）进一步增加了补贴，扩大了可能的产品种类，并要求风险管理局（RMA）引入覆盖牲畜和作物生产成本的产品。2008 年的农业法案强制要求参加 SURE 农作物灾害援助计划的农民购买农业保险。

2014 年美国通过了新农业法案——《食品、农场和就业法案》，该法案将农业保险作为保障农民收益的核心手段，强调风险管控，探索出合约约束、公私合营、损益共担、政府承诺为特点的农业保险体系。这也进一步扩大美国农业保险的保障范围，让农业保险在美国农业市场上发挥越来越大的作用；该法案提出取消每年需要花费的约 50 亿元的直接农业补贴，且在未来 10 年增加近 70 亿美元农业保险预算，用于增加农业保险补充计划和补贴金额，并且通过将高地棉生产的收入补贴转为农业保险项目，使得其现行的农业补贴政策发展出"黄箱"转"绿箱"的趋势（吴本健等，2016）。

2018 年，美国发布了最新农业法案——《2018 年农业提升法案》，该法案的有效期是 2019~2023 年，预计 5 年间在农业方面投入 3870 亿美元。其中的农业保险部分的内容及所占篇幅变动不大，该法案主要是根据新的发展形势对部分内容进行了修改；这份法案也是决定美国在 2019~2023 年农业补贴、农业保险、资源环境、贸易、科技等农业政策走向的最重要的法律文本。

7.1.3　美国农业保险模式和运行机制

美国农业保险体系是由 3 个层次构成，联邦农作物保险公司（FCIC）、私人商业保险公司和保险代理人。

第一层是美国联邦农作物保险公司。这是农业保险的重要构成部分（饶祎平，2017）。1938 年美国通过了《联邦农作物保险法》后并在农业部内设立了 FCIC，该公司由董事会负责治理，其成员由农业部部长直接任命。FCIC 是美国政府全资成立的政策性农业再保险公司，与美国农业部风险管理局（RMA）共同负责管理政府开办的农业保险项目，包括制订保险计划、厘定费率、开发产品、补贴直接保险公司的保费和运营成本、提供再保险保障等，是美国政府参与农业保险、再保险管理的重要抓手（李琼等，2018）。FCIC 的主要职责是经营与管理全国农作物保险，同时作为再保险人为私人商业保险公司分担风险。联邦农作物保险公司在全国分为 10 个办事处，每个办事处负责 3 个或 4 个州的农业保险业务。

第二层是私营性质的农业保险公司。其以直接参与主体的身份，负责农产品保险系列产品的开放及销售，同时也要接受 FCIC 的监督与管理（马达，2022）①。直接保险公司经营政策性农业保险业务须获得政府审批，而且只有与 FCIC 签署《标准再保险协议》后才能获得政策性农业保险业务的经营资格以及保费等相关补贴（李琼等，2018）。

第三层是美国农业保险机构的销售员与核损员。其中独立的代理人，也是实际操作人，可以代理一家或多家保险机构的农业保险业务，但是在代理农业保险业务上，实际上也只能为一家农业保险公司代理（杨伟鸽，2014）。另外，独立的农业查勘定损人员，要求比较严格，一般需经过专业培训并通过相关考试后才能取得相应从业资格证。基于此，三个层次的体系职责分工明确，在保险体系框架下各司其职，利益一致且责任连带，有效降低了其自身的经营风险。

美国农业保险的类型主要为政策性农业保险，其运营模式主要是政府扶持下的私营保险公司经营与代理模式。农业保险在整个保险品种中是属于高赔付率的险种，离不开政府的扶持。政府的扶持至关重要，若缺乏政府保障，农业保险将无法有效发展下去。美国农业部风险管理局（RMA）与联邦农作物保险公司（FCIC）除了负责宏观调控、提供法律支持以外，还提供财政税收补贴和政策支持，并且开展农业再保险等业务，不断推出新的农业保险品种（周郭思渝，吴梅莲，2017）。经过 RMA 和 FCIC 核准后，私营保险公司也可以经营农业保险业务，并且可以享受到政府补贴，主要以补贴行政管理费为主，从而降低企业运营成本。私营公司的加入，使农业保险市场的竞争越发激烈。为了降低系统性风险的影响，私营保险公司也会购买再保险产品，而私营企业同样可以经营农业保险再保险业务。

经过长时间的不断发展，美国目前已经形成了由政府宏观调控、立法管理、财税补贴，由私营保险公司经营的模式。不同于商业保险，在政策性农险的运作中，私营的农业保险公司不能对投保的农户

---

① 马达. 农业保险之国际经验借鉴 [J]. 上海保险，2022（1）：46-49.

差别对待，也没有权利设定保费水平，它们只能提供差别化的服务。政府作为农业保险的再保险者，提供保费补贴，与私营保险公司一起分享收益、分担风险（陈杨，2020）①。此外，政府与企业共担保险市场风险共享保险市场收益机制的建立，加强了美国政府与商业保险公司的联系。在公私合作的模式下，商业保险公司参与农业保险项目的意愿更强。

7.1.4　美国农业保险的支持体系

1996 年美国政府为加大对农业支持保护力度，开始试点收入保险。农业收入保险是保障农业生产者因自然灾害、价格波动等一系列原因造成收入下降的保险产品，可以更好地补偿农业风险损失、保障收入稳定（王云魁，杨红丽，2020）。收入保险一经推出就受到农业生产者的欢迎，目前已成为美国最重要的农业保险产品。在 2016 年，美国就发展了农作物生产边际保障计划（MP），这是一个基于区域生产数据的保险计划，当生产者的预期生产边际发生意外损失时，将获得赔付（谢凤杰等，2016）。这个计划可以使生产者规避在农业生产过程中所遭受的一系列风险，包括在农产品收成时遭遇价格下跌、农产品产量严重减产、投入成本上升或者各种混合因素造成的营收失利等（田菁等，2018）。作为区域产量保险计划的一种，农作物生产边际保障计划得到同等水平的费率支持，于 2016 年在试点州、县的玉米、稻谷、大豆和小麦 4 种农作物上实施。美国的农业支持保障体系是不断完善的一个过程。在 2018 年，按照美国农业风险管理局（RMA）公布的联邦农作物保险计划，这个收入保险体系是由"2 + 3 + 2"模式构成。其中，包括 2 个大宗农产品收入保险计划：收入保险计划（RP）、区域收入保险计划（AYRP）；3 个特色农产品收入

---

① 陈杨 . 河北省玉米种植保险调查报告［D］. 石家庄：河北经贸大学，2020.

保险计划：全农场收入保险计划（WFRP）、农产品实际收入保险计划（ARH）、核桃收入保险计划（PRV）（冯文丽，苏晓鹏，2020）；2个附加保障计划：免赔额保险计划（SCO）、累进收入保险计划（STAX）。从险种来看，从"指定险"发展到"综合险"，从"产量险"发展到"收入险"，丰富而多样的保险险种和大幅度的政府补贴及支持政策是美国农业强国的重要支撑（王鑫，夏英，2021）。

美国农业保险的政策支持体系日益趋于完善与健全，相关类型的农业保险对农作物的帮扶效果越来越显著。在各种专业组织和政府机构的扶持下，农作物抵御风险能力也越来越强。同时一系列的农业政策在发展中逐渐完善，美国农业风险管理政策由美国国会两院农业委员会制定并发布，并由美国农业部负责执行。该政策为遭受各种自然灾害或农产品低价影响的农户提供一系列支持措施，进一步补充和完善了美国的农业风险管理体系。

美国农业风险管理政策体系经过多年的调整与发展，现已形成由农作物保险计划、农业商品计划和农业灾害救助计划3大部分为主，紧急贷款和自主决定救助项目为辅的较完备体系，对稳定农民收入、保障国内农产品供应和提升美国农业的竞争力发挥了重要作用（张峭等，2017）①。联邦政府农业风险管理政策体系中最重要的部分是农作物保险计划。这个计划由美国农业部下设的风险管理局管理，并由商业化保险公司负责运作，是对农产品因产量或收入出现的损失提供风险保障的政府补贴性项目。美国联邦农作物保险计划体系包括各类项目，覆盖的农产品种类已经超过130种。美国农业保险的发展经历了私人保险公司经营、全国性保险公司经营与公私合营的3个阶段。其间，逐步成熟的政策支持体系为美国农业生产保持活力和竞争力提供了极大的支持。

---

① 张峭，等. 美国农业风险管理政策体系及其演变［N］. 中国保险报，2017 - 07 - 05.

7.1.5　借鉴与启示

美国的农业保险经过长时间的沉淀发展，目前其整个体系已经十分成熟，我国农业保险业可以从中学习借鉴成功经验，以便少走弯路，尽快建成完善的农业保障体系。

7.1.5.1　发挥私营保险公司作用

农业保险属于一项公共事业，既需要国有保险公司做出表率，在承保方面应保尽保，在定损赔付时积极主动，也需要政府给予一定的保费补贴，以此鼓励农户积极购买农业保险。同时，鼓励民间商业资本投资农业保险，确保行业适度竞争，从而促进农业保险项目的可持续发展，更好地发挥农业保险的作用。应建立以国有保险企业为主力、私营及外资保险公司共同参与的多层次农业保险体系，促进保险产品的迭代和创新，积极开发以保价格、保收入为主的保险产品，满足新型农业经营主体的保障需求。另外，还应构建普惠性农业保险产品体系，有效保障小农户的生产经营①。同时，我们要理顺农业保险的管理体制，形成一个有机的监管体系。

保险公司应借助市场经济机制，促进农业资源、农业保险资源的有效配置，充分发挥主观能动性并充分了解农户的农业生产需求，为农户提供更加科学合理的生产建议。保险公司作为农险业务的经营主体，要主动适应市场化需求，在合规经营的前提下，积极创新现有保险产品，最大限度地把农业保险业务做好。同时保险公司还应建立有效的防控风险体系，分散经营风险，保证农业保险的可持续发展，保证政策目标的顺利实现②。

---

① 朱艳霞．我国农险报废跃居全球第一［N］．中国银行保险报，2021－05－17.
② 庹国柱．高质量发展农业保险需要处理好政府和市场的关系——学习《关于加快农业保险高质量发展的指导意见》［J］．金融世界，2019（11）：17－19.

7.1.5.2 加强农业保险法治建设

从立法角度看，2012 年发布的《农业保险条例》对我国农业保险的法制建设具有一定的积极作用，但其内容过于笼统并且缺乏有效的适应农业保险业务的发展意见，导致权威性和有效性不足，具有规范性的法律法规也并未出台。另外，自 2013 年《农业保险条例》颁布以来，我国农业保险制度发展达到了高峰，但是与同时期国外发达国家相比，制度设计仍存在着较多缺陷。因此，农业发展要充分立足本国国情，选择性地吸收美国农业保险的经营管理制度，实行多模式经营管理体制。加强农业保险政策法规的制定，为农业发展提供法律保障。同时鼓励更多的农业保险机构参与进来，让市场进行选择，使经营业绩良好的农业保险经营机构服务市场。此外，法律法规应明确规定农业保险的政策性和非商业性特征、农业保险的经营目标、经营原则及组织形式、承保范围、保险费率、保险责任及国家对农险的监督管理等重要环节，让农业保险的发展有法可依[1]。

7.1.5.3 加大农业保险支持力度

将直接农业保险费用补贴转变为间接补贴，提高农业保险补贴水平。除了补贴保险费用之外，还应持续加大对农业保险项目经营管理的扶持，提高再保险费用支持力度。应适时将其他特色农产品纳入保险范围并给予一定的补贴，尽快在粮食主产区推广巨灾保险，试点实施以奖代补计划。注意对小农户的救助和补贴，按照经营规模制定异质性的补贴机制。同时，优化多层次财政补贴制度，中央财政补贴主要向重要农产品及粮食生产功能区、深度贫困地区以及产粮大省倾斜，地方财政向地方特色农产品倾斜[2]。此外，建立农业保险保险费率动态浮动机制，定时对投保农作物开展绩效评估，科学制定保险理

---

[1]　周郭思渝，吴梅莲．美国农业保险发展经验及对中国的借鉴［J］．价值工程，2017，36（4）：10－12.

[2]　朱艳霞．我国农业保险费跃居全球第一［N］．中国银行保险报，2021－05－17.

赔金额等级，进一步提升财政补贴资金绩效。调动保险机构的积极性，提升农业保险的可持续性。另外，要增加农业保险品种，探索构建涵盖财政补贴基本险、商业险和附加险等农业保险的综合产品体系。发挥再保险的引导作用，构建风险分担机制，合理确定分保比例，进一步提升农业保险保费的财政补贴资金的惠农效率，降低经营主体对直保业务的逐利预期。

7.1.5.4　重视现代农业风险防范体系建设

农业生产面临洪水、冰雹、病虫害等自然风险，在生产流通过程还面临技术风险、市场风险等风险，农业保险是解决农业风险的有效机制。目前我国大多数保险机构都缺乏农业巨灾管理研究机构。尽管保险发挥了一定保障作用，但在助力农业高质量发展上还有很长的路要走。农业保险要实现高质量发展，做好风险管理是基础和关键，但这恰恰是容易被农业保险经营主体忽视的地方。现代农业风险防范体系是提高农业发展、降低农业经营风险的重要手段。因此，我们要加快多层次经营、多渠道支持和多层次分担的现代农业风险防范体系。把科学技术应用的文章做足不仅能实现精确和高效承保，还可以通过精确定损防范很大一部分风险。另外，政府应制定相应法规，发展多元市场流通主体，构建开放完善的市场体系，降低现代农业的生产成本和市场风险。

7.1.5.5　加强与高等学府人才培养的合作

加强农业风险管理的人才培养、业务培训工作。加强学科建设，支持大中专院校增设农业风险管理、农业保险专业，培养农业风险管理、农业保险等方面的专业技术人才。加强继续教育，综合运用集中培训、研讨、进修、自修、案例教学、技术考察、咨询服务、对口培训、网络培训等多种形式，为从事农业风险管理工作的人员有针对性地开展继续教育服务。加强技能培训，支持各类培训机构加大对农业生产经营主体尤其是新型经营主体的风险教育培训力度，提高利用市场化风险管理工具分散和转移风险的能力。加强企业农业风险管理人才培养，引导保险机构建设实训基地、打造人才孵化基地、建设产学研协同创新基地。加强农民的教育培训，通过举办培训班或依托媒体平台等方式，提高农民群众对包括农业保险在内的各项风险管理手段的认识，增强风险管理意识和预防能力。

7.2 加拿大农业保险经验借鉴

7.2.1 加拿大农业保险背景与发展历程

7.2.1.1 背景

早在 1880 年德国学者就已提出农业保险的概念。在全球 100 多个国家进行了农业保险的实验和发展，在这些发展较好的国家中，绝大多数都出现了国家干预的身影，加拿大是其中最成功的案例之一。

加拿大是世界第二大国家，拥有辽阔的地域，其不同地区的土壤和气候等农业生产条件都存在较大差异。加拿大拥有农业用地面积6800 万公顷，即用于农业生产的土地占国土面积的 7%，是仅次于美国的第二大粮食援助提供国。阿尔伯塔、萨斯喀彻温和曼尼托巴三地作为加拿大最重要的农业生产区，拥有大面积肥沃的黑土，是国家的粮仓。加拿大农业食品行业占其国内生产总值的 8%，是加拿大经济重要的组成部分。加拿大政府十分重视农业的可持续发展，不断优化和完善着农业保险制度。

自 1921 年以来的 100 多年间，加拿大农业在生产经营方式以及农场的数量和资产规模等多个方面都发生了十分显著的变化，主要表现为在市场竞争加剧和科学技术进步的影响下，加拿大农场的数量正在减少，而留存下的农场规模更大、资本密集程度更高。加拿大统计局 2021 年对农业普查的结果显示，加拿大现有 189874 个农场，比

2016 年下降 3.2%, 农场总面积由 1921 年的 1.41 亿英亩增长至 2021 年的 1.54 亿英亩。随着农场面积的扩大, 农业人口比重反而在缩小。20 世纪 30 年代, 加拿大农业人口约为 320 万, 占当时人口总数的 31.7%。21 世纪初, 加拿大人口扩大了 3 倍, 达到了 3100 余万, 而此时农业人口仅占总人口的 2.2%, 相对于农业人口的大幅缩减, 农场的平均面积和资产额度大幅上升①。随着一国经济的发展, 就会进入不同程度的工业反哺农业的阶段。2020 年, 加拿大的农场营业收入总计 870 亿加元, 支出达到 722 亿加元, 平均而言, 每增加 1 美元的收入, 农场就会产生 83 美分的费用。

农业行业面临着多种挑战, 例如极端天气事件、贸易争端和价格波动。COVID - 19 大流行导致经济下行, 农业供应链中断和生产投入价格上涨的形式加剧了这些挑战。农场主在农业生产活动中主要面临三大风险②: 第一, 自然灾害（例如恶劣天气和病虫害等）所导致的农业生产损失, 农业保险可以解决这类损失的补偿问题; 第二, 农产品市场价格下行使农场主遭受的价格风险, 这类损失可以通过订单农业或在期货市场上套期保值来规避; 第三, 农场主在没有足够资金或负债过多情况下面临的违约风险。上述风险来临时农业生产者将会主动降低生产方面投入, 这会导致农业产品产出减少。因此, 农业保险在缓解这种压力、稳定农业产出和保障农业收入等方面的作用非常重要。通过政府干预、对农业保险进行补贴支持的方式, 助力农业保险市场的发展, 运用农险等工具保障农民收入是推动农业发展、强农惠农必不可少的政策。

7.2.1.2 发展历程

早在 1920 年, 加拿大少数私人商业保险公司就已经多次尝试经

---

① http://www.statcan.gc.ca.

② Milton B., Jeffrey P., 易细纯等. 加拿大农业保险的经历和经验 [J]. 中国农村经济, 2007 (2): 72 - 76.

营农业保险，但都收效甚微，大多以失败告终。联邦政府通过立法，保障农产品价格稳定合理，在保障出售价格方面，则是通过政府采购、资金补贴等方式来保持收入稳定。1959 年加拿大出台了《联邦农业保险法》，1960 年开展政策性农业保险。其主要运行模式是联邦政府与下级政府合作，具体项目由联邦政府制定，且提供农业补贴，省政府自由决定是否参与，并负责省内农业保险经营。在此之后，农业保险成为加拿大农业发展、维持稳定不可缺少的政策措施。

1990～2000 年，加拿大对于农业产品的支持政策由价格兜底转向直接收入补贴。然而在此转变期间，联邦政府的农业保护政策极大地左右了农业总产值，这导致了联邦政府面临沉重的财政负担，农业支持保障预算赤字的问题逐渐凸显。面对这种已经对农产品市场产生不当影响的农业支持保障政策，国际上对此政策提出限制建议。面对国内国际的多重压力，加拿大着手进行以市场导向为主、政府干预为辅的农业改革。例如在《农场收入保护法》中，规定不再对谷物、油籽实行价格支持，将重心转移到稳定农场收入、降低生产决策产生的影响上。

21 世纪初至今，加拿大农业政策体系逐步向市场导向型转变。以经济市场为导向不仅提高了农业生产的竞争力，也活跃了农产品市场。其目标是增强联邦政府的农业风险管控，促进农业部门逐步适应社会发展，增强农业部门可持续发展能力等多方面。在现有农业保险发展体系中，加拿大已然步入了发达行列，在农业保险的管理和补贴方面由联邦政府和省政府合作开展。不管是按参保农户数量统计还是按照承保面积统计，加拿大农业保险的覆盖率都很高，加拿大农业场主农业保险参保率高达六成。

目前加拿大农业保险品类主要分三种：第一种保险产品是作物产量多灾害险（MPCI），约占农业保险总保费收入的 80%；第二种保险产品是冰雹保险，是一种完全商业性质的保险，约占农业保险保费

收入的 20%；第三种保险产品是近年推出的西部畜牧价格指数保险
（WLPIP）[①]，作为一种创新型产品，目前市场规模较小，其目的主要
是为了降低加拿大期货市场风险。加拿大全国 10 个省份均已参与农
业保险，但其存在分布不均的情况，主要集中在西部地区，多个农业
大省是加拿大最主要的农业保险市场，占全国农业保险总保额的
86.6%。

7.2.2　加拿大农业保险制度

制度建设是加拿大农业保险获得成功的重要保障。农业保险在加
拿大农业政策中的地位举足轻重，几乎伴随了加拿大农业支持政策发
展演变的全过程。从 2000 年开始，加拿大政府致力于构建在多层次
目标驱动下的农业支持政策框架体系。2008 年，加拿大借鉴了美国
每 5 年修订一次农业法案的经验，制定了第一个面向未来增长
（Growing Forward，2008－2013，简称 GF）的农业政策框架，其目标
是为了农业可持续发展能力以及风险抵御能力。政策性农业保险的开
展需要政府财政支持，这涉及政府资源的分配。因此，对何种产品进
行价格补贴，以何种形式进行补贴，具体补贴地区范围如何划定，这
些资金的使用由谁监管等问题，都需要通过立法来规范并加以监管。
否则，政府预算就缺乏依据，公共资源就无法保证得到合理和有效的
运用[②]。

7.2.2.1　立法[③]

加拿大联邦政府对立法关注度较高，其农业保险一开始就是在法

---

　　① 王克. 加拿大农业支持政策和农业保险：发展和启示 [J]. 世界农业，2019（3）：
56－62，116.

　　② 谢兰兰、陈东升. 加拿大的农业支持政策：水平与实施效果评价 [J]. 现代管理科
学，2018（5）：115－117.

　　③ 朱俊生等. 加拿大农业保险制度发展模式（上）[J]. 保险理论与实践，2016
（6）：88－97.

律规范的框架内经营运作。最早可追溯到 1959 年联邦政府颁布的《加拿大联邦农作物保险法》，初步确立了由联邦政府和省政府共同支持的农作物保险制度框架[①]。加拿大联邦法律规定，联邦的农业保险计划需要由省议会投票通过后以法律文件加以规范。曼尼托巴省最早响应了联邦的农业保险立法，其省级议会于 1959 年颁布了《曼尼托巴省农作物保险法》。该省从 1960 年执行了政策性农业保险的计划。此后，其他各省也相继通过本省议会立法，分别开始执行农业保险计划（朱俊生等，2016）。

加拿大联邦政府规范农业保险计划的法律和法规主要包括《农场收入保护法》和《加拿大生产保险条例》。《农场收入保护法》授权联邦政府与各省签订协议，根据该法的授权，联邦政府向各省提供农业保险计划，为各省农业生产者的收入提供保障。《加拿大生产保险条例》规定了各种条件和标准，以确保各省开发和销售的农业保险产品是基于精算开发的，并且在财务上确保实现自给自足，避免发生系统性财务风险。

现行农业"未来增长的政策框架"[②] 是联邦政府、省政府和地方政府在农业政策、项目和服务领域合作的基础性文件。它规定了联邦与省政府在保险方面的要求与义务等事项。例如，联邦政府、省政府在保费和管理费用方面的分担比率、申请管理费用补贴应符合的条件，以及具体操作文件的范本。各省每年需要准备和签署一份操作文件。该文件明确了联邦政府支持的保险计划细节内容，包括符合要求的农产品以及农业生产标准，参保截止日期、保障水平和区域、费率厘定方法，精算认证的更新与截止日期，数据报告的模板等（朱俊生等，2016）。

[①] 王鑫，段亚东. 农业保险制度的国际经验借鉴 [J]. 河北企业，2017（7）：133 - 134.

[②] 《未来增长的政策框架Ⅱ》，简称 GF2.

7.2.2.2　分担补贴机制[①]

农业保险费由政府与农户共同承担。联邦政府对于农业巨灾保险、综合性生产保险以及高成本生产保险的保费分别给予了 60%、36% 和 20% 的补贴，而保险基金则被用于支付农户的事后索赔。农业巨灾保险主要承保发生频率低但造成损失严重的巨灾风险；综合性农业生产保险主要承保由多重风险产生的产量损失；高成本农业生产保险则具有承保比率高、运作风险大的特性。保险管理费用由联邦政府和省政府共同分担，分担比例分别为联邦政府承担 60%，省政府承担 40%。

在补贴方面，对于农业保险的所有补贴，加拿大联邦政府都会通过指定的代理机构支付给各省级政府部门。联邦政府专门设计了一套全国通用的网页版程序，用以完成联邦政府的补贴划拨及各省对农业保险补贴的申请。联邦和省政府就成本分担比率达成一致后，各省根据相关政策规定每月可以提出一次农保财政补贴申请。联邦政府围绕申请核实农业保险承保农产品是否为国会批准目录内的产品，另外还需要核实签署的操作文件中是否包含了相关计划。各省提交管理费用的合理预算后，联邦政府会基于对预算的审核结果，决定每月向各省预付管理费用的数额。各省每季度提交费用精算报告以及最新的预测，联邦政府会据此多退少补，收回或补偿管理费用补贴的差额（朱俊生等，2016）。

7.2.2.3　监督制度[②]

加拿大联邦政府对农业保险的监督涵盖财务可持续性、保障水平、保险价值和保险费率四个方面。财务可持续性要求做到：一是合规审计。联邦政府以 5 年作为一个周期，对每个省进行审计。联邦政府确定审计的范围和内容一般包括财务和项目两个方面。各省有义务

---

①② 朱俊生等. 加拿大农业保险制度发展模式（上）[J]. 保险理论与实践，2016（6）：88 - 97.

提交审计的年度财务报表，联邦政府对报表进行分析、审计复查和综合评估，以确保各省农业保险的财务收支合规。二是精算审计。加拿大农业和食品部门的精算专员执行精算审计，目标是确保精算认证的方法合规且能够得到恰当的运用。

保费补贴存在免赔金额和免赔条款等限制条件。联邦政府要求保险公司科学合理确定保障产量。一般而言，保险保障的产量要低于农户的生产能力。政府还要求根据预测的农场出售价格、种植成本或合同规定的其他替代方法确定保险的价值，且农场出售价格均值要高于所确定的平均保险价值。在保险费率方面，加拿大联邦政府要求以精算程度来确定保险费率，其中包含建立准备金和支付赤字的附加，考虑保险计划中需要支付成本的所有因素（朱俊生等，2016）。

7.2.3 加拿大农业保险模式和运行机制

加拿大农业保险的目标是"在可靠的保险精算基础上，为农民因不可控的自然风险造成的农作物损失提供保险保障。"同时，农业保险遵循开展农作物保险的五项原则：一是确保农民普遍参加。虽然农民参加保险计划可以是自愿的，但保险的保障责任应尽可能广泛，以使农民对政府其他援助计划的需求减少到最低限度。二是保险合约要公正和公平。这一原则要求农作物保险的保障责任应该是平等的，赔款应该与产量损失相适应。三是确保保险公司的财务收支平衡。农作物保险要在可靠的精算基础上开展和运行，力求做到赔偿额与保费相平衡，而且，要以可靠而有效的方式来管理农作物保险计划，使计划的实施始终与计划的目标保持一致。四是要确保农民买得起。农作物保险的保障水平应该与正常生产条件下的预期产量相联系，同时，要让农民能负担得起保险费。五是农业保险要与其他农业收入保障政策互补。[①]　加拿大的农业保险采取的是全国联邦、省和农户之间的三方协商约定，受联邦政府和省政府的共同监督管理。

本着普遍参与、公平公正、自我财务平衡、农民负担得起的原则，联邦政府组织专业团队，结合国情研究农业保险政策，出台相关法律条文，承担管理农业保险计划的责任。联邦政府主要负责：发挥监督作用，监督省一级农业保险运营情况；对补贴、保险费用和管理费方面等提供支持；审核批准省级保险公司的运营结果。省政府主要负责：对农业保险费率方面进行精确评估和修正；对农业经营者补贴、保险费用和管理费方面等提供支持；评估本省农业保险的可持续发展能力；监督本省农业保险运营状况。加拿大联邦《农作物保险法》明确规定了各省对于农作物保险计划及再保险计划是否参与有绝对的自主权。除联邦政府和省政府职责分工外，两者的合作约定还主要体现在农业保险再保险的程序上。

加拿大相关法律明确了为参保省份提供再保险服务。加拿大农作物再保险基金分为只包括省一级设立的单一再保险基金以及同时在省里和联邦政府设置的双重再保险基金两种[②]。具体如下：首先，由农场主购买农业保险，再由保险公司确定当年的承保规模，保费由农场主、联邦政府和省政府三方承担。其次，保险公司分析再保险基金的当年盈利情况，确定是否需要对保险基金补亏。再次，保险公司补缴再保险费之后要缴纳当年的再保险费，再保险费用具体视基金的盈利亏损情况而定，盈余多则再保险费就少。最后，年底保险公司确定当年的最终赔付额。

---

① 王敏俊. 小规模农户农业保险参保率研究 [D]. 杭州：浙江大学，2008.
② 郑军，杨雪芳. 农业保险的精准扶贫效应：国际经验及启示 [J]. 延安大学学报（社会科学版），2018，40（1）：77-82.

7.2.4 加拿大农业保险的支持体系

7.2.4.1 收入稳定计划

收入稳定计划与生产保险计划共同构成主要的商业风险管理工具，一直是加拿大最重要的收入补贴措施，其目的是尽可能在不影响生产和贸易的情况下，稳定农场的收入。该计划由加拿大联邦和各省政府合作实施，以提高农业生产稳定性为重点，降低了政府补贴行为的不确定性及对农产品贸易的影响。

加拿大农业收入稳定计划以利润保障为主要目标，针对具体情况给予不同程度补贴。以本年利润和历史平均利润30%的差额为分界点，当差额低于30%时，农业投资计划生效，政府给予生产者销售额1%的补贴；当差额低于30%以上时，农业稳定计划生效，政府给予农业生产者差额的70%补贴。由此可见，农业投资主要是对小额亏损进行补贴，显然农业稳定计划是其核心计划。农业恢复计划是应对巨灾的补贴工具。如果涉及特殊情况、无法顾及的农业生产损失则启动特设项目，由于该项目属临时计划，也没有相关具体的启动程序，所设项目一般都是一次性的，例如当出现大范围旱灾水灾等自然灾害、瘟疫等情况时将启动特设项目。

7.2.4.2 作物保险计划

20世纪50年代《农业保险法》实施以来，加拿大的所有地区都已经开展了农业保险计划，农业保险计划成为加拿大农业政策的重要组成部分。各省的农业保险公司作为非营利性组织负责制订农业保险计划，并提供低成本、高质量的农业保险服务。农业保险计划保障了自然灾害带来的不同的农业生产损失，将其等级分为标准和灾难两个等级。当损失被定位为标准等级时，保险公司将给予农户损失的60%的赔偿；当损失被定位为灾害等级时，保险公司将对农业生产者给予自然灾害造成损失的90%以上的赔偿。收入稳定计划与农业保险计划同时作为农业保险支持体系的一部分，既有重合也存在互补，当出现前者赔付延迟、不及时的情况时，后者将对稳定农业生产、保持足够现金有重要作用。农业保险计划所涉及的保费由三方共同承担，联邦政府和省政府协同制定相关方案细则，农业生产者有绝对的自主权选择参保与否。政府补贴是加拿大农业保险能够成功的关键因素，政府补贴直接提高了农业生产经营者参与农业保险的比例，为农场经营提供了保障。

7.2.4.3　融资信贷计划

加拿大农业融资信贷计划是调整农业生产经济活动，撬动加拿大农业发展的有力杠杆，由联邦政府、省级政府及社会金融机构共同参与的融资信贷计划。资金来源由金融机构、信贷机构和信贷联合会三方构成，加拿大政府通过向金融机构和信贷联合会提供信用担保和税收上的减免来支持其发展；联邦政府对政府支持的信贷机构进行相关补贴。加拿大联邦政府成立预付款计划，主要是为农业生产者借贷提供信用担保，其目的是方便有相关需要的农业生产者借贷，给农业生产者提供高价卖出的机会。

7.2.5　借鉴与启示

我国农业保险发展过程曲折坎坷，经历了停办与恢复，做好农业生产的事后风险管理至关重要，而大力发展农业保险正是现代农业风险管理的核心方式之一[①]。我国农业保险经历了 20 世纪 50 年代开始起步，1958 年停办，1982 年恢复，2004 年探索政策性保险等阶段，目前市场已形成了以政策性农业保险为主、商业性农业保险为辅的产品体系。国家统计局数据显示，2021 年中国全年粮食种植面积 11763

---

① 王韧，陈嘉婧. 农业保险助力乡村振兴的成就、问题与路径［J］. 中国保险，2022（2）：24 – 27.

万公顷，农作物受灾面积为 1174 万公顷，同比增长 17.49%，同年我国农业保险保费收入 976 亿元，保费增速 19.8%。分析加拿大农业保险的发展历程、加拿大农业保险运转模式机制以及与农业保险相关农业支持政策变迁优化总结出以下三个方面值得我国学习和借鉴的经验。

7.2.5.1 加强制度建设，构建支持体系

加拿大作为世界上农业保险最发达的国家之一，其成功离不开不断完善优化的农业保险法律法规。纵观加拿大农业保险政策的每一次调整与转变，都有完备的法律法规为其提供制度保障。出台和完善相关法律法规，一方面明确规范要求了相关主体责任，另一方面有效约束了相关主体的行为，为政策的执行提供了保障。建立优化保险制度，完善相关的法律制度。农业保险的发展离不开农业生产制度、长效合理的保障机制和完善的管理制度。细化完善财政补贴政策，因地制宜以地方特色农业发展为出发点，合理扩大中央与地方财政农业保险补贴品种，明确中央与下级政府承担保费补贴责任。优化政策工具，采取多种农业组合方式，降低农业生产者经营风险、减少农场收入损失。多方位完善农险功能，提升农业保险在农业体系中的地位，促进农业保险由保成本向保收入过渡。发展农业保险再保险制度，发挥风险分散的作用。既为保险公司分散风险、保障其可持续发展能力，又为农业生产者加固了一层合理的保障。进一步完善我国农业保险的制度模式、完善法治环境，明晰各级政府、企业的关系和应该承担的责任，高效率利用市场机制，提高农业保险效率。

7.2.5.2 优化体制机制，探索农险模式

据悉，美国、加拿大农业支持政策每隔 5 年左右就会进行调整优化，农业保险政策要以本国特定的农业保险问题为出发点，结合当下农产品市场环境，观察国内外经济发展形势而调整，保证政策的时效性，充分激发活力。如前所述，加拿大农业保险如此发达，离不开高度发达的农业现代化和机械化，以及家庭农场的规模化经营。保险公

司需要持续积极探索新型农业保险经营模式，强化自身承保能力。丰富优化各类价格、收入保险，创新农业保险产品种类，满足市场需求；开发农业综合类险种，满足我国多地区、多产业农业保险需求；引进第三方农险定损专业机构，加速推进农业生产机械化、信息化，高效解决关于保险公司定损、赔付相关专业问题。在保险模式创新上，鼓励有条件的地方发展适合农村需求的地方优势特色农业保险，依据地域特色，细化农险市场，推出合时合地的新农险模式。我国农业生产方式日益走向集约化、机械化，这要求保险公司顺应发展，针对集约化农业生产方式推出适合的农业保险产品，多角度满足农业客户需求，降低农业生产亏损风险，助力农村农业发展，推动乡村振兴。

7.2.5.3　创新技术手段，提升运行效率

现代化家庭农场是加拿大农业的主要经营模式，农场经营者在农业生产中不断探索运用新技术来查勘定损。如加拿大阿尔伯塔省农业金融服务公司（AFSC）则积极运用无人驾驶机技术、地理遥感、高分辨率卫星等科学技术，这为加拿大农业保险工作效率提供了完备先进的技术支持。我国目前农业生产机械化和集约化程度不高，信息时效性和经营技术含量等方面都存在问题。积极引进高新技术，通过运用测绘无人机、卫星遥感等最新科学技术，来大幅度提升我国农业保险的技术含量，为农业保险事业发展提供完善的数据和便捷的技术支持。充分利用精细化技术推动农业保险模式创新，促进农业保险模式优化升级，缓解我国农业保险存在的保费精算、经营成本较高等问题，快速提升我国农业保险的运行效率和抵抗风险的能力。扩大农业保险宣传范围、加大宣传力度，提升我国农业经营者参保意识。我国农民存在保险意识偏弱，对保险的了解程度不够、对农业保险缺乏信心等问题，这需要保险公司和政府把工作渗透到日常的农业活动中，普及有关保险知识，强化农业保险技术手段，提升农业保险运行效率，积极带动农民参保，助力农业发展。

7.3 欧盟农业保险经验借鉴

7.3.1 欧盟农业保险发展历程

7.3.1.1 欧洲农业保险产生的背景

农业是典型的高风险、低收益行业。农业保险制度是国家保护农业、稳定农村经济的重要手段。元代农业机械学家王祯曾说"农，天下之大本"，农业是国民经济发展的基石，是国家重要支柱产业。同时，农业也属于弱质产业，投资周期较长，经营风险较高。气候灾害、环境污染、地缘冲突以及市场波动等因素都会冲击农业生产活动，影响农户收入水平。综上来看，农业生产迫切需要某种制度安排来规避或转移外部环境带来的风险，农业保险能够有效满足这种要求。欧盟乃至世界各国普遍采用农业保险这一风险管理工具，农业保险是世界贸易组织的"绿箱政策"，是一种保护和支持农业发展的方式。

在 2020 年，欧盟 28 国总共大约有 1100 万个农场，占地近 1.5 亿公顷（约占总土地面积的 40%），每个农场的平均面积大约为 16 公顷，但是各成员国之间差别很大。就农场数量而言，罗马尼亚、波兰和意大利位居"三甲"，占欧盟总农场数量的 33.5%、13.2% 和 9.3%；就农业用地而言，就不得不提到法国和西班牙，分别占欧盟总农业用地的 15.9% 和 13.3%。由于欧盟各国自然条件差异性较大，因此各国根据本国的环境和特点，设计了具有自身特色的农业保险。

7.3.1.2 欧洲农业保险的起源与发展

欧洲是世界保险业的发源地，在 1880 年，德国一位政治学学者首次提出了农业保险的概念。自 19 世纪以来，德国的农业与经济学界就将农业保险视为乡村农业振兴的重要风险管理手段。高频发生的欧洲雹灾，给农民造成的损失巨大，因此欧盟国家积极发展农作物雹灾保险。例如当时德国大规模推行雹灾保险，各种承保雹灾的保险相互会社、保险合作社也随之产生。除此之外，公共保险机构也参与了进来。若从德国雹灾保险的产生算起，农业保险已经有200多年的历史了。随着欧洲高温、寒潮等极端气候导致的灾难性事件越来越多，保险公司乃至整个欧盟经济体都遭受了巨大损失，气候保险的问题逐渐出现，欧盟也越来越重视对农业保险的研究。从研究与推行农业灾害保险、农业产量保险，到如今积极探索与推广农业收入保险、各类指数保险，欧盟相关机构正持续推进农业保险的创新。

7.3.2　欧盟农业保险制度

2001年欧盟委员会颁布的《欧盟农业风险管理工具》强调，农业保险是一种分散风险的重要手段。近年来，欧盟各国的保险水平不尽相同，但基本处于60%～75%之间，其平均水平在世界范围内处于领先地位。欧盟农业保险在法律法规、财政补助与巨灾风险分散机制方面发展历史悠久、体系完备。

7.3.2.1　法律法规

为了推动农业保险发展，欧盟各国颁布了专门的农业保险法、建立了对接农业保险的政府组织机构。自1962年，欧洲共同体便开始推行共同农业政策，该政策的目的是为农民增收、为生产提效，从而促进农业发展。农业保险开始在欧洲各国农业保护政策中占有十分重要的地位。2001年，欧洲委员会发布《欧盟农业风险管理报告》，正式将农业保险纳入农业风险管理工具。此后，各国纷纷制定符合本国国情的农业保险法律，这些法律和政策成为欧盟各国农业稳定发展的基础，有力地支撑了农业生产者收入的稳定增长。

法国农业保险法律体系较为完善，且形成了一个独立的体系。

1900 年 7 月，政府颁布《农业互助保险法》，在法律上奠定了农业相互保险组织的地位；1960 年颁布《农业指导法》，首次通过法律将农业保险制度化、规范化；1964 年颁布《农业损害保证制度》，制度中规定了农业灾害所导致的损失由农业灾害基金会补偿，基金会中的大部分资金由政府预算拨款形成；1976 年颁布《保险法典》，对农业相互保险进行了进一步的详细规定；1982 年又颁布了《农业保险法》，通过法律形式规定农业保险的项目、保险责任、再保险、保险费率、理赔计算等，同时明确了农业保险的施行细则。除了颁布法律法规外，法国 1986 年成立了负责经营农业保险的农业相互集团保险公司，农民只需缴纳至多 50% 的保费，其余部分由政府财政补贴资金补齐，这实现了以高补贴、低保费促进农民投保的政策目标。通过法律法规的不断完善，法国政府为农业保险的发展提供了坚实的基础。

德国政府并不直接参与农业保险的经营，而是以制定法律和政策的形式来推动农业保险发展，1901 年开始实施《保险企业监督法》、1908 年开始执行《德国保险合同法》和《保险契约法》。德国政府于 2007 年对《德国保险合同法》进行了全面的修订，颁布了《德国新保险合同法》。德国在农业保险方面拥有一流的承保技术和承包能力，使得其农业保险在世界保险市场闻名，多年来保险密度和保险深度都维持着一个稳定的增长水平，2010 年德国保险密度和保险深度在世界范围内达到了一个较高的水平①。

西班牙目前已经成为欧洲第四大生态农业生产国，农业保险与欧盟其他国家相比较更为成熟，保险体系较完备和发达，西班牙早在1978 年就颁布了《农业复合保险法》，政府从此开始参与到农业保险中，与此同时，鼓励农民参与农业保险；1979 年颁布了《农业保险条例》以及农业保险发展规划。这些法律法规的颁布与执行使得西

---

① 李丰收. 我国农业巨灾保险现状分析及发展策略研究［D］. 广州：广东财经大学，2016.

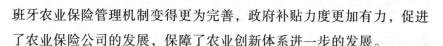

班牙农业保险管理机制变得更为完善，政府补贴力度更加有力，促进了农业保险公司的发展，保障了农业创新体系进一步的发展。

7.3.2.2　政策性农业保险

西班牙、法国等欧盟国家的农业基础相对薄弱一些，因此，这些国家长期实施政策性农业保险。在政策性农业保险方面，这些国家有着悠久的历史和丰富的相关经验。西班牙在 1920 年前后实施了政策性农业保险，不仅为农民发放了农业保险补贴，而且还针对不同的农业主体分别采取了灵活的补贴政策。其中，女性农民的补贴金额比男性农民多，全职农民补贴金额比兼职农民多，优质粮食补贴高于普通作物。虽然补贴标准差异较大，但这些补贴的费率基本相同。在 1940 年，法国成立了具有区域职能的农业保险公司，以支持农业的发展。此外，法国政府不断制定各种税收优惠政策和机制，并成立了从事农业保险业务的专门机构。若这些政策性农业保险机构遭受损失，政府会从财政预算中对上述专门机构进行补偿，这些政策性农业保险的规定都促进了法国农业保险的快速发展。意大利等其他国家的政策性农业保险公司还设立了全国互助基金、再保险基金等金融机构，建立了农业风险数据库，并采用大数据技术来分析农业发展的规律和相关风险，以确保对农业风险的有效防范和应对。

7.3.2.3　农业保险巨灾风险分散机制

"农业巨灾"是指某一地区范围内的农作物、牲畜受到损害而使得农户受到损失，并且这一损失 50% 以上为自然灾害等不可抗力的事件造成。法国、德国、西班牙等欧盟国家从 20 世纪开始就逐步建立农业大灾风险分散机制，在农业巨灾风险保险的实践方面具有较丰富的经验，其制度和做法历经数十年的发展，为支持欧盟国家农业保险持续稳定发展、提升风险保障水平发挥了重要作用。

德国以发达的农业保险市场为基础，形成了较为成熟的巨灾保险运行机制，主要由商业市场主导运营，同时政府起辅助性的作用。德国经营农业巨灾原保险的主体主要是商业保险公司和互助合作保险组织。除此之外，德国发达的再保险体系是德国农业巨灾保险的重要保障，德国有像慕尼黑再保险公司等再保险领域的巨头，它们与原保险公司之间共同合作，一起分散德国农业巨灾风险，为农业巨灾保险的市场化运作提供了坚实的基础。

法国的农业巨灾保险分散体系由政府与市场互助合作，在农业互助保险的基础上发展，这一分散体系包括再保险制度和农业灾害基金。首先，法国各地区的相互保险和再保险由中央相互保险理事会总体负责。中央再保险公司代表政府为大区保险公司提供再保险，大区保险公司为地方农业互助保险社提供再保险，地方农业互助保险社为农户提供互助保险金。其次，对于农业灾害基金，一旦灾害发生，法国政府综合受灾原因、受灾程度等因素判断是否使用基金赔偿及如何赔偿农民损失。农业保险承保的风险包括商业保险公司难以承担的"农业巨灾风险"和"一般农业风险"，这些风险分别由农业保险巨灾保障资金和商业保险公司承担。法国政府于1964年设立农业灾害保障基金，并用政府预算补贴基金的50%；1985年设立了农业巨灾风险基金，该基金的50%来源于政府预算，另一半来源于农民在相互保险协会缴纳的附加保费[①]。

西班牙政府在农业巨灾风险分散中采取中央政府和地方政府合作分工，政府与商业性保险公司联合应对的方法。西班牙地方政府主要是从本单位实际情况出发，将中央政府设计的整体风险应对策略细化到归属于本单位的方案，落实中央的灾害救助政策，地方政府还会针对自身的实际受灾情况对辖区内的农民提供直接损失赔偿和信贷优惠，以此作为中央应对农业巨灾风险的补充，提高政府应对农业巨灾的效果。与此同时，商业性保险公司有着充足的资金，政府在政策上积极地鼓励商业保险公司参与农业巨灾保险，可以减轻政府的财政负担，提高巨灾保险救助效率。这些农业巨灾风险分散方法一方面通过

① 张童童. 农业巨灾保险发展问题研究 [D]. 广州：广东财经大学，2016.

实施相关的援助政策来分散农业巨灾风险，另一方面通过农业保险体系的积极运作减少了政府在农业巨灾风险中的投入，并且提高了政府所实施的相关政策的效果①。

7.3.3　欧盟农业保险的模式和运行机制

农业保险主流的经营模式涵盖了政府主导模式、民办公助模式、政府支持下的相互会社模式、国家重点选择性扶持模式这四种模式。其中，政府主导型的特点是政府主导农业保险发展，但政府一般不会直接参与农业保险业务的经营，而是通过在政府机构中设立专门的农业保险机构补贴农业保险②；政府引导、市场运作型的特点是政府可以制定具有地方特色的保险制度，保证农业保险的公平性，但是如果政府干预过多，就会不利于农业保险公司之间的自由竞争。在欧盟农业保险中，不同国家农业的发展环境各不相同，所以存在着不同的农业保险运行机制和经营模式，但大部分国家采取的都是政府引导和市场运作相结合、农民参保自愿的原则。西班牙农业保险发展规模位居欧洲第一，它作为西欧模式的代表，采用的是民办公助的模式，在这种模式中，政府只给予税收等政策优惠，不直接参与农业保险的经营，对互助保险给予法律和财政上各种形式的大力支持，互相竞争的互助保险社和商业性保险公司来主导农业保险模式，具有市场化运作的特点，即通过福利激励参保率、再保险、指数保险等方式分散巨灾等农业风险③。

除西班牙以外，德国、法国、荷兰等欧盟国家也采用这种模式。

---

①　李丰收．我国农业巨灾保险现状分析及发展策略研究［D］．广州：广东财经大学，2016.

②　黄颖．农业保险财政补贴制度的国际经验述评及对中国的借鉴［J］．信阳师范学院学报（哲学社会科学版），2014，34（5）：58-62.

③　徐静雅．我国农业保险巨灾风险分散研究［D］．南京：南京农业大学，2015.

法国农业保险制度是以互助保险为主体、民办公助为特色的农业保险体系，是世界上发展成熟的农业保险制度和模式之一。法国政府的政策支持除了提供利率优惠的贷款和担保之外，还采用公共灾害援助金来补偿商业保险公司的损失，如通过公共援助金对干旱等其他灾害给农业造成的损失进行补偿，在发生重大灾害时，政府向商业保险公司提供税收优惠或免税政策，并提供再保险以阻止其损失。德国的农业保险也采用这种模式，它以小型互助合作保险为主，组织没有资本份额，成员按比例支付损失份额，政府通过发放补贴、提供再保险和巨灾风险赔偿来支持互助合作保险。然而，农业保险通常只有冰雹、火灾和其他特定灾害这几种有限的保险[1]。

欧盟成员国一般经济实力雄厚，在农业"保险 + 期货"领域发展得较为成熟。为了国内外农产品交易的稳定，防止因其价格剧烈上下波动为国家带来经济损失，欧盟各国家将保险和期货市场结合，分散农产品销售中的价格风险。欧盟各国农户通过购买专业保险来承保农作物生长、产销过程中可能遭受的损失，而期货最早出现于欧洲，经过多年发展，逐渐成为转移和分散农业风险的工具，各保险公司利用欧洲发达的期货市场为自身分散、转移风险。欧盟成员国在促使农民购买保险的策略上各有特色，在德国和法国，政府会下拨大量的财政资金投入到保险公司中，降低农作物保险产品的保费，从而减少农业生产者的保费投入，增加农户的投保率。

7.3.4　欧盟农业保险的支持体系

7.3.4.1　财政补贴

欧洲不仅是世界保险业的发源地，还是如今世界保险业最发达的地区之一，其农业保险制度发展历史悠久，农业保险补贴政策实施的

---

[1]　https：//doc. wendoc. com/be27e01f9b23e8486b528977ac95bf56d4b46d38c-2. html.

时间较长①，补贴模式的多样化水平、补贴品种和补贴水平等方面一直都在发展。从 2010 年开始，欧盟各国政府对农业保险保费补贴的比例上限由 50% 提高到如今的 65%，其中由各成员国政府支付 1/4、欧盟委员会支付 3/4②。在前面提到的民办公助的西欧保险模式下，欧盟各个国家对农业保险的财政补贴政策各不相同，农业保险财政补贴模式受到政府财政水平、农业市场竞争情况以及农业保险发展阶段等多个因素影响。例如，德国政府基本不提供保险补贴，而意大利的保险补贴成本占财政支出的比重很大。

法国是欧盟农业补贴的最大受益国，来自欧盟的补贴占其补贴总额的 80% 左右。法国农业发达，农业保险的保费补贴及税收优惠充足，补贴政策受欧盟共同农业政策管理。其自然条件较好，使得农业保险险种少，费率和保障水平比较低，补贴比例只有 10% ~ 30%；对于多风险气候灾害保险（类似我国的综合险）、养殖业保险补贴达到欧盟规定上限 65%。除保费补贴外，法国政府对农业保险投保人提供优惠利率贷款和担保，对农业保险公司及再保险机构的资本、保费收入和固定资产实行税收优惠政策。

7.3.4.2 农业再保险机制

西班牙拥有欧盟最为发达的保险体系，其农业保险覆盖了农业生产中的大部分风险。西班牙农业保险体系采取国家与商业保险公司体系相互补充的农业保险模式，保险制度主体完备，主要由国家农业保险局、国家保险和养老基金监管总局、保险赔偿集团和农业保险股份有限公司组成。其中国家农业保险局的职责是对农业保险进行管理；保险与养老基金监管总局主要是监管商业保险公司的农业保险业

---

① 赵枫. 我国花生种植保险供求主体有效合作模式研究 [D]. 青岛：中国海洋大学，2013.

② 农业部欧盟农业政策考察团，张红宇. 从英法农业现状看欧盟共同农业政策的变迁 [J]. 世界农业，2012（9）：139，1 - 5.

务;[①] 保险赔偿集团主要职责是应对商业保险公司不能承担的巨灾损失；农业保险有限公司主要负责全国农业保险业务的运营。

作为欧盟成员国之一的西班牙，是"直保共同体 + 专业再保"这一再保险模式的代表。1978 年《农业保险法》和 1979 年《综合农业保险法》出台，西班牙直保共同体和国家再保险赔偿联盟（CCS）随之成立。直保共同体作为西班牙农业保险公司的统一经营实体，由包括 CCS 在内的 23 个主体自发组成。各直保公司按照其在农业保险共同体中的持有股份的占比来承担相应的保险责任。CCS 的职责是向直保共同体提供再保险支持，它以营利为目的，盈余资金累积到再保险保障基金中。政府主导参与西班牙的农业再保险体系，并在该体系中扮演着重要角色，从而形成了多方监督下的损失分摊赔付机制，进一步使得直保共同体之间的运作更透明。

7.3.5　借鉴与启示

7.3.5.1　构建多层次的农业保险体系

进一步完善农业保险直保体系，并在此基础上建立我国本土的再保险体系。首先，强化农业保险管理，从基础数据、资金拨付以及农业保险监管三方面进行强化管理，定期更新承包理赔数据，确保数据的公开性和透明性；切实把好资金支出关口，及时补充农业保险的资金缺口，为农业保险直保业务发展提供合理引导；随机开展农业保险业务的现场缺口核实，对投保农户保险满意度进行调查，保证农业保险管理水平得到新的发展。其次，政府出台农业再保险监管措施，建立健全农业再保险法律法规和相关制度，为我国农业保险再保险的发展提供法律和制度的保障，进一步完善我国农业保险再保险体系。

---

① 李丰收. 我国农业巨灾保险现状分析及发展策略研究 ［D］. 广州：广东财经大学，2016.

在保险产品中引入金融衍生产品，将农产品"保险＋期货"作为金融创新模式，通过期货公司购入场外看跌期权转移自身风险，让风险分散闭环，强强合作促进我国农业保险行业的发展。结合期货和保险市场，提供多种风险管理工具，转移农业经营者风险的同时为保险公司分散了跌价风险。同时，利用期货期权的模式，充分了解农户的对冲需求，针对性解决出现问题。促进保险公司和期货公司混业经营，缩短业务流程，降低风险对冲的成本，更好地服务于农业生产。

7.3.5.2　完善巨灾风险分散机制

欧盟大部分国家的巨灾风险分散机制具有市场主导、政府引导、社会共治的鲜明特点。我国是一个农业大国，由于极端天气等导致的农业灾害在部分地区发生频繁，农业巨灾对我国的农业生产乃至整个国民经济都产生了巨大的负面影响。但是大部分的农业巨灾损失基本只能由农户自主承担，还有政府的灾后救济。目前来看，我国政府越来越重视农业巨灾保障体系的建设，2017 年，《国务院关于推进防灾减灾救灾体制机制改革的意见》中明确提出，要根据灾害的特征，积极探索建立有效的巨灾保险制度。在这种情况下，各级地方政府可以发挥市场和政府两种手段，借助市场的力量，从而更好地利用保险。

从我国农业保险市场的现状来看，首先，政府应完善农业保险相关的法律法规，为分散风险提供必要的法律保障。其次，我国可以建立巨灾风险分散基金，同时鼓励巨灾风险证券化。最后，政府对参与农业保险的农户进行财政补贴，对私营保险公司给予业务损失补贴和税收优惠[①]。在巨灾风险分散机制中，农业生产者可以通过购买农业保险的方式，将大部分的农业巨灾风险转移给农业保险公司，农业保险公司通过政策性农业再保险机制分保或者通过购买期货等证券化手

---

① 林家欣. 我国农业保险巨灾风险分散机制研究 [J]. 行政事业资产与财务，2018 (6)：35 - 36.

段将巨灾风险转移到资本市场，更大范围地进行风险分担①。

7.3.5.3　提高政策性农业保险的保障程度

我国政府近年来不断加大农业保险的财政补贴等支持力度，推动我国成为全球农业保险保费规模最大的国家。2020 年，中国农业保险保费收入达 814.93 亿元，成为名副其实的农业保险大国②，大规模的农业保险为加快农业高质量发展奠定了重要的基础。政策性农业保险也是世界贸易组织允许各成员国通过政策支持本国农业发展的"绿箱"政策之一，它具有稳定各国粮食生产，提高农民收入，增强本国农产品国际竞争力的作用。与欧盟许多发达国家相比，目前我国政策性农业保险在覆盖范围和保障程度方面有待提高。我国的政策性农业保险遵循农户自愿参保的原则，只有参与农业保险农户才可以获得政府的补贴。我国虽然已经有《农业保险法》《保险法》等宏观性的法律规定，但是对于政策性农业保险缺乏实践性的指导，使得政策性农业保险在实践方面存在许多问题。因此，建议制定完善的政策性农业保险制度，明确保险优惠条款，制定更加合理规范的财政补贴；各地方政府出台支持政策，在遵守农户自愿原则的基础上，鼓励农户购买各家金融机构多样化的保险，有效提高农户参与政策性农业保险的积极性，从而发挥财政资金补贴的撬动作用。同时，政府应适当提高中央和地方各级对农业保险的补贴额度和比例，并且鼓励地方政府通过贷款等各种渠道来筹措资金，从而有效提高政策性农业保险的保障程度。

---

① 黄英君. 政府诱导型农业巨灾风险分散机制研究—基于政企农三方行为主体的创新设计 [J]. 经济社会体制比较，2019（3）：126 - 138.

② 朱艳霞. 记者观察：由大而强仍需努力 [N/OL]. 中国银行保险报，2021 - 05 - 18. http：//pl. cbimc. cn/2021 - 05/18/content_394325. htm.

7.4　日韩农业保险经验借鉴

7.4.1　日韩农业保险发展历程

7.4.1.1　日本农业保险发展历程

（1）日本农业保险的发展背景。

日本是亚洲东部的一个岛国，拥有的农业资源较为匮乏，只有约30％的土地适合用于农业生产。日本地处板块交接处，拥有 50 多座活火山，是世界上地震灾害频发的国家之一。此外，日本还容易受到西伯利亚冷空气的影响，在冬季时，经常会发生暴雪灾害，这对农业生产产生了巨大的负面影响。除了地震、气候等灾害之外，日本的泥石流、台风、洪水等一些自然灾害也会对农业生产产生很大的影响。因此，日本很早就开始研究农业保险，以维护农民的利益，促进国家农业的发展。

（2）日本农业保险的起源。

日本早在 18 世纪就注意到农业保险对于农业和农民的重要性，为帮助农民解决灾后的损失补偿，想要通过建立仓储后备的方式来进行救助，因此将中国的"社仓"制度以及"广惠仓"制度引进日本，这种公共救助的确对救济灾民起到了积极的作用。在历史的长河中，日本受到殖民文化的影响比较大，因此在 20 世纪初，"殖产兴业"运动兴起，农民相继成立了"佃农组合""日本农民总同盟"等自治组织，目的是更好地维护自身的利益，这些组织都是日本农业协会和农业共济组合①的前身。自此，日本农业保险开始萌芽。

----

① 刘玮，孙丽兵. 日本农业保险补贴方式及其经验借鉴［J］. 华北金融，2021（7）：60－70.

（3）日本农业保险的演进。

农业保险具有公益性的特点，为了促进农业的健康发展，日本政府决定通过立法的方式来促进农业保险的发展，使得农业保险更加有序地运行。一直到20世纪20年代后，日本才真正通过立法的方式来创建农业保险制度。

日本政府在1929年颁布了《家畜保险法》，标志着日本政府开始以法律形式对农业保险进行规范（刘玮，孙丽兵，2021）。该法把猪、牛、马等家畜列入保险对象，但此次立法所涉及的保险对象较少，规定的灾害范围也较小。1938年，日本政府制定了《农业保险法》，该法的制定则标志着日本农业保险制度的开端[①]。在第二次世界大战之后，日本的农业政策目标主要是保证粮食的安全、稳定供应，增加粮食的产量以提高食品自给的程度并且保持稳定的价格。日本政府在1947年颁布了针对农作物和家畜的新保险法——《农业灾害补偿法》。这项新的保险法将水稻、小麦等关系到民生大计的重要农作物囊括在保障对象中，农作物类保险的财政支持也由原来的15%上升到50%。该法归纳了1929年的《家畜保险法》和1938年的《农业保险法》这两项立法，并在此基础上进行完善和修订。1949年，日本决定开始实施农业设施共济保险，紧接着1951年又成立了"农业共济组合联合会"。随后，针对农业共济基金的使用以及理赔和增值的过程，制定了较为详细的规则，目的是解决农业保险赔偿金额少或者金额不合理的问题。

从20世纪70年代开始，一直到21世纪初，日本政府一直在修改农业保险的保障项目。1971年，日本政府把保险额度和地块关联在一起，想要通过改变单位面积保额的计算方式来提高保险额度。因此，受保的农作物最高保额有所提升，达到了农场产量的72%以上。

---

① 刘玮，孙丽兵. 日本农业保险补贴方式及其经验借鉴 [J]. 华北金融，2021 (7)：60-70.

1972 年，日本政府开展了水果保险计划，自此，农险保障范围中也包括了果树类的作物。1979 年，开始对旱田作物和园艺实施保险。1985 年，日本放宽了水稻保险的承保条件，大幅降低水稻保险准入门槛，农产品保险机制也得到了改进，增加的投保品类包括小牛、园艺设施等。2003 年，农作物保险的承保范围也得到了扩大。随后，从 2005 年开始，业务类目中增加了农村建筑、农机保险两个部分，不过，以上两类业务都不是农业共济，而是直接投保。2008 年，日本将死亡、自然灾害等许多风险也列入了农作物和畜牧业保险中。

日本政府在 2017 年再一次对《农业灾害补偿法》进行修改，同时发布了《农业收入保险制度介绍·农业灾害补偿制度改革准备支持项目实施纲要》。这些举动表明日本政府将农业收入保险正式地纳入法律范畴。随着日本农业保险制度的完善，日本共济制农业保险承保的范围在不断扩大，农业生产获得了有效保障，最重要的是促进了日本农业经济的稳定发展。

7.4.1.2　韩国农业保险发展历程

（1）韩国农业保险的发展背景。

韩国和日本一样也是缺乏自然资源的国家，很大一部分农产品需要依赖进口。经过不断发展，韩国也跟随着日本的步伐，开启了现代农业的进程。此外，韩国在 1970 年发起了新村运动，该运动促进了韩国政府农业保险法制化的进程。韩国政府把农协作为管理和实施农业保险的部门，负责农业保险的日常管理事项。农业再保险体系和管理体系也随着农业保险的发展不断健全。为了更好地维护农民的利益，韩国政府把强制投保和引导投保相结合，这些举措都为韩国农业经济的健康稳定发展添砖加瓦。

（2）韩国农业保险的演进。

韩国关于农业保险的研究开始得较晚，在结合本国国情的基础上吸收借鉴了日本和美国的农业保险经验。韩国政府 2001 年颁布的《农业灾害损失补偿法》成了政策性农业保险业务的开端；随后，在

2007 年韩国政府又颁布了《养殖水产品灾害保险法》。2009 年，政府将两部法案进行合并，颁布了《农渔业灾害保险法》，并在 2010年 1 月 1 日开始实施。

（3）韩国农业保险的现状。

农业保险的种类目前主要分为两种：第一种是果树保险，主要针对包括桃子、苹果以及葡萄等六种农作物而设立的保险；第二种是牲畜共济保险，保险的对象主要包括猪、牛、马等牲畜。如果这些农作物或牲畜因为遭受了自然灾害或者其他意外情形而导致的死亡和遭到受损的情况，农业保险就能发挥作用。农民可以结合自身需求选择适合加入的保险，获得保费补贴。韩国的农业保险是由韩国农业协会联盟负责经营的。

7.4.2 日韩农业保险的模式和运行机制

7.4.2.1 日本农业保险的模式和运行机制

（1）农业共济的模式。

日本的农业共济保险制度包括以下三个层次，分别为基层、中间层和中央政府设立的再保险特别账户。基层主要是在市、町、村设立农业共济组合，农户出于减少经营风险的目的加入该组织，组织也会为农民提供农业保险相关的服务。其次是中间层，相当于一个中介机构，是都道府县一级或中央一级的农业共济组合联合会。先选取主要的理事长、会长和监事会负责人，这些人基本上是从基层推选出来的，主要负责与农业共济有关的各项业务。联合会作为中间人，会把基层上交的保费以保险费的形式上交给中央政府。当已经投保的农业经营者需要赔付的时候，政府会根据实际情况承担相应的保险分摊费，再由联合会把保险赔偿金支付给基层受害的农业经营者。最后是中央政府设立的再保险特别账户，这个账户主要是负责补贴工作，补贴的内容包括管理保费以及经验成本补贴，同时也会提供再保险和对农业保险进行监管。具体的日本农业保险制度经营模式如图 7 – 1 所示。

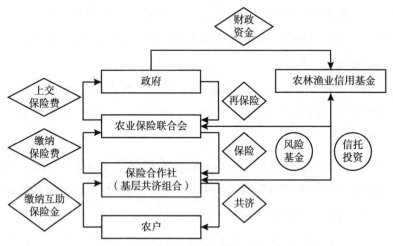

图 7 – 1　现阶段日本农业保险的运行模式

资料来源：刘玮，孙丽兵．日本农业保险补贴方式及其经验借鉴［J］．华北金融，2021（7）：60 – 70.

（2）保险赔付的规定。

非返还型和返还型是日本农业收入保险主要的赔付方式。保险赔付的额度要通过基准收入来确定，而基准收入是根据农业经营者的年销售收入来的。保险赔付机制主要采用限度赔付方式。如果说农户的销售收入低于基准收入，但是比两种赔付方式的预计收入都高的时候，作为实施保险的一方是不用承担赔偿责任的；相反地，农民收入比赔付的限度值低时，赔偿责任需由实施保险的一方来承担。

农业需要进行理赔的情况主要有以下几种：第一种，产量减少，但是由自然灾害所导致的，而非人为情况。第二种，收入减少，主要是指农业经营者在面对突发情况时虽然采取了措施积极应对，但仍然无可避免地发生收入减少的情况；或者由于市场上的供求关系发生变化而导致的收入减低。如果是为获取保险赔付，故意降低售价或者放弃耕种所造成的损失，农业收入保险不予负责。农业收入保险制度所给予的补贴是具有针对性的，主要是通过5年蓝色申报农户来进行计算，因此需要收集的数据包括过去五年农业经营者的收入数据。在保险期内，当农户的收入比基准收入低的时候，政府会根据减少的程度来决定补贴比例的多少。

若保险期间的收入出现大幅下降，降低到基准收入的90%，减少的收入会由两个部分组成，一部分是保险金，还有一部分是储蓄式公积金。

第一，基准收入的确定：农业经营者根据自身的经营计划，将五年内的收入进行平均计算并作为基准收入，按照此方法得出的计算结果可以有效防止产生道德风险。

第二，农业收入保险的实施主体：农业收入保险需要税收蓝色申报者才有资格加入，这是根据农业收入保险制度固定的内容确定的，且加入联合会农民需要以销售为目的，政府才会实行再保险制度。

第三，农业收入保险的保险期间：农业收入的保险期间大致可以分为两种，主要是根据投保人的不同来进行分类：第一种，保险期间是经营年度，相对应的投保对象是农业经营法人；第二种，保险期间是日历年度，也就是1月到12月，对应的投保人是农户。

第四，农业收入保险的保险等级：每个农业经营者所面对的风险是不同的，根据风险的多少，日本政府会把农业风险划分为几个等级，与每个等级相对应的费率、补偿限度以及保险费率都不同。

（3）保障范围以及承保方式。

日本现在的农业保险种类主要包括：第一，农作物保险，主要是指一些比较常见的农作物，比如说水稻、小麦等；第二，家畜保险，主要包括牛、马、猪等；第三，果树保险，主要包括橘子树、苹果树以及其他果树；第四，旱田作物保险，主要是指马铃薯、大豆等能在旱田中生长的农作物；第五，园艺设施保险，是指一些特定园艺设施或农作物的辅助工具等保险；第六，任意保险，是指建筑物、农机具以及其他农作物等。

日本农业保险为农民提供了不同的保险方式，支付标准、损失评估或者补偿的方案不同，所对应的承保方式也不一样，农民可以结合自身的需要来选择投保方式。种植业共济方式主要分为以下几种：第一种，一笔方式，日本农作物共济主要是以一笔方式为主；第二种，半抵偿方式，果树共济方式主要以半抵偿方式为主；第三种，全额抵偿方式，旱田作物共济方式主要以全额抵偿方式为主；最后一种是灾害收入共济方式，结合有关资料来看，麦类主要是以收入共济为主。在刚开始执行该制度时，承保方式只有一种便是一笔方式，但为了减少农业管理规模扩大所需要的成本，日本政府开始逐步推广收入共济方式和全额抵偿方式。

7.4.2.2　韩国农业保险的模式和运行机制

韩国政府通过协同组织来处理农业保险业务。农业保险业务是全国农业协同组合的业务组成部分，区域农协是农业保险的业务代理机构①。处理农业保险的具体流程分为以下几点：首先，农民要将保费交给某个区域负责农业保险的农协，也就是区域农协。再由该地区农协的负责人把保费上交给农协中央会。最后，相关的部门会将规定的补贴费用交给遭受损失的农业经营者，需要注意的是该补贴费用主要是针对经营管理费和保费。农协主要是通过再保险的方式来对保险责任进行分散，分散的比例为 1:3，其中农协需要负 1/4 的责任，剩下的 3/4 由商业保险公司来负责。当赔付率不幸超过 180% 时，超出部分将全部由政府提供兜底赔付。

---

①　李向敏，龙文军. 韩国的农业保险 ［J］. 中国保险，2007（3）：60－63.

7.4.3　日韩农业保险的支持体系

7.4.3.1　日本农业保险的支持体系

（1）立法支持农业体系。

立法支持农业发展是农业保险的前提和保障，完备的农业保险法律体系对于农业经营主体而言，具有十分有效的帮助。同时农业在不断发展，农业保险也在随之进步，因此立法体系的建设也要与农业保险发展实际保持同步，以保障农业保险的健康运行。日本政府在很多年份都对农业保险法律制度进行了修改，而且结合实际情况，使得农业保险的效能和效率不断得到提高。

（2）强有力的政府财政支持。

日本政府会对保费给予一定的补贴。比如，实行税收优惠以及制定实施相关的农业保险项目来减少农民的保险费用支出。日本政府对农业保费补贴的比例按费率不同，高低也不同，补贴随费率的增加而增加。费率在2%以下政府补贴50%，费率在2%～4%政府补贴55%，费率在4%以上政府补贴60%[①]。根据日本农林水产省管理提升局的估计，1999～2005年，日本政府平均用于保费补贴的金额约为6.4亿美元，约占农业保险保费的50%。

日本政府为农业经营者提供了业务费用补贴，目的是为降低农业保险运营单位的运营风险，政府承担共济组合联合会的全部费用和农业共济组合的部分费用，该费用平均为每年0.44亿美元。

（3）强制保险与自愿保险相结合。

为了让农业经营者能够更好地享受到农业保险的福利，日本政府决定将强制保险与自愿保险结合起来，且二者地位相同，都将享受政府补贴和再保险。强制保险的规模化发展更有利于促进农业保险的发

---

①　樊银戈. 中国农业保险发展模式研究［D］. 广州：暨南大学，2007.

展。日本法律明确规定对于水稻、小麦等粮食作物及牛、猪等家庭牲畜而言，必须要求一部分农户选购强制保险；另外当农户种植的可保农作物面积超过了法定的最低限度时，可以自动加入农业共济组合，成为组合成员，也就是说相当于有了农业保险。涉及果树、园艺作物、旱田作物、家禽等方面的，实行自愿保险[①]。

（4）确立再保险机制。

确立再保险机制更有利于为农业经营者分散风险，也能减少不必要的损失。如果将众多农民的风险责任集合在一起，不管是参保人还是实施赔付的机构都会有很大的压力和风险。在农业风险频繁发生的情况下，再保险显得更为重要，因此，日本也建立了农业再保险制度。事实上，日本的农业保险可以分为两个层级：第一层级是农业共济组合联合会，该联合会会为地方农业共济组合提供再保险服务；第二层级是中央政府，政府会为农业共济组合联合会提供再保险服务。

7.4.3.2　韩国农业保险的支持体系

（1）立法支持农业体系。

2001 年韩国制定了新的农业保险法案——《农业灾害损失补偿法》，这对于韩国农业保险的发展来说意义非凡，代表着韩国政府给予了农业保险经营合法支持，自此，农业保险的政策性性质得到了明确。值得一提的是，韩国政府也对农业保险经营方面的立法进行了修改和完善。

（2）明确政府补贴机制。

韩国政府对农业提供了许多财政支持：第一，韩国政府针对家畜保险和农作物保险，会提供 50% 的保费支持；第二，若农业保险的赔率如果超过了 180%，政府会承担赔偿责任；第三，如果韩国农业协会联盟经营农作物保险需要一定的管理费，政府将会给予 100% 的补贴，而对于经营家畜保险所需的管理费提供 50% 的补贴；第四，

---

① 刘洋. 战后日本农业保险分析［D］. 长春：吉林大学，2008.

农业农村部将会根据实际情况制定新的农业保险计划。在 2003 ~ 2007 年之间，韩国政府所提供的管理费补贴超过了 1560 万美元，提供的保费补贴则高达 2800 万美元。

（3）政府监督经营状况。

政府监督也是保证农业保险有序经营的重要手段，相关主管部门会不定期或者定期地进行视察，以保证农业保险经营情况的良好运行。为更好地监督农业保险的经营情况，韩国政府每年都会把林业部的工作人员派遣到全国农业协同组织，并对农业保险经营进行详细的检查。政府将原来的直接管理变成了间接管理，把政策性农业保险委托给有关机构，并开展经营活动，有效地提高了政府的工作效率。

（4）确立再保险机制。

在农业保险制度发展初期，韩国政府还没有建立国家再保险机制，只建立了商业保险公司再保险制度。因此，当时国内农业风险的不确定性较高，并且此时的韩国农业风险制度还在萌芽阶段，农业保险基金积累不够。为了应对此种情况，韩国政府决定要建立再保险制度。如果该年的灾害情况不严重，农业风险责任由农协和商业保险公司共同承担，农协负担 25%，商业保险公司负责 75%。若是该年份的灾害十分严重，特别是农业保险的赔付率超过 180% 时，国家会启动再保险制度，给予兜底补偿。

7.4.4 借鉴与启示

7.4.4.1 加强政府扶持力度，提高农民保险意识

（1）明确政府统筹主管部门。

政府要加强农业主管部门对农业保险相关业务的管理职能。比如财政部、农业农村部、银保监等部门在处理农业保险业务时，应指定部委设立专门的主管部门。并将政府下拨的相关财政资金下拨到有关主管部门进行统一管理、统筹。执行部门要严格按照部门规章制度，

确保政策的可行性和统一性。与此同时，农业、林业、气象、国土资源、财政等部门要加快建立农业保险信息共享制度，相关通信公司要及时推送农业保险有关信息，以确保农民可以及时躲避灾害，也能及时获得保险金融理赔。

（2）加大农业保险宣传力度。

加强农民的农业保险意识也是至关重要的，政府应在农民保险意识提高方面加大支持力度。想要令农业保险的保费补贴发挥作用，农民保险意识提高是推广农业保险的重要基础，同时也是全民素质提高的重要表现。此外，相关的从业人员也要提高自身的专业水平，政府应建立多种渠道对农业保险工作人员开展相关培训，以保证农业保险更好实施。

7.4.4.2　健全农业保险体系，拓宽保障范围

（1）确立农业风险事前防范机制。

日本的农业共济组合以及联合会不仅具备共同承担农业风险点的责任，还具有服务地方社会和减轻农业风险的职能。中国有关的农业保险部门也要向农民和社会承担应有的责任。首先，可以定期培训农户的生产技能，为其提供基础的生产工具，引导农户科学生产，提高生产效率，获得更多的农业收入。其次，要向有关地区提供灾害预警、资源环境等农业生产所需的自然信息，为农业生产提出科学合理的建议，提升农业生产的回报率。最后，要定期选派相关工作人员深入基层，充分了解农业生产，提高农业保险工作人员的工作能力。通过以上的组织活动，为地区优化农业结构、农户增产增收、农业保险规模扩大、业务员素质提升等创造了良好条件，进一步推动了农业保险的普及、深化，以及农业保险效率的提升①。

---

① 李文阔. 日本农业共济保险制度及对我国农业保险的启示［J］. 西南金融，2022（6）：70-80.

（2）拓宽农业保险保障范围。

拓展农业保险的保障范围，推动农业保险向产业化、现代化延伸。一是将种植业、养殖业保险扩展到农林牧渔业保险。二是发展农产品加工、物流、仓储、营销链式等与第一产业密切相关的产业融合全链条保险。三是将休闲农业、乡村旅游等新产业、新业态纳入农业保险范畴，发展现代化、多元化、规范化的农业保险。同时，明确商业性农业保险与政策性农业保险界限，由政策保险负责涉及国家战略安全及方向的农林牧副渔等农产品保险，商业保险负责其他农产品及其延伸的产业链保险。

7.4.4.3 加快推进农业保险法律法规，完善再保险制度

（1）细化农业保险相关法律法规。

日韩的农业保险法规都是经历了多次的修改才得以不断细化和发展。尤其是在补偿方式、政府政策以及分散风险等多方面进行了详细的规定，相较于中国目前农业保险的发展状况，日韩农业保险的法制化进度是比较快的。目前，我国相关方面的法规只有《农业法》以及《农业保险条例》。我国农业保险在组织架构、定价核算、业务经营等多个方面都存在着不同程度的空白，因此相关部门应加强农业保险的法律制定，不断推进农业保险法律法规的制度化发展，促进农业保险不断进步，保障农业经济平稳健康地发展。

（2）积极构建再保险体系。

就我国目前的农业再保险情况来看，不仅再保险险种少，形式也并不灵活，特别是对于创新型的产品来说，其农业再保险的需求是无法得到满足的。结合日韩农业再保险的经验，中国要充分地发挥资本市场的功能，多维度分散风险，比如可以积极开展资产支持计划等提高承保能力。在基层方面，可以依托农业互助保险组织的探索，加强原始农业风险的纵向转嫁，形成"基层互助组织—互助保险总部机构—再保险机构"的三阶段体系，降低行政成本，平抑因风险敞口

上升对农业保险机构的影响①。

7.4.4.4　发挥保险收入支持功能，推动农业保险创新

（1）充分发挥农业保险收入支持功能。

农业保险最重要的部分就是要进行风险管理，日本为更好地进行风险管理，不断对农业保险收入支持功能进行开发，调整财政支农政策，把农业收入保险作为稳定农民收入和支持农业生产的辅助手段。中国在制定农业收入政策时，也可以充分发挥农业保险收入支持功能，使得农业保险政策更加丰富和健全。

（2）创新农业保险的支持制度。

中国现行的农业支持政策主要是以提高竞争力为导向，在转变之前，农业支持政策的主要目的是提高产量，这也与我国农业生产的现状相吻合。目前，我国农业生产所需要解决的问题是降低市场扭曲的影响，实现国内外价格并轨，同时也要想方设法来降低国际规则对农业生产的约束，更重要的是要维护农业生产者的利益。日本也面临着内外部约束的压力，为了解决这个问题，日本政府发挥了农业保险的收入支持功能，推动财政支农的方向转变。中国也可以吸取日本的经验，研究探索可行的农业保险支持政策，对农业保险的制度进行创新，更好地推动中国农业的发展。

---

① 江生忠，费清. 日本共济制农业保险制度探析［J］. 现代日本经济，2018，37（4）：23 – 34.

第8章 国内农业保险政策的演进

8.1 农业保险政策的类型

8.1.1 财政政策

政策性农业保险是我国农业发展的有力支撑，相应市场规模逐年扩大。其中，各级财政补贴政策发挥了极其重要的作用，是建设与运作农业保险制度的重要保障，财政补贴政策一般分为三大类：一般性险种补贴政策、试点性险种补贴政策、地方优势特色农产品保险奖补①。

8.1.1.1 一般性险种补贴政策

《中央财政农业保险保费补贴管理办法》于 2021 年发布，其是由财政部基于 2016 年版本并结合数年工作实践与新形势要求下制定的新型农业保险补贴政策②。中央财政补贴险种（见表 8 – 1 ~ 表 8 – 3）主要包括种植业、养殖业、森林以及涉藏特定品种。省级财政平均补贴

---

① 张峭. 农业保险财政补贴政策优化研究 [J]. 农村金融研究，2020（3）：9 – 14.
② 中央财政农业保险保费补贴管理办法，http：//www. gov. cn/gongbao/content/2022/content_5683856. htm.

表8−1 种植业保险保费补贴

补贴	中西部地区、东北地区		东部地区		中央单位					
					b≥0			b<0		
	a≥0	a<0	a≥0	a<0	2022年	2023年	2024年	2022年	2023年	2024年
保费补贴比例	45%	$(45+a×1.8)\%$	35%	$(35+a×1.4)\%$	65%	60%	55%	$(65+b×6.5)\%$	$(60+b×6)\%$	$(55+b×5.5)\%$

表8−2 养殖业保险保费补贴

补贴	中西部地区		东部地区		中央单位					
					b≥0			b<0		
	a≥0	a<0	a≥0	a<0	2022年	2023年	2024年	2022年	2023年	2024年
保费补贴比例	50%	$(50+a×2)\%$	40%	$(40+a×1.6)\%$	70%	65%	60%	$(70+b×7)\%$	$(65+b×6.5)\%$	$(60+b×6)\%$

表8−3 森林保险保费补贴

补贴	公益林		商品林		大兴安岭林业集团公司公益林			
					公益林		商品林	
	a≥0	a<0	a≥0	a<0	b≥0	b<0	b≥0	b<0
保费补贴比例	50%	$(50+a×2)\%$	30%	$(30+a×1.2)\%$	70%	$(70+b×7)\%$	50%	$(50+b×5)\%$

比例为（25 + a）%，以保费规模为权重加权平均计算。中央单位平均承担比例为（10 + b）%，以保费规模为权重加权平均计算。各个险种的补贴比例由中央财政承担部分因地域也有所不同。

8.1.1.2 试点性险种补贴政策

试点险种主要包括大灾保险、完全成本保险与收入保险。表8 - 4列举了针对上述险种的补贴政策。

表8 - 4　　　　　　　　　　　　试点险种补贴政策

试点险种	政策/法规文件名称	补贴内容
大灾保险	《关于在粮食主产省开展农业大灾保险试点的通知》（财金〔2017〕43 号）①	遵循国务院部署，选择河北、内蒙古等13 个粮食主产省中的200 个产粮大县，试点适度经营规模农户专属大灾保险
	《财政部关于扩大农业大灾保险试点范围的通知》（财金〔2019〕90号）②	财政部将大灾保险试点范围由200 个试点县扩至500 个试点县。补贴标准主要是：对面向全体农户的试点县，保险金额覆盖直接物化成本部分的基础农业保险保费，在省级财政至少补贴25%的基础上，中央财政对中西部地区补贴47.5%，对东部地区补贴45%；对面向适度规模经营农户的试点县，保险金额覆盖地租成本部分的基础农业保险保费，中央财政对中西部地区补贴47.5%、对东部地区补贴45%
完全成本保险和收入保险	《关于扩大三大粮食作物完全成本保险和种植收入保险实施范围的通知》（财金〔2021〕49号）③	保险标的涵盖稻谷、小麦、玉米三大粮食作物。实施范围覆盖河北、内蒙古等13 个粮食主产省区的产粮大县，2021 年纳入补贴范围的实施县数不超过省内产粮大县总数的60%，2022 年实现实施地区产粮大县全覆盖。粮食主产省份产粮大县范围根据上一年度中央财政奖励的产粮大县名单确定。补贴比例为在省级财政补贴不低于25%的基础上，中央财政对中西部及东北地区补贴45%，对东部地区补贴35%

资料来源：①http：//www. gov. cn/xinwen/2017 – 05/31/content_5198358. htm.
②http：//jrs. mof. gov. cn/zxzyzf/nybxbfbt/201912/t20191216_3442629. htm.
③http：//www. gov. cn/zhengce/zhengceku/2021 – 06/29/content_5621466. htm.

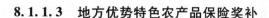

8.1.1.3　地方优势特色农产品保险奖补

2020 年 6 月发布的《关于扩大中央财政对地方优势特色农产品保险以奖代补试点范围的通知》① 扩大了试点范围。试点地区新增至辽宁省、吉林省、黑龙江省、广东省、四川省等 20 个省区，试点保险标的或保险产品由不超过两种增加至三种。在地方财政至少补贴35% 的基础上，中央财政对中西部地区和东北地区补贴 30%，对东部地区补贴 25%，对新疆生产建设兵团补贴 65%。另外，原则上贫困县县级财政承担的稻谷补贴比例不超过 5%②。

8.1.2　税收政策

保险税收政策是政府推动保险市场发展、促进保险产业繁荣发展的重要调节工具。在我国现行税收政策中，关于农业保险的优惠政策主要体现在增值税优惠、印花税和企业所得税优惠三个方面。

8.1.2.1　增值税优惠

自 2016 年 5 月 1 日起，在全国范围内，对种植业、养殖业、牧业种植和饲养的动植物提供保险业务的农牧业保险免收增值税。2017年，国务院常务会议审核通过《国务院关于废止〈中华人民共和国营业税暂行条例〉和修改〈中华人民共和国增值税暂行条例〉的决定草案》，标志着营业税正式退出历史舞台。之前在营业税下免税的农业保险业务，在营改增后可继续享受免税优惠。《中华人民共和国增值税暂行条例》③ 第十五条规定，农业生产者销售的自产农产品免征增值税。

---

① http://jrs.mof.gov.cn/zhengcefabu/phjr/202006/t20200612_3531201.htm.

② http://www.mof.gov.cn/gkml/caizhengwengao/202001wg/wg202006/202010/t20201014_3603624.htm.

③ http://www.canet.com.cn/zzs/771830.html.

8.1.2.2 印花税优惠

在订立农林作物以及牧业畜类农业保险合同时，合同双方均可享受免征印花税的优惠政策。免征印花税政策的实施，有效地减轻了农业保险公司的经营成本。2018 年 11 月，为了进一步完善印花税的相关政策，配合乡村振兴战略目标的实施进程，促进农村农业经济的稳定发展，国家税务总局、财政部在征求意见稿中将印花税的免征对象扩大到农民、家庭农场、农民专业合作社、农村集体经济组织以及村民委员会，对购买农业生产资料或者销售农产品书立的买卖合同和农业保险合同免征印花税。

8.1.2.3 企业所得税优惠

《财政部、国家税务总局关于保险公司农业巨灾风险准备金企业所得税税前扣除政策的通知》规定，对保险公司经营财政给予保费补贴的种植业险种的，按不超过补贴险种当年保费收入 25% 的比例计提的巨灾风险准备金，准予在缴纳企业所得税税前据实扣除[①]。文件要求对于可以享受到优惠的种植业险种，各级政府要根据相关保费补贴管理的规定合理确定补贴额度，且各级政府补贴比例总和不低于保费的 60%。根据《关于延续支持农村金融发展有关税收政策的通知》自 2017 年 1 月 1 日至 2019 年 12 月 31 日，对为种植业、养殖业提供保险业务的保险公司取得的保费收入，在计算应纳税所得额时，按 90% 计入收入总额[②]。

8.1.3 保障措施

8.1.3.1 市场组织

农业保险的管理方式相当特殊，尤其是政策性农业保险。中国农

---

① http：//www.mof.gov.cn/gkml/caizhengwengao/2012wg/wg201206/201208/t20120815_675433.htm.

② http：//www.gov.cn/xinwen/2017 – 06/13/content_5202182.htm.

业保险市场的发展问题，是一个发展改革的问题。从 1982～2007 年，农业保险主要由中国人保、新疆生产建设兵团农牧业保险公司以及后来成立的安信农险、安华农险和阳光相互农险等公司经营。该时期中国的农业保险仍较商业化，而且主要经营公司基本不是地方财政管理的农业保险公司。自 2007 年起，政府部门开始对直接关系国计民生的农牧产品保险进行保费补助，其中包括全国渔业互保联合会以及 2009 年以后新出现的"农机安全协会"等农业协会机构。中国目前农业保险市场的经营主体主要是保险公司，其组织形式主要有股份保险公司、相互保险公司和专属保险公司。

8.1.3.2　运营保障

《农业保险条例》[①] 中农业保险实行政府引导、市场运作、自主自愿和协同推进的原则。市场运营是指在政府支持的前提下，由市场化保险公司运营主体来经办农业保险。从决策者的初步想法出发，财政只能进行保费补偿和政策性扶持，对于农业保险公司怎么运营、谁来运营，以及市场准入与退出的标准，必须遵循市场经济原则。于是逐步产生了调节社会主义农业保险公司运营利润的政策，并提出社会主义市场竞争的问题以及农业再保险和进一步的农业大灾风险分散制度的问题。政府逐步调整社会主义市场化运营体制，同时也要全面认识和落实农业保险"PPP"经营模式[②]。

8.1.3.3　监管保障

《农业保险条例》第四条指出"国务院保险监督管理机构对农业保险业务实施监督管理。国务院财政、农业、林业、发展改革、税务、民政等有关部门按照各自的职责，负责农业保险推进、管理的相关工作"。

---

① http：//www. gov. cn/zwgk/2012 – 11/16/content_2268392. htm.
② 农业领域 PPP 是指通过政府与社会资本合作，发挥财政杠杆作用，引导社会资本积极参与农业公共服务项目的投资、建设、运营。

《农业保险条例》第三十条指出"违反本条例第二十三条规定，骗取保险费补贴的，由财政部门依照《财政违法行为处罚处分条例》的有关规定予以处理；构成犯罪的，依法追究刑事责任。违反本条例第二十四条规定，挪用、截留、侵占保险金的，由有关部门依法处理；构成犯罪的，依法追究刑事责任。"

8.2 农业保险制度的发展

为增加群众收入和维护社会的繁荣与稳定，党和政府一直将农业保险作为解决"三农"问题的一个重要抓手。农业保险经历了早期探索、停滞、恢复、萎缩、新开端、全新发展等成长阶段，目前已经走出一条具有中国特色社会主义的农业保险之路。表 8 - 5 梳理了农业保险制度历史发展脉络。

表 8 - 5　　　　　　　　农业保险制度历史发展脉络梳理

历史脉络	时间	标志性事件	主要内容
早期探索阶段	1921 年	中国劳动组合书记部成立	提出要发展社会保险事业。此后，党逐步在农村建立社会保险部门
	1921 ~ 1945 年	中共上海保险公司党支部成立	1938 年《保联月刊》（1940 年改名为《保险月刊》）创刊。该杂志为保险业内的学术交流和革命观念的宣传起到了重要作用
	1945 ~ 1949 年	人保公司成立	1948 年，哈尔滨联合保险成立，次年改为新华保险。1949 年 10 月，中国人民保险公司成立，对全国保险业实施集中管理。为后来农业保险事业的蓬勃发展奠定了坚实基础
	1950 ~ 1958 年	农业保险扩大试点种类与范围	1950 年，中国人保试行了以家畜投保为主的农业保险制度。1951 ~ 1952 年，中国人保试行以经济、粮食作物为主的农产品投保制度。1953 年，部分农业保险工作暂时中止。1956 年召开了第五次全国保险工作会议，顺利推动中国农业保险工作的继续发展。1958 年第六次全国保险工作会议召开，规定了农业保险的工作重点

续表

历史脉络	时间	标志性事件	主要内容
早期探索阶段	1958～1978 年	农业保险正式停办	1958 年 10 月，全国财贸工作会议上确定停办国内农业保险业务。1958 年 12 月，政府决定停办国内农业保险业务，直到 1978 年，我国农业保险始终处于停滞状态
恢复阶段	1978 年	家庭联产承包责任制正式建立与推广	中共中央决定恢复农业保险业务，农村保障体系由国家救济转向农业保险，中国农业保险也进入了恢复阶段
	1982 年	《关于国内保险业务恢复情况和今后发展意见的报告》	中国人保在国内大范围进行农业保险的试点，试点采取了纯商业运营模式，中国人保需要单独承担农户面临风险导致的损失
	1986 年	新疆生产建设兵团农牧业保险公司成立	新疆生产建设兵团农牧业保险公司（中华联合财产保险股份有限公司）是我国农险的先行者和财政补贴型农险试点工作的承担者之一，其主要业务为农业保险，也打破了农业保险领域的垄断性
	1987～1989 年	《把农村改革引向深入》推动农业保险改革	推动农业保险由商业化模式向政府推动，农民共济，公司经办模式转变。此外，中央政府试点中国人保农业保险业务的单独核算方案，核算方法是对试点地区的农业保险单独设置账目并进行核算，在存有结余的情况下留存为风险应对基金；地方政府根据当地特色，组织建立了农民保险互助会和服务站等，将各级保险机构的责任与权益进行划分
	1991～1993 年	《中共中央关于进一步加强农业和农村工作的决定》①	提出"经济建设，必须将农业放于首位"的原则。通过多渠道增加对于农业发展的投入，农业保险试点持续到 1993 年，农业保险制度得到优化
萎缩阶段	1993～2003 年	《中共中央　国务院关于切实做好减轻农民负担工作的决定》	中国人保公司开始改制。1993 年中国开始执行新的财会制度，对人保公司实行以上缴利税为主要目标的财务核算体制，中国人保公司为实现盈利，减少了乡村保险业务。政府提出"停止乡村保险摊派活动，严禁以各种形式下达投保目标，严禁强行要求所有农民集体投保"。我国农业保险业务在这一阶段出现全面衰退，并进入了长达十多年的萎缩阶段。1995～2000 年，全国农业保费收入由 49620 万元减少至 40000 万元②

续表

历史脉络	时间	标志性事件	主要内容
新开端时期	2003～2004年	《中共中央关于完善社会主义市场经济体制若干问题的决定》和《中共中央国务院关于促进农民增加收入若干政策的意见》	加大了对农业的保护与投入，提出要建立政策性农业保险制度，发挥农业保险在农业中起到的积极作用。给予符合政策要求的农民相应的保费补贴。 中国保险监督管理委员会（下文简称"保监会"）提出《构建农业保险制度的初步方案》，选定黑龙江、吉林、上海市等九个省（区、市）作为继续开展政策性农业保险的先行试点，农业保险逐步复苏
	2008年	《中共中央关于推进农村改革发展若干重大问题的决定》	促进了政策性农业保险制度的发展，各地政府开始通过地方财政"明补"农业保险，新一轮全国政策性农业保险改革试点工作顺利开展
	2010～2013年	中央多次颁布相关文件，政府出台了系列激励政策	强调了农业保险的重要性，并将其作为解决"三农"问题的重要抓手。农业保险补贴政策不断发力，保费逐渐下降，农户需求逐步提升
全新发展阶段	2014年～	中央不断出台文件强化农业保险扶持力度	《关于全面深化农村改革加快推进农业现代化的若干意见》提出要加强对农业保险扶持力度。《国务院关于加快发展现代保险服务业的若干意见》[3]提出要进一步发展农业保险，强化对农业保险的扶持力度，对落实农业保险税优惠和财政补贴方面做了相应规定。中央一号文件促进了现代农业保险体系的建立

资料来源：①中国共产党第十三届中央委员会第八次全体会议1991年11月29日通过，1993年收入人民出版社出版的《十三大以来重要文献选编》（下）。

②陈盛伟，郑文君. 山东省农业保险业务萎缩原因分析及政策构想 ［J］. 山东经济，2004（5）：110－112.

③http：//www. gov. cn/zhengce/content/2014－08/13/content_8977. htm.

8.3 农业保险政策的现状

近年来，我国对农业发展愈发重视，农业保险作为农业生产保障的重要手段，得到了我国政府的政策倾斜。本着深入做好农业保险费

252

用补助管理工作，促进农业保险制度转型升级以更好地服务于我国粮食生产安全的目的，我国财政部于 2021 年 12 月 31 日发布《中央财政农业保险保费补贴管理办法》①（以下简称"办法"），以政策倾斜来助力农业发展，使农民得到实惠。

8.3.1 现阶段农业保险政策出台的背景

在中共中央和国务院的高度重视和正确指导下，财政部带头承担发展我国农业保险的主要责任，联合相关部门，积极推动农业保险政策的落实和发展，为更好地服务乡村振兴、脱贫攻坚战略做出了重要的引领作用。

近年来，随着我国农业保险的发展，农业保险工作的指导方向出现了巨大转变。一方面是中国农业保险制度日臻完善。以 2007 年为起点，国家制定了一整套规章制度，内容涵盖财政政策、税收政策、财务会计规定等，同时地方政府在上述制度引领下出台配套实施细则。2019 年 5 月 29 日，经中央全面深化改革委员会第八次会议审议通过，正式印发了《关于加快农业保险高质量发展的指导意见》②，确定了由财政部、农业农村部、银保监会、林草局等机构筹划发展、合力推动中国农业保险发展，这标志着中国农业保险走上了高质量发展的"快车道"。另一方面是党和政府的高度重视，强调农业保险工作必须要做好，国家财政必须保障农户参与农业保险。2020 年 12 月，习近平总书记在国务院农业工作座谈会上提出"拓宽全部成本费用和全部收入社会保险覆盖面"。2021 年中央文件《中共中央　国务院关于全面推进乡村振兴加快农业农村现代化的意见》和政府工作报告都对农业保险工作提出了部署要求。同年 6 月，国务院常务会

---

① http：//www. gov. cn/gongbao/content/2022/content_5683856. htm.

② http：//www. gov. cn/xinwen/2019 - 10/12/content_5438771. htm.

议决定，在全国十三个主要粮食作物主产地区扩大三大粮食作物完全生产成本保险和收入保险试点区域。就实际成效来看，一是保费规模快速增长。2021年全国农业保险保费总收入达到976亿元，中央政府对农业保险补贴额共计333.45亿元，同比增长16.8%。此外，农业保险行业全年保费收入为965.18亿元，同比增长18.4%，农业保险为1.88亿户次农户提供风险保障共计4.78万亿元。二是补偿农民功能凸显。近年来，在发生非洲猪瘟、河南特大暴雨等自然灾害后，保险公司及时补偿了投保农民，其效果得到充分体现，实现了惠及农户的根本目标。

表 8-6 全新发展阶段公开出台的相关政策

时间	机构	文件名称	主要内容
2013年	国务院	《关于加快发展现代农业进一步增强农村发展活力的若干意见》①	初步探索出中国特色农业现代化道路。通过适当补贴特定地区以及特定险种的保险费用，保障重要农产品的供应，满足现代农业的基本需求。加大惠农政策的力度，在特定行业实行农业保险保费试点，不断完善对"三农"的支持与保护。由多部门落实推进财政支持的农业保险大灾风险分散机制，保障农民的财产安全，分担农民面对自然风险的压力。发展农业生产，改善农村面貌，服务农民群众，以科学发展我国的现代农业
2016年	国务院	《关于落实发展新理念加快农业现代化 实现全面小康目标的若干意见》②	推进农村改革发展。面临外部环境的改变，实现绿色发展以及国内外市场资源的合理利用，尽早补齐农业农村的短板，实现全面小康。着重解决"三农"问题，加强惠农政策的力度，完善农业保险制度，多层面优化农业保险，对于试点成功的方案进行推广，例如完善森林保险制度。以需求为导向，积极开发新型农业保险，持续推动重要农产品价格以及收入保险试点项目的有序进行，着重发展符合当地特色的农业保险。探索建立农业补贴、涉农信贷、农产品期货和农业保险联动机制，全面推进农村信用体系建设，研究保单质押贷款以及信用保证保险，不断推进"保险+期货"模式的试点，并且推动金融资源向农村进行倾斜，进行支农融资业务的试点。进一步完善农业保险在面临巨大自然灾害时的风险分散制度

续表

时间	机构	文件名称	主要内容
2017年	国务院	《关于深入推进农业供给侧结构性改革加快培育农业农村发展新动能的若干意见》③	深化推进农业供给侧结构性改革。农业主要矛盾由原来的总量不足变为结构性矛盾，主要表现为供给侧需要进行调整。一方面是完善农业补贴制度，提高补贴的针对性与精确性，对粮食主产区收益补贴及时到位，稳定重要农产品的供应，进一步完善对草原、林业、湿地生态的效益补偿措施。另一方面是加快农村金融创新，加大支持"三农"力度，规范农村资金的应用与监管，积极利用互联网技术，能够更加高效便捷地为农户提供服务，鼓励符合条件的涉农企业上市融资、发行债券、兼并重组，实行以奖代补和贴息，撬动更多资本投入农业发展，促进银行与保险公司的进一步合作，推动保单贷款等业务的施行。"保险＋期货"模式进一步发展，将农产品与期货市场进行接轨，积极推动重要农产品期货市场建设，引导企业利用市场对风险进行规避，降低农业保险的风险压力
2018年	财政部、农业农村部、银保监会共同印发	《关于开展三大粮食作物完全成本保险和收入保险试点工作的通知》	三大粮食作物完全成本保险试点为收入保险打下基础，是实现从"保成本"到"保收入"的重要一步，能够促进农业保险转型升级。中央财政对试点地区提供了高比例的补贴，并且要求试点的保险公司应通过再保险转移分散大灾风险，将不低于20%的风险成数分机构给再保险机构，进一步优化我国再保险对于大灾风险的分散机制，提升试点效果。开展多地试点工作，能够有效总结经验，对于保险公司运营的农业保险产品流程进行合理规范，不符合条件的保险公司和试点予以取消④
	中共中央、国务院	《关于实施乡村振兴战略的意见》⑤	实施乡村振兴战略，坚持农业农村优先发展。科学发展我国现代农业，提升农产品质量，走可持续发展路线，实现绿色环保的现代化转变。打造具有特色的乡村文化，加强基础设施建设，发展特色旅游业，形成良性循环，辅助贫困人员脱贫。不断向基层输送人才，推动机制改革，建立健全农村治理的新方案，开拓更多结合新时代的发展渠道，实现对"三农"发展的新要求

时间	机构	文件名称	主要内容
2019年	中央全面深化改革委员会	《关于加快农业保险高质量发展的指导意见》⑥	加快农业保险高质量发展。扩大农业保险的范围，通过试点总结经验，因地制宜地服务于当地农业发展，逐步提高特色产品在农业保险的占比，并且对于森林、草原等生态效益进行一定的补贴。落实惠农政策，将保障工作惠及需求的农户，实行以人为本的执行保险政策，提高农业保险的服务能力。明确市场影响的边界，在尊重市场运营的条件下，政府应积极调动各部门配合农业保险政策的实施，规范市场运行和监管机制，特别是当灾害出现时，应做到提前建立风险分担的再保险机制，合理分担中央与地方承担的责任。不断扩大"保险+期货"的试点范围，建立地方的信用体系，引导资金发展农业保险，加快农业保险的高质量发展，满足"三农"领域的风险保障需求
2020年	中国银保监会	《关于进一步明确农业保险业务经营条件的通知》⑦	建立健全农业保险业务经营条件管理机制。明确保险机构的定义，鼓励以全国布局为主，推动偏远地区农业保险均衡发展，明确提出对于保险公司的各级要求以及在各个流程中规范处理方式，有序管理市场，促进农业保险制度不断发展
2021年	财政部、农业农村部、银保监会共同印发	《关于扩大三大粮食作物完全成本保险和种植收入保险实施范围的通知》	通过对大范围地区实施三大粮食作物完全成本保险和种植收入保险的实施，进一步推动农业保险产品在农业领域的扩张，政府可以结合当地特色农产品进行本土化调整。积极创新更适合的农业保险产品，对于其产生的风险也要及时注意，提前准备应对措施，完善对于不同风险区域的划分以及保费比率的调整，结合现代科技发展，加强与相应工程组交流配合、交叉验证下，得出更加真实和准确的数据⑧

时间	机构	文件名称	主要内容
2022年	财政部	《中央财政农业保险保费补贴管理办法》⑨	国家支持农业保险制度在全国范围内建立，以此完善农村金融服务体系，且为更好服务"三农"，需要配套更为健全的中央财政农业保险保费补贴资金管理方案。文件的重点是在农业保险保费补贴工作原则下，优化大宗农产品保费补贴比例和地方特色农产品保险奖补政策，促进承保机构降本增效，夯实高质量发展基础，确保农业保险政策精准滴灌（张卫，2022）⑩

资料来源：①http：//www. gov. cn/gongbao/content/2013/content_2332767. htm.
②http：//www. gov. cn/zhengce/2016 – 01/27/content_5036698. htm.
③http：//www. gov. cn/zhengce/2017 – 02/05/content_5165626. htm.
④http：//www. gov. cn/xinwen/2018 – 09/01/content_5318332. htm.
⑤http：//www. gov. cn/xinwen/2018 – 02/04/content_5263807. htm.
⑥http：//www. gov. cn/xinwen/2019 – 10/12/content_5438771. htm.
⑦http：//www. gov. cn/zhengce/zhengceku/2020 – 06/18/content_5520261. htm.
⑧http：//www. gov. cn/zhengce/zhengceku/2021 – 06/29/content_5621466. htm.
⑨http：//www. gov. cn/zhengce/zhengceku/2022 – 01/07/content_5666866. htm.
⑩http：//www. gov. cn/zhengce/2022 – 01/16/content_5668540. htm.

8.3.2　现阶段农业保险政策的主要内容

《中央财政农业保险保费补贴管理办法》作为我国现阶段农业保险政策，主要内容如表8－7所示。

表8－7　　　　　　　　　　政策文件内容概述

目录	主要内容
总则	包括依据、有关规定和操作准则等内容。法律总则在全国农产品保险总体规定的基础上，新增了专门关于农业保险补偿措施的六项规定
补贴政策	涉及十六种大宗农产品保险，以及部分优势特殊农产品保险的保费补贴措施。基本维持保险补偿数额稳定，明确了区域种植业补偿数额，完善了区域发展重点农业保险奖补经费的安排途径

目录	主要内容
保险方案	包括了保险费率、保险任务、保险金额、保险条款等内容。主要调整并扩大有关野生动物毁损的保障任务，进一步细化了对养殖业保险保障能力的具体表述，并明确强调了总费用率不能超过20%
预算管理	根据我国部门规划信息管理的规定，明确了各地报送、监管局审批有关材料的具体时间节点。主要修订内容增加了全国各地区域优势与特色农业保险状况统计表、全国各地企业综合绩效评价表等汇报材料，同时要求各地重视并落实保单及信息管理工作
机构管理	涵盖了承保单位获取数字资源、承担社会责任、报告自然灾害损失准备金计提与运用状况等内容，主要修订了国家农业保险数字信息系统、信息系统服务的有关规定
保障措施	包括在各地统一制定投保方式，组织家庭共同投保、允许国家增加或补贴险种协保人等内容。基于中国农业医疗保险的实践经验，修订协保员相关规范
绩效管理和监督检查	包括各地的绩效工作监控、监管局定期或不定期抽检、有关惩罚规定等信息
附则	各地的承保单位应在接受本暂行办法后，在六个月内建立并健全实施细则，同时确定出台相应废止规定

资料来源：根据《中央财政农业保险保费补贴管理办法》整理得到。

针对承保组织建设、健全信息基础、完善保护手段等保险实践，《中央财政农业保险保费补贴办法》提出了五点重要事项[①]：

一是加强资金监管力度。秉承"政府引导、市场运作、自主自愿、协同推进"的整体工作原则，细化保费补贴实际工作中的根本依据。为更加彰显政府资金管理特点，更凸显中央与地方上下互动、部际横向配合的有效工作机制，更深入满足整体管理工作的需要，实现了"财政支持、分级负责、预算约束、政策协同、绩效导向、惠及农户"共六条原则。

---

① http://www.agri.cn/province/fujian/nyyw/202201/t20220117_7805427.htm.

二是推进降本增效工作。为贯彻落实 2021 年 6 月 18 日国务院办公厅第 139 次常务会议精神，进一步推动农业保险承保机制降本增效，《中央财政农业保险保费补贴办法》中明确提出"承保机构应当公平、合理拟订农业保险条款和费率。保险费率应当按照保本微利原则厘定，综合费用率不高于 20%"。

三是突出数据管理支撑。由财政部依托中国农业再保险股份有限公司建设全国农业保险数据信息系统，对接承保机构农业保险业务系统，及时、完整、准确报送农业保险数据信息。信息系统与各省财政部门、监管局共享，适时扩大至有关方面和市县财政部门。信息系统属地数据真实性由当地财政部门负责监督。监管局可依托信息系统审核农业保险相关数据。中国农业再保险股份有限公司可接受省级财政部门委托，根据省级财政部门需要，拓展信息系统功能。

四是引导基层群众参与。结合我国农业保险现阶段发展实际，明确允许设立补贴险种协保员，每村立足实际可设协保员一名，协助承保机构开展承保、理赔等工作，由承保机构和村民委员会协商确定，在本村公示，并可适当取酬。

五是完善财政补贴险种。完善补贴险种的保险责任，在保障当地自然灾害、重大病虫鼠害、意外事故等风险的基础上，将野生动物毁损等纳入保险责任范围。

8.3.3　现阶段农业保险政策的主要特征

奖补政策的大幅优化调整和大宗农产品险种的保费补贴比例调整是我国现阶段农业保险政策的两大主要特征。

8.3.3.1　奖补政策的大幅优化调整

奖补政策在大幅优化调整后呈现出以下特征：

一是覆盖范围扩大。应 2021 年中央"将地方优势特色农产品保险公司以奖代补方式进一步扩展到全国"的要求，《关于扩大中央财政对地方优势特色农产品保险以奖代补试点范围的通知》提出，将各省（区、市）自治州、计划单列市和新疆生产建设兵团等纳入农业保险的奖补范围中。

二是以加权形式分配奖补资金。对优势特色农业保险公司，中央政府每年安排相应资金予以奖补扶持，并根据各省份和新疆生产建设兵团农业保险保费补贴综合绩效评价结果和当地的优势特色农业保险保费规模进行加权平均。其中，上一年度由省级财政予以补助、遵循基本保险原则的区域优势特色农业保险项目保费规模权重为80%；全国各省（区、市）和新疆生产建设兵团农业保险保费补贴项目综合绩效评价结果权重为20%。

三是结合绩效评价分档奖补。在综合绩效考核成果总体权重为20%的原则下，根据综合绩效考核分数从高到低的次序，将全国各地划分为四档，第一档为10个省份、第二档为10个省份、第三档为8个省份，其余各省份分配为四档。一、二、三档依次分配全国综合绩效考核成果总体奖补资金总量的50%、35%、15%，每档次内由各省份平均分配，第四档不予分配综合绩效评价结果奖补资金。

8.3.3.2 大宗农产品险种的保费补贴比例调整[①]

《中央财政农业保险保费补贴管理办法》根据国务院第139次常务会议有关调整三大主粮保险保费补贴比例的新要求，统一了各地种植业保险的补贴比例。同时，保证各地养殖业、森林和涉藏特定品种保险保费补贴比例稳定。调整后，《办法》补偿比例体系具备以下优势：

一是统一种植业保险保费补贴比例，增强中央财政对中西部以及东北种植业保险的支持能力。针对稻谷、小麦、玉米、棉花、马铃薯、油料作物、糖料作物、天然橡胶、三大粮食作物（稻谷、小麦、玉米）制种，在省（区、市）财政平均补助金额不低于25%的基础

---

① http://jrs.mof.gov.cn/zhengcejiedu/202201/t20220114_3782622.htm.

上，由中央财政对中西部地区和东北地区（不含大连市）补助45%、对东部区域补助35%。其中，将中央财政对中西部地区和东北棉花、马铃薯、油料作物、糖料作物、天然橡胶、三大粮食作物制种保障的费用补助比，从35%或40%统一增加至45%。

二是针对养殖业、森林和涉藏特定品种的保险保费补贴比例始终保持稳定。关于养殖业能繁母猪、育肥猪、奶牛保险的费用，省级财政平均补贴比例不低于25%，中央财政对中西部地区补贴50%、对东部地区补贴40%；中央政府对公益林保险保费补贴50%、对商品林保险保费补贴30%；关于涉藏的特殊种青稞、牦牛、藏系绵羊保险的费用，由国家财政补贴40%。

三是进一步优化了省级补助比例计算方式，并赋予地方财政部门更大的自主权。《中央财政农业保险保费补贴办法》中以保费规模为权重，加权平均计算省级财政补贴比例。这将促进各省级财政部门根据本省农业保险实际情况和下辖市县财政承受能力，使省财政保险补助资金在各险种，各市、县（区）间科学合理地分配，防止补助比例的"一刀切"。

8.4　农业保险政策的效果

农业作为传统的弱质产业，受到自然因素和市场因素等多方面的影响，本身具有脆弱性，对风险的抗击能力较弱。因此，农业可持续发展容易受到各种风险因素的影响。农业保险政策是针对农业风险的政府帮扶措施，能够通过各种方式帮助分散农业自然灾害风险。我国农业保险政策的实施效果主要体现在以下几方面：

第一，转移分散风险，维持生产稳定。农业保险政策通过补贴的方式使得更多农户可以通过投保转移和分散风险，在一定程度上增强抵御风险的能力，有利于稳定农产品的生产供给。我国作为人口大国，农业在整个国民经济中起到重要作用，农业基础稳定可以促进国民经济的稳定运行。农业保险能够间接维护国民经济的协调发展，通过将不定时的大额损失转化为定期的小额保费，在政策补贴之下降低风险对于农户的不良影响，维护市场的供给稳定，减少对国民经济的冲击。

第二，降低风险损失，推动农村发展。农业保险作为新兴行业，对推动农村经济社会发展具有巨大的意义。农业投保是一种比较独特的方式，在投保人投保以后，如果投保区域内农业出现损失，保险公司可以直接向被保险人提供经济赔偿，经济赔偿基金用于恢复农业生产，帮助投保个人或公司降低农业经营风险，以此起到了有效促进经济发展的效果。此外，农业保险人还会组织投保个人或公司参与农村自然灾害预防工作，并根据农民投保的范围实施有目的、有计划的预防工作，从而降低农业经营风险，提升农村生产抗灾保护工作的总体效率，推动农村经济社会的可持续发展。

第三，提高农户收入，激发生产活力。保险公司可以扮演金融中介者的角色，根据投保农民的现有收入与期望收入所产生的差异，对其消费情况产生一定的影响。农业保险制度的实施，可以分散农民经营风险，降低前期投资成本。通过农业保险，农民能够在保险负责范围内发生重大自然灾害后及时获得赔偿，从而尽快恢复农业生产。另外，通过农业保险的补偿机制可以增强农户的还款意识和信贷能力，从而保障农户的稳定资金来源。农业保险公司也能够通过转移和分散经营风险，使参与农业保险的农户一起分摊风险，用补偿给付的形式维护农业生产的稳定性。

第9章　农产品收入保险制度优化

　　农业是国民经济的基础,是国家发展的根基。一个国家的永续发展离不开农业的支撑。《国家乡村振兴战略规划(2018~2022年)》把农业保险列为实施乡村振兴战略的"农业支持保护制度",为农业保险发展提供了重要机遇①。2021年,《中共中央　国务院关于全面推进乡村振兴加快农业农村现代化的意见》提出的"扩大稻谷、小麦、玉米三大粮食作物完全成本保险和收入保险试点范围"更是将农产品收入保险摆在了重要位置。农产品收入保险在推动我国实施乡村振兴战略中发挥了重要作用,是防范农业经营风险、保障农业经营主体收益、稳定农作物产量、服务乡村振兴战略的重要工具。然而当前我国的农产品收入保险政策在制度层面仍存在诸多短板,未能与乡村振兴有效衔接。本章拟基于农产品收入保险发展现状具体分析当前存在的问题,结合其治理目标提出优化农业保险制度的建议及保障措施。

---

　　① 冯文丽,苏晓鹏. 农业保险助推乡村振兴战略实施的制度约束与改革［J］. 农业经济问题,2020(4):82-88.

9.1 制度优化的目标

9.1.1 切实助力乡村产业振兴

乡村产业大多是弱质产业，风险高、资本回收期长。这些特点导致乡村产业振兴最大的障碍之一是缺少足够的资金，障碍之二是缺少农户的参与，障碍之三是缺少保险企业参与。随着农业现代化进程的加速推进，保险作为"三农"发展"压舱石""助推器"的作用得到极大彰显。聚焦农产品收入保险的发展，有助于促进乡村产业发展融合，为乡村产业发展释放出更多的经济活力，有助于保障乡村产业的振兴，保障主要粮食供给，也有助于稳定农产品产能，稳住农业基本盘，助推乡村产业平稳发展。

优化农业保险制度，能够保障农业产业安全，为流入乡村产业的社会资本筑起一道风险防火墙。推进农业保险产品创新与服务能力建设，进一步完善农业保险的政策体系，创新农业保险功能，积极开发适应新形势、新任务、新风险需要的险种，构建保险、再保险、巨灾保险三维结构的农业风险管理体系，为乡村振兴保驾护航。

9.1.2 有效保障农户经营收入

农产品收入保险能够保障农民收益，减轻农民负担，提高农民参保积极性，为乡村产业发展释放出更多经济活力。农产品收入保险最重要的目标是转移农业生产风险，稳定农业生产，保障农户收入。优化农产品收入保险制度，可以增强农业抵御巨灾的能力，保障农民收入稳定，促进农业生产的精细化与规模化，提升农民规模生产积极性，提高农业产量，促进农民增收致富。

优化农产品收入保险制度，可以简化农户保险理赔流程，加大保后服务力度。另外可以为农户提供更加全面的农业生产灾前防范帮助，进而稳定农业生产发展，有效保障农户收入。优化农产品收入保险制度，能够为农户进行农业生产提供更多的保障，增强种植信心，进而引导调整农业种植结构，并在原来生产规模的基础上，扩大生产规模。鼓励农户进行科技创新，促进机械设备投入使用，从而提高农业生产效率，增加农户收入。

9.1.3　持续促进保险行业发展

保险行业的发展来源于多样险种的销售，而且面对竞争激烈的市场，保险行业必须推出更具经济效益和低风险的新型险种才能抢占市场，从而获得发展。完善农业保险的制度可以分散承保公司风险，促进保险行业的健康发展。

"保险＋期货"等金融工具创新，能够有效转移农业保险承保人所承受的风险，保障农业保险企业的利益。期货本身具有分散风险的作用，通过保险与期货的深度融合，为期货市场注入活力的同时也拓展保险业务。优化"保险＋期货"制度创新，保险公司和期货公司互相合作，能有效减少农业保险的系统性风险，为农业保险行业注入新的活力，推动农业保险行业可持续发展。

9.2　制度优化的路径

农业保险作为分散农业生产经营风险的重要手段，对推进现代农业发展、促进乡村产业振兴、改进农村社会治理、保障农民收益等具有重要作用。2019 年财政部、农业农村部、银保监会、林草局联合

印发的《关于加快农业保险高质量发展的指导意见》明确提出由
"财政部会同中央农办、农业农村部、银保监会、国家林草局等部门
成立农业保险工作小组，统筹规划、协同推进农业保险工作"。随着
我国农业生产经营格局的重大变化，为响应保障国家粮食安全战略的
需要，顺应现代农业改革和发展的要求，应积极将农业保险纳入现代
农业支持与保护体系，出台具体政策，制定符合国际惯例的农业保险
计划，从机制、激励、监管和保障等层面不断改革和完善顶层设计，
激发农业保险制度活力。

9.2.1　机制创新

第一，市场机制创新。由于农业保险商品的特殊性，市场关系更
为复杂，除了供需双方外，还涉及监管方。农业保险市场常常表现出
更强的抽象性和分散性。农业保险市场的有效运行离不开价格规律、
供求规律和竞争规律三者的共同作用。市场交易会带来竞争，而农业
保险市场的竞争不仅仅体现在供求关系与商品价格方面。要推动农业
保险市场机制创新，首先要完善农业保险的市场价格竞争机制，杜绝
恶意降低费率行为，保证市场竞争的有序性；其次，要加强政府的政
策引导，让更多的市场主体参与到产品研发、交易和理赔当中，增加
市场活力；最后，要加强对农业保险产品的扶持力度，让赔付率高于
一般商业性财险的农险产品也有一定的市场竞争力，从而推动农业保
险业的可持续发展。

第二，补贴机制创新。传统的农业保险补贴机制存在补贴规模较
少、补贴方式单一、补贴品种较少、补贴层级太多、补贴比例不合理
以及补贴拨付不及时等问题。在巩固脱贫攻坚成果的关键时期，对农
业保险补贴机制提出了更高的要求。创新保险补贴机制，要不断完善
农业保险的理赔流程，提升农民的农业保险投保意愿。扩大保险补贴

的规模，增加保险补贴财政支出；增加保险补贴方式，多种措施并举实施；扩充保险补贴品种，增加农作物补贴种类；减少保险补贴层级，降低交易成本；调整保险补贴比例，根据地区财政情况给予不同的政策倾斜；加快保险财政拨付速度，有效满足投保地区的农业生产需求。

第三，服务机制创新。一是优化营商环境。深化农业保险领域"放管服"改革，健全农业保险法规政策体系，研究设立农业保险宣传教育培训计划，发挥保险行业协会等自律组织作用。二是完善考评机制。因地制宜地建立以服务能力为导向的保险机构招投标和动态考评制度。支持保险机构建立健全基层服务体系的同时加强对保险机构的规范管理。三是增加农业保险服务功能。创新"农业保险＋"模式，将农业保险与信贷、生产、收储和销售等联系起来，不断延伸保险产品的服务价值，提高农业保险服务能力，优化农业保险运行机制，推动农业保险高质量发展，更好地满足乡村振兴的需求。四是完善纠纷处理调解机制。针对理赔中出现的纠纷以及理赔不及时等问题，政府作为监管方应尽快建立完善保险合同纠纷处理调解机制，建立起代偿及追偿机制。出现违约或纠纷时，应避免矛盾激化，维护农户合法权益和合理诉求。

9.2.2　激励创新

第一，激励企业加大创新。通过形成有效的激励机制提升保险公司的创新动力和创新能力。一是重视市场建设，增加市场竞争活力。增加农业保险市场供给主体数量，允许依法设立的农业互助保险等保险组织按规定开展农业保险业务，改变寡头垄断型的市场结构。二是保护创新行为，提升企业创新意愿。新险种保单条款的创新容易被竞争对手模仿，应加强对保险产品的知识产权保护，强调保险产品的首创性，尽快出台农业保险首创险种的认定和保护办法①。三是补偿创新风险。保险产品创新蕴含了大量的定价风险、市场风险和法律风险等。应在加强产品论证的同时，对试点的新型农业保险给予一定的财政补贴，并积极引导多方主体组成创新联合体，完善创新风险共担机制。四是加强产学合作。创新需要投入大量人力和物力。针对保险创新投入不足的问题，可以鼓励保险公司和高等院校合作，以相关高校和科研院所的人才资源和研究经费为补充，支撑保险创新。

第二，激励农户积极参与。一是加大对新型农业保险的补贴力度。农业保险属于政策保险。其赔付率高于一般商业性财险，若按照市场定价，其价格会高于一般商业性财险。目前国家对农产品收入保险，特别是特色农产品收入保险的补贴力度较低。为了推广新型农业保险，需要政府给予农户一定的补贴。二是创新农业保险的宣传形式。主要围绕"一法一条例一办法"（《中华人民共和国保险法》《农业保险条例》《农业保险承保理赔管理暂行办法》）开展宣传。综合运用电视、网络、新媒体等丰富宣传方式，创新宣传手段，加大宣传力度，通过接地气、农民喜闻乐见的宣传让广大农民更好了解保险、提升保险意识。三是完善系列管理办法和措施。保障及时赔付可以增加农户对农业保险的满意度，提升农户农业保险参与程度。在查勘理赔方面，如何及时查勘、准确理赔是搞好政策性农业保险的关键。应在事前制定理赔具体实施细则。将赔付与保费收取、保险时段、实地查勘的损失情况等直接挂钩，做到核损真实，定损准确，查勘理赔及时。四是向农村延伸农业保险工作机构。降低农业保险交易

---

① 为规范政策性农业保险市场，持续推动农业保险创新工作开展，山东省财政厅、农业农村厅等5部门联合印发了《山东省政策性农业保险首创险种认定指南（试行）》，在政策性农业保险领域开展了首创险种认定工作。

费用，积极打通农业保险业务的"最后一公里"。支持保险机构建立健全基层服务体系，经营政策性农业保险业务的保险机构，应当在县级区域内设立分支机构，确保人员有保障，政策能推广。同时，建立农业保险推广中心，组建农险代办队伍，由农技人员和乡村干部共同负责农业保险的业务拓展和现场查勘。

9.2.3　监管创新

第一，更新监管理念。一是促进党建与业务融合。认真落实中央经济工作会议、"中央一号文件"及党中央国务院关于"三农"工作的意见政策，把财政对农业保险保费的补贴资金审核工作上升到国家发展战略高度。二是加强相关文件学习。认真学习《中央财政农业保险保费补贴管理办法》，梳理明确监管职责，认真把握新内容、新要求，做到新老办法的过渡和衔接。三是做到"三个结合"提质增效。即将资金监管与绩效评价相结合，强化监管工作效力；监管工作与调查研究相结合，提升监管工作质效；将部门联系与机构联动相结合，形成监管工作合力。

第二，加强相关立法。农业保险规范、有序、健康的发展，更有赖于完善的法律、法规体系给予支持。一是加强相关领域的立法调研。组织由高等院校学者、人大代表、基层干部等共同组成的调研团队深入一线了解保险公司和农业经营主体的法律诉求。二是借鉴国外农业保险立法经验。定期收集欧美、日韩等国家农业保险立法动态，相关法律细则和实施经验，结合特定的国情形成案例分析报告。三是精准确定农业保险的相关要素。以法律的形式对农业保险的目的、目标、保障范围、保障水平、费率厘定、赔付标准、实施方式等方面作出明确的规定，同时还应明晰政府在农业保险经营活动中的权力边界，严厉打击"骗保"等违法行为①。

第三，应用科技技术。与纯商业保险或者人寿保险运作模式不同，农业保险的运营模式易造成骗保案件频发②。为了根治农业保险骗保难题，一是运用好区块链技术做好数据核实。利用区块链技术连接各保险参与主体及上下游产业链，借助物联网发展智慧农业，通过遥感卫星和农业无人机做好云端验标、远程查勘，既实现了系统定责、极速理赔，又实现了对财政、农业、林业部门申报数据的记录和核实。二是运用好大数据和人工智能技术监管好资金流向。重点关注核实拨付情况。从省级财政部门、县市级财政部门到保险经办机构，通过数据库技术层层追踪中央财政补贴资金分配下达情况，核实资金拨付是否及时，用途是否合规，资金结算资料是否齐全，以及地方财政资金配套到位情况等。

9.2.4　保障创新

第一，农业巨灾保险保障创新。传统的农业保险更多的是利用空间来分散农业风险以及减小产生的影响，将投保区的灾害损失转移到其他地区进行分摊，但如果多个地区同时出现农业巨灾风险时，这种保障方式将会出现诸多问题。尤其是我国地形复杂，自然灾害较频繁，一旦遭受巨灾风险，农业生产将面临重大经济损失。因此《农业保险条例》明确提出"国家应该建立地方财政支持的农业保险大灾风险分散机制"，增强地方财政与保险公司在农业大灾风险中的保险责任意识，同时降低农户投保费用与保险起赔点，使投保农户能够在发生农业巨灾时获得及时有效的赔偿。政府应鼓励保险公司在传统

---

① 农业保险骗保行为主要有两种：一是单（双）方骗保，工作人员利用职务之便，或者投保农户利用信息优势，双方联合骗保。二是三方骗保，农户、工作人员和承保单位三方串联共同骗取财政补贴。

② https：//baijiahao. baidu. com/s? id = 1734414835855620162&wfr = spider&for = pc.

巨灾保险的基础上，积极应用卫星遥感技术、气象监测技术和大数据技术开发创新型农业指数巨灾保险方案，为农业生产救灾及灾后恢复生产提供充足资金保障的新渠道，降低自然灾害对农业生产造成的损失，促进农业农村平稳发展，助力乡村振兴。

第二，农业保险再保险保障创新。农业保险再保险制度可以分散保险公司承担的风险和提高承保能力，为农户提供更全面的农业保险保障，保障农业保险企业的收入①。目前，我国保险再保险总体发展水平滞后于国外发达国家，再保险市场体系也不太完善，无法满足乡村产业振兴对再保险业务的需求。加强农产品收入保险再保险制度创新，要综合考虑政府政策以及再保险供给主体等因素，多维度提升再保险公司的承保能力和市场竞争能力。政府应鼓励多家保险公司组建再保险共同体，通过制度化安排和市场化模式，有效整合行业资源，不断扩大行业承保能力，提供稳定再保险保障。再保险公司可以利用资金和渠道优势，重点开展地方特色农产品保险以及各类涉农保险业务的风险分散模式研究和支持，助力地方优势特色产业集群的培育发展，强化产业富民效果。另外，再保险公司还可以通过整合数据和技术资源，自主打造包含从方案设计到承保理赔，再到风险分散全流程解决方案，围绕农业农村再保险生态圈建设，聚焦"融合""创新""智能"，实现农业保险高质量发展，服务全面推进乡村振兴重点工作②。

第三，系统性风险保障创新。农产品收入保险以收入为承保标的物。当发生量下降或跌价后，承保人对投保农户的收入损失进行赔偿。如果多个地区同时遭受严重的自然灾害出现农户收入大幅下降的情况，一些保险公司会因无法赔付巨额费用而选择破产重组，最终导致农户无法获得赔偿。我国农业保险业在发展过程中应该重视系统性

---

① 党喆. 我国再保险市场发展研究［J］. 管理世界，2007（09）：148－149.

② https：//baijiahao. baidu. com/s？id = 1732428339355829376&wfr = spider&for = pc.

风险。为了防范系统性风险，政府要求各保险公司必须提存保险责任准备金。保险责任准备金，是指保险公司为了承担未到期责任和处理未决赔款而从保险费收入中提存的一种资金准备①。保险责任准备金作为抵御风险的重要工具，要求保险公司需要有等值的资产作为后盾补充，保障保险公司顺利履行保险责任。另外，随着大数据系统应用领域不断增加②，以"农业保险＋碳汇""农业保险＋信贷""农业保险＋期货""订单农业＋农业保险等综合金融服务"等为代表的"农业保险＋"协同综合发展之路将成为系统性风险保障创新的必然选择。

9.3　制度优化的建议

9.3.1　推动"保险＋期货"项目的开展

"保险＋期货"是农产品收入保险与金融产品深度融合的新型模式。保险公司根据需求，设计出相应的农产品收入险；然后，农户进行购买，接下来保险公司为了将风险对冲，购买期货公司的期权产品；最后，期货公司也要在市场上寻找对手盘，进行相应的期权对冲操作，从而完成整个模式的运行③。这种模式内的期货合约同样是由

---

① 杨波. 利率市场化下我国保险公司的风险探究 [J]. 现代经济信息，2014（10）：410＋412.

② 农业农村部发布的《数字农业农村发展规划（2019－2025 年）》对我国农业数字化的发展具有提纲挈领的指导作用。我国已建成全国农产品市场信息平台、农产品质量安全追溯管理信息平台、农药兽药基础数据平台、新型农业经营主体信息直报系统、农田建设"一张图"等多源大数据资源池。

③ 韩雅婷. 农业价格保险与农产品期货结合的探讨——基于"保险＋期货"模式 [J]. 现代商贸工业，2020，41（33）：111－112.

期货交易所统一制定的，在将来某一特定时间和地点交割一定数量标的物的标准化合约。这种有机融合是农业保险深度发展的体现，结合期货与保险可以分担可控因素风险和不可控因素风险，使各方参与主体的利益最大化。

相较于传统的农业保险及"输血式"的政策性保险，农产品"收入保险＋期货"综合发挥了保险和期货两种金融工具的优势，在精准扶贫和服务乡村振兴上取得了良好的成效，保障了农户的收入，提高了农民生产积极性。推动农产品"收入保险＋期货"项目发展，有助于优化我国农产品收入保险制度。

一是要建立农产品"收入保险＋期货"长效机制。健全农产品"收入保险＋期货"的程序运作机制，完善相关法律法规，构建农产品"收入保险＋期货"监督管理机制，充分发挥期货市场承担、转移、分散风险的作用，促进农产品"收入保险＋期货"营商环境向好向优发展。

二是要成立农产品"收入保险＋期货"专项小组。建议中央层面由中央农办牵头成立农产品"收入保险＋期货"工作小组，负责项目的统筹规划，做好顶层设计，明确各方工作职责。地方层面应组建由财政部门、农业农村、保险监管部门等各方参与的专项小组，负责落实相关支持政策、明确地区发展农产品"收入保险＋期货"项目的工作重点，制订具体实施方案。

三是要扩大农产品"收入保险＋期货"试点范围。一方面要扩大农产品"收入保险＋期货"的覆盖区域。积极支持各大粮食生产功能区和重要农产品生产区开展农产品"收入保险＋期货"试点。另一方面要增加农产品"收入保险＋期货"的覆盖品种。其一，要求政府增加农业收费保险保费补贴品种，这是《国家乡村振兴战略规划（2018～2022年）》提出的"建立全方位的粮食安全保障机制"的应有之义。其二，要求商品期货所、保险机构和期货机构联合设计特色农产品"收入保险＋期货"项目，将试点范围从主要粮食作物扩展到重要畜禽、重要水果品种等地区特色农产品上，推动农产品"收入保险＋期货"助力农村经济的发展。

9.3.2　优化"保险＋再保险"管理制度

相较于农产品收入保险而言，"保险＋再保险"能够有效地防范农业生产过程中的风险，补齐大灾风险分散机制和农业保险经营体系的短板，缓解保险经营机构的资金压力。"保险＋再保险"助力乡村振兴，巩固脱贫攻坚成果，保障了投保农户的经济效益。完善"保险＋再保险"产品设计有助于优化我国农业保险管理制度。

一是要出台农业再保险监督办法。健全和完善农业再保险法律法规及相关配套制度，加快出台针对农业再保险业务的监督办法。针对再保险产品设计专门的资金处理制度，加强对保险直营机构的监管，保证农业保险资金的合理使用。完善农业保险经营体系，稳住农业基本盘。政府在农产品收入保险再保险实施落地方面，应该加大扶持力度，为保险公司提供减租免息的优惠政策，助力开发更具优势的农业保险产品，设计多元化农险产品，优化保险补贴机制，减轻农户投保压力，稳定农户投保信心，助推乡村振兴战略的有力实施。

二是要完善保险风险分担机制。在国家层面推进农业保险风险区划工作，建立科学的保险费率厘定和动态调整机制，实现农业保险的精细化管理和财政的高效率补贴[①]。农产品收入保险再保险侧重于减少保险的成本风险，需要综合考虑农业保险的实施前提和灾后理赔工作，对农产品收入保险再保险进行全面的调整，构建全链条农业保障机制，分担农业保险的风险，推动农产品收入保险再保险发展。加强对不同投保地区的历史保险数据的收集整理工作，考虑不同组合保险的具体实施情况，控制并规避风险，实现农业的高质量发展。

---

① 徐向梅．积极发展农业保险和再保险［N］．经济日报，2022－05－20．

三是要对标国际先进管理规则。开展再保险公司技术研讨大会，促进行业数据共享，组织再保险公司向国际相关公司学习，对标国际的先进管理规则，汲取再保险运营经验，助力再保险公司有利发展。建立再保险公司统一管理平台，实现资源的多方整合。完善市场竞争规则，针对不同省市的情况，制定专门的市场管理制度，减少过度竞争的行业乱象，提升再保险公司的管理水平。

9.3.3　促进"保险 + 科技"的融合发展

随着国家经济的发展，我国科技发展水平也在逐步提升。中国作为一个传统的农业大国，在农业科技方面的投入占比偏低，创新能力不强。农产品收入保险作为分散农业生产经营风险的重要手段，对推进现代农业发展、促进乡村产业振兴、改进农村社会治理、保障农民收益具有重要作用。农产品收入保险在粗放型的农业发展时期表现效果尚可，但与乡村振兴和高质量发展的新要求存在差距，亟待促进科技与保险的深入融合[1]。

高速增长的农业保险市场，将为保险科技的落地应用提供广阔空间。技术进步反过来又推动了中国保险业的发展，帮助保险业更好地完成了风险管理职能[2]。推动"保险 + 科技"的融合，不应局限于新兴技术的研究和应用，更应注重产品、模式、服务的创新。在技术应用方面，利用遥感估产以及气象风险识别技术，预测产量并防范气象风险，提供更为精细的数据支撑；利用农业生产风险评估与费率区划技术，量化和评估自然灾害等风险造成的损失程度，按照区内相似性与区间差异性的原则，划分不同等级的费率区域空间，完善农产品收

---

[1]　朱俊生，张峭. 科技运用促进农业保险高质量发展 [J]. 中国保险，2022（4）：22 – 27.

[2]　中国保险科技发展报告. https：//fddi. fudan. edu. cn.

入保险的定价机制。在产品、模式与服务方面，设计符合乡村振兴"主旋律"的农业保险产品，精准对接农业扶贫产品，契合并助推乡村振兴战略实施，充分发挥农业保险的政策效应；完善农业保险模式，提高服务在保险落地实施中的重要性，将优质的保险服务延伸到农村的最基层，为乡村振兴增添新动力。

要推动农业"保险＋科技"的融合发展，首先必须提升政府的保险科技创新应用意识，以科技创新带动农产品收入保险制度创新，在监管和公众服务方面加强科技创新的应用。其次，要建立完善的农业保险数据共享机制，依法依规共享气象灾害、农村土地确权数据、流转数据和农业遥感数据等信息。行业间的联动合作能够推进农产品收入保险的科技创新发展，使得农户能够通过保险满足多样化的农业生产需求，简化投保流程并降低后期风险，因此促进保险行业的数据共享十分必要。由于保险公司精力有限，传统的政策性保险制度无法将农业保险产品覆盖农业生产的全部范围，因此增加了保险的市场压力，同时降低了农户的投保意愿。促进保险行业的数据共享，能够推动农产品收入保险行业的进一步创新，助力农业实现高质量发展。

9.3.4 完善"保险＋信贷"体系的架构

《中共中央 国务院关于做好2022年全面推进乡村振兴重点工作的意见》中"保险"这一关键词出现了11次，保险在保障农业发展以及推进乡村振兴中发挥了重要的作用。《国务院关于加快发展现代保险服务业的若干意见》以及《国务院办公厅关于多措并举着力缓解企业融资成本高问题的指导意见》等系列文件中，鼓励各地结合当地实际情况，积极探索以信用保险、贷款保证保险等保险产品为主要载体，以"政府＋银行＋保险"多方参与、风险共担的合作经营模式实现合作共赢。推动"保险＋科技"体系的发展，有利于优化我国农业保险制度。

一是要加强相关法律法规的引导。尤其是农产品"收入保险 +信贷"这一新的体系缺乏专门的法律法规，在法律层面存在着许多的问题。我国保险立法机构应该以现有《保险法》为基础，加强对农业信用贷款的法律体系的建设，提供更加健全的法律服务帮助。加强对保险公司的监管，推动完善农产品"收入保险 +信贷"相关立法，依法依规地向农村金融机构或者农村个体户提供信用担保。推动保险立法工作的进行，为我国农业健康发展提供有力的保障①。

二是要增加对保险机构的资金倾斜力度。农业的现代化发展和新农村建设离不开强大的资金支持，"保险 +信贷"的创新模式有利于解决政府乡村振兴农业扶持资金问题。可以对农业银行提供政策倾斜，使农业银行能有更多的资金向农户发放贷款，进一步为我国农业发展注入活力②。推动银行与保险公司合作，利用相应的财政政策、货币政策以及存款准备金率，促进商业银行与农产品收入保险的融合发展，银行和农产品收入保险的相结合是农业资金链创新型发展的突破性发展。推动信贷机构和保险公司的合作，缓解农村地区资金缺乏的问题，提高农村金融服务水平，促进农村地区经济发展。

三是要完善农村信用体系的建设，简化贷款信用评估手续，提高贷款效率。政府从农村征信系统和农村信用评级制度两方面进行完善，首先，加快健全农村地区的法律征信制度，利用现代网络技术，对农户的信用进行信息记录。其次，依托农户的电子档案，对农户的偿债能力与盈利能力等多个指标进行评级，建立专门的农业信用贷款档案。最后，设立专门进行涉农企业及农户信用评级的评级机构，加强信用评级结果在资本市场上应用的权威性。

---

① 张亚欣. 我国农业贷款信用保险研究 [D]. 石家庄：河北经贸大学，2016.
② 程华，黄解宇. 支农贷款和农业保险对农民增收的影响效应研究 [J]. 经济论坛，2019（9）：120 – 127.

9.3.5 强化"保险+合作社"过程管理

在农业保险的高质量发展中，农业保险附加的服务功能，让"农业保险+"的内涵得到扩展。农业保险合作社是一种能够把农民生存和发展、农业风险的预防和农村社会发展辩证统一起来的新型保险制度[①]。"农业保险+合作社"的新模式，融入了政府的担保，可以为农户提供统一的技术指导，有效抵御市场风险和技术风险，增加农民的经济收入，调动农民的积极性，实现农村和农业的可持续发展。完善"保险+合作社"制度设计，有利于优化我国农业保险制度。

一是要完善农业保险合作社立法。制定可行的法规制度，明确保险合作社的目的及实施条件，优化保险合作社的组织架构，简化管理方式与办理手续，明确保险主体，强化保险分配责任。对于特殊地区的农业发展而言，应优先考虑保险落地实际情况，基于当地自然环境风险与社会风险，设计构建专门的法规制度，保障农业保险工作的开展。

二是要建立必要的配套管理措施。建立农业保险合作社管理人员任免制度，采取全体成员直接选举方式，最大程度实现农户自主管理[②]。建立政府财政支持与管理制度，设立农业保险合作社财会岗位，合理规划使用投保资金以及政府农业补贴资金。建立大宗经济作物技术指导制度，邀请行业专家实地指导，丰富农业生产与保险知识储备，防范市场风险与技术风险。建立保险公司以及银行合作制度，有效保障"保险+合作社"落地实施。最后要建立保险专业人才的引进制度，提升农户自主管理的专业水平，提高乡村产业经济发展的科学性，保障农业的可持续发展，稳固脱贫攻坚成果。

[①] 李娟. 山西省建立农业保险合作社制度构建研究 [J]. 山西农业大学学报（社会科学版），2015，14（4）：364 – 371.

[②] 宫宏祥，李娟. 中国本土语境下的农业保险合作社制度相关问题研究 [J]. 经济师，2014（9）：81 – 84.

三是要发挥基层政府的主导作用。克服人文环境因素的影响，帮助农户摆脱对传统农村合作社的偏见，实现农村和农民的文化整合，完善制度建设工作。提供必要的法律援助，协助建立健全农业保险合作社的法规制度。扩大"保险＋合作社"新型制度的宣传覆盖面，向农户宣传农业保险知识和农业保险合作社的优越性，为后期制度建设奠定群众基础。提供专业的技术资源与人力资源帮扶，加强农业技术的指导与保险知识的宣传，解决合作社制度建设与试点实施问题。整合保险行业资源，加强保险公司资源对接合作，为"保险＋合作社"提供更加实际的制度建设方案。

9.4　制度优化的保障

9.4.1　提升农业科技赋能水平

促进农产品收入保险的现代化发展必须提升农业科技水平。一方面，政府要增强农产品收入保险的科技创新意识，要加强与保险公司以及其他社会机构的合作，共同研发出适合当地政府的农业技术，保障农业产业的发展。另一方面，保险机构要加大农业保险的科技创新投入力度和应用范围，在机构内部设立专门的科技资金，鼓励科技人员投入到农业科技的创新研究中，同时联合政府农业部门与信息技术部门共同推动科技创新成果转化和落地。另外，农业保险的科技水平的提升离不开国家相关的政策扶持，同时还应该健全农业科技创新的相关法律法规，为农业科技领域的发展保驾护航，推动农产品收入保险高质量发展。

推动科技在农业保险中的应用，制定统一的农业保险科技应用标准，利用大数据以及遥感技术，确保保险数据的准确性，加大关键业务与核心技术的规范力度，提高农业保险的质量与效率，突出科技在保险中的应用。加大对保险科技产品的政策扶持力度，发挥科技产品以及服务在农产品收入保险中的重要作用。加快出台保险与科技融合的规章制度，完善科技服务模式。通过整合农业保险内外部的客户数据，形成真正有效的客户画像和需求标签，为实现涉农收入保险业务增长创造条件①。进一步利用科技赋能农产品收入保险体系，推动农业保险更好地服务我国乡村振兴事业。

9.4.2　构建专业人才培养体系

农产品收入保险最初由发达国家开发设计，我国再引入试点。随着国际化进程的加快，农业竞争程度不断加剧，对我国农业保险行业的人才素质提出了更高的要求。我国应该借助互联网产业的迅速发展以及国内外文化交流的深入，大力加强国际化、复合型的保险人才培养。大力引进农产品收入保险相关领域人才，促进国内外的经验交流，学习其他国家的先进技术与经验，推动我国农产品收入保险的制度建设。

借助先进城市充足的人才资源储备和信息交流渠道优势，扩充农产品收入保险人员、打造专业化队伍，提供高质量、多元化的农产品收入保险相关培训。组织农户参加农业保险知识技能培训，开展农业保险行业管理干部培训，加大重点业务培训力度，增强培训的针对性和实效性。同时也可以聘请国外知名农产品收入保险经纪人到国内讲学，介绍国外农产品收入保险市场的发展动态，传授实务经验。结合我国国情及农产品收入保险的发展现状探索出一条具有中国特色的农业保险发展道路。

---

① 吴学明，何小伟，刘怡鑫. 我国农业保险科技创新的方向与路径［J］. 金融纵横，2022（7）：80－86.

深化与高校、农业保险企业等专业机构的合作，建立健全人才培养机制，加强农业保险队伍建设，为发展农产品收入保险提供人才支撑和智力支持。教育部还可以联合高校培养农业保险的专业人才，实施双导师培养制度，综合提升在校大学生的农业保险专业素质。农校可以开设农业保险专业，实施定向就业培养方案，吸引有志之士投身到我国农业保险的发展建设之中。农业研究所还可以与农业保险相关企业进行合作，培养相关的复合型专业人才。

9.4.3　提高专项资金保障力度

各级财政应结合地区经济发展水平和自身财力，有计划地逐步扩大农产品收入保险补贴规模，加大对主要粮食作物的保费补贴力度，加快农产品收入保险发展进程。财政部应加强农业保险保费补贴资金管理，推动农产品收入保险向高质量方向发展，提升农产品收入保险的发展水平[①]。由于存在投保险种、投保面积各年变动较大，部分地区农业保险保费补贴资金财政预算虚增，国家农业财政补贴无法合理覆盖到真正需要的地方等问题，因此要建立健全预算执行动态监控机制。另外，要引入社会资本的力量，借助社会商业资本推动农业技术的创新和农业产业的建设发展。鼓励社会资本参与合作，为开展农业技术研发的企业提供税收优惠政策，将大数据分析、遥感监测等技术运用到农业领域中，提高农产品收入保险定损理赔的科学性。

为保险公司提供保险创新投入的激励补贴，可以带动保险行业的发展，降低收入保险运营成本，同时也能够减免投保农户的部分投保费用。丰富农产品收入保险的补贴品种，将涉及民生的重要农产品纳

---

① 思雨. 加强农业保险保费补贴资金管理，推动农业保险向高质量方向发展——财政部有关负责人就修订出台《中央财政农业保险保费补贴管理办法》答记者问 [J]. 中国食品，2022（2）：24 –27.

入补贴条目，提升农户的投保积极性。中央财政和地方财政应设置差异化的农产品收入保险补贴方案，将区域经济发展水平、治理水平和农产品的重要程度等因素纳入考虑范围，提高补贴政策的针对性，提高对欠发达地区和重要作物的补贴比例，引导和推动结构调整，推进农业供给侧结构性改革，进而保障农产品收入保险政策的实施。

9.4.4　加强收入保险宣传推介

互联网时代为农产品收入保险提供了良好的宣传环境，扩宽了宣传渠道。农产品收入保险相关工作人员可以通过新媒体平台、网络直播等渠道，以多种形式向农户或农业保险相关行业人员进行宣传和推广。另外保险公司在进行农产品收入保险宣传时应该加强各行业间的联动合作，在多个保险频道进行产品的宣传推广。针对受教育程度较低的投保农户，应该下沉到各乡镇单位、各农业合作社以及农户小组，以点对点的形式开展农产品收入保险的宣传工作。构建完善的农产品收入保险发展体系，使农产品收入保险在高质量发展的要求下，逐步实现从狭义向广义农业保险的转变。

宣传推广工作对于农产品收入保险的实施落地有着极为重要的作用，尤其是涉及具有信贷功能的农产品收入保险模式。政府在宣传农业保险贷款时，应当深入到农村基层为每一户村民细致讲解贷款保险的条款和理赔情况以及对农业发展的作用。同时，政府还应利用"三农"频道对农产品收入进行线上宣传推广，最大限度地扩大农产品收入保险宣传覆盖面。农产品收入保险是为保障农户收入而设计的，无论是政府还是保险公司都应该支持其发展，在不同的平台上进行保险的宣传推广。农业部门可以借助农业频道向农户介绍不同险种，提高农户对农产品收入保险的认知水平。保险公司则需要加大对农产品收入保险的宣传推广力度，可将新险种放在公司宣传的首页，或与其他自媒体合作联合介绍新险种与后期理赔流程等重点内容。

附　录

附录一：原始数据

附表 1

早稻收入数据

单位：元/亩（1978 年为基期）

年份	浙江	安徽	福建	江西	湖北	湖南	广东	广西	海南
1978	65.921	55.848	55.848	51.110	57.564	55.195	54.145	51.278	55.848
1979	91.832	77.113	75.083	72.327	76.420	74.087	76.305	63.655	75.863
1980	77.273	69.009	70.686	67.095	64.087	67.905	74.559	66.452	69.617
1981	81.994	75.293	66.622	62.436	74.073	67.718	71.998	62.593	70.341
1982	80.815	78.400	70.808	69.563	82.752	74.611	71.300	69.825	74.778
1983	63.772	67.345	73.868	73.366	68.307	77.696	76.820	66.083	70.905
1984	101.473	90.043	96.314	97.366	102.375	102.253	101.403	95.267	98.345
1985	94.760	75.712	87.191	80.336	108.274	92.161	95.199	86.663	89.996
1986	95.931	82.517	90.821	81.952	97.479	90.710	83.826	80.443	87.972
1987	78.468	76.561	95.172	83.968	94.160	84.837	113.120	105.390	91.318
1988	75.338	76.367	101.142	69.652	95.374	81.687	121.869	94.531	89.408
1989	90.483	81.956	105.401	81.781	102.722	95.324	111.180	94.647	95.324

续表

年份	浙江	安徽	福建	江西	湖北	湖南	广东	广西	海南
1990	88.676	79.538	90.828	84.368	96.086	90.409	94.695	92.764	93.608
1991	86.600	54.461	87.846	76.961	65.055	82.056	90.888	84.442	119.061
1992	79.727	73.208	88.079	66.228	60.795	77.846	97.418	80.784	101.659
1993	87.991	74.834	122.327	57.438	68.781	69.544	114.249	87.721	105.194
1994	116.334	124.725	129.528	89.286	108.471	110.586	157.939	120.970	123.847
1995	116.202	132.958	160.055	94.605	105.054	113.357	166.797	162.301	140.578
1996	119.349	132.368	167.425	107.416	104.756	125.312	155.437	156.149	125.826
1997	115.223	112.912	131.896	86.560	108.255	107.711	116.103	126.544	112.912
1998	109.611	84.074	117.175	69.348	92.468	83.179	105.747	110.103	85.526
1999	83.779	67.860	105.657	76.206	76.079	81.542	114.737	99.374	90.389
2000	86.043	54.976	79.285	58.318	62.483	68.389	92.670	86.204	75.078
2001	92.586	77.695	90.059	72.064	77.770	76.165	81.353	85.839	71.480
2002	89.230	67.455	92.843	71.643	77.369	67.108	90.573	90.448	73.701
2003	99.264	85.310	95.059	79.967	79.697	75.979	96.009	95.052	77.428
2004	141.185	112.221	150.113	124.674	120.152	122.532	149.986	130.518	131.802
2005	130.312	105.261	130.827	111.523	112.322	110.107	131.430	119.084	115.851

续表

年份	浙江	安徽	福建	江西	湖北	湖南	广东	广西	海南
2006	130.914	108.602	127.364	115.167	124.342	118.581	127.810	136.710	117.134
2007	134.938	105.448	141.313	126.726	129.748	125.266	142.619	138.625	125.066
2008	155.737	118.591	165.802	142.594	145.970	140.732	152.102	165.217	150.622
2009	160.985	150.768	168.739	148.549	149.532	138.113	166.058	168.164	138.874
2010	138.929	138.361	168.382	138.383	146.086	129.680	160.459	168.094	144.769
2011	163.839	155.696	205.689	167.508	166.992	167.173	200.735	206.536	178.748
2012	180.280	191.443	209.382	170.958	188.816	179.304	193.597	202.207	181.096
2013	189.811	185.045	202.899	188.258	173.396	176.761	181.269	193.175	179.939
2014	189.219	192.778	210.900	183.761	182.171	169.231	193.992	195.653	176.527
2015	172.574	181.988	217.141	180.393	174.773	173.033	196.612	196.102	169.949
2016	189.476	158.893	207.012	168.202	156.170	152.795	195.548	191.516	171.490
2017	182.131	179.270	202.373	169.778	167.964	158.211	189.857	189.697	171.958
2018	170.087	163.584	192.776	150.433	150.796	139.950	182.705	191.086	152.647
2019	152.979	148.216	182.215	132.525	147.685	124.657	168.845	167.623	132.350
2020	148.366	113.653	193.179	123.306	113.714	121.347	175.398	173.041	150.794

资料来源：笔者根据《全国农产品成本收益资料汇编》数据计算得到。

附表 2 晚稻收入数据

单位: 元/亩 (1978 年为基期)

年份	浙江	安徽	福建	江西	湖北	湖南	广东	广西	海南
1978	43.026	43.026	43.026	34.124	28.862	41.705	46.538	51.296	43.026
1979	91.491	65.368	73.907	54.113	49.382	60.745	61.953	65.694	65.368
1980	61.501	57.031	71.071	50.849	32.004	58.265	64.595	61.242	57.031
1981	51.436	50.944	69.061	40.594	42.140	54.709	50.058	48.648	50.944
1982	79.501	64.754	79.035	59.365	46.480	63.909	69.293	55.514	64.754
1983	83.444	68.030	71.158	57.800	68.030	77.297	60.057	58.268	68.030
1984	91.574	108.237	97.530	81.356	91.574	96.381	95.666	68.982	91.574
1985	88.688	101.811	92.696	77.951	88.688	97.574	79.348	80.546	88.688
1986	83.324	83.324	89.174	70.475	83.324	97.782	85.069	72.832	83.324
1987	96.057	96.057	101.233	79.359	96.057	98.092	111.027	89.185	96.057
1988	93.007	93.007	105.250	74.752	93.007	98.771	128.495	58.722	93.007
1989	93.762	93.762	100.943	93.449	93.762	93.762	108.375	73.966	93.762
1990	94.220	94.220	96.546	81.066	111.690	106.084	97.474	74.606	94.220
1991	96.887	91.615	88.645	95.315	88.687	98.214	90.898	71.547	95.620
1992	97.991	67.616	55.927	84.147	85.856	88.638	110.464	81.044	86.528
1993	136.961	94.976	136.613	127.481	118.201	104.681	142.634	123.754	112.012

续表

年份	浙江	安徽	福建	江西	湖北	湖南	广东	广西	海南
1994	183.528	125.111	170.325	129.302	158.689	150.066	173.861	118.517	123.721
1995	179.298	114.433	165.022	139.815	138.247	166.523	163.525	140.605	125.395
1996	175.208	110.929	146.955	123.913	113.680	146.921	142.228	125.471	84.528
1997	135.254	117.117	121.894	111.505	114.287	125.942	118.154	101.108	70.492
1998	145.770	116.227	130.857	109.425	105.749	115.842	128.817	114.131	79.120
1999	112.751	97.761	100.349	96.996	91.259	99.214	103.934	92.521	68.872
2000	109.343	100.111	98.216	92.715	97.623	103.227	92.017	89.345	53.768
2001	107.789	94.273	91.380	96.681	92.367	107.844	98.669	91.952	64.810
2002	101.247	87.432	90.432	87.244	88.914	82.250	94.409	88.855	58.251
2003	136.990	109.295	114.892	107.898	124.122	105.475	116.375	100.751	73.774
2004	154.264	155.990	146.410	141.213	149.948	145.473	149.162	131.909	103.791
2005	136.950	135.385	132.920	120.351	124.512	115.789	142.099	131.602	71.940
2006	154.319	137.537	145.651	126.750	142.468	139.302	153.972	136.543	98.593
2007	154.776	152.322	154.444	145.506	154.789	137.573	160.858	152.485	107.266
2008	173.254	160.449	160.615	152.707	154.764	158.380	154.039	166.722	109.154
2009	172.886	171.861	160.011	163.104	158.637	157.432	163.695	160.339	93.463

续表

年份	浙江	安徽	福建	江西	湖北	湖南	广东	广西	海南
2010	196.226	196.885	183.037	174.792	196.454	180.256	180.027	175.905	94.374
2011	243.051	236.418	210.224	209.017	220.445	186.570	214.704	193.254	110.253
2012	238.887	229.492	216.817	210.813	222.573	200.384	225.450	203.466	136.907
2013	234.909	217.901	214.212	204.075	207.818	177.693	192.342	196.800	118.162
2014	238.812	232.024	222.142	217.267	217.353	198.274	224.591	208.224	123.721
2015	223.943	213.108	215.781	199.481	216.594	197.587	206.580	204.128	130.760
2016	222.580	223.224	194.966	193.150	212.044	182.504	201.761	199.705	104.905
2017	223.547	203.647	207.801	200.045	202.340	180.728	189.767	192.201	107.913
2018	219.867	191.516	193.445	179.226	188.652	172.742	194.169	195.942	112.962
2019	205.806	193.529	196.758	175.658	200.235	164.797	205.821	193.929	122.600
2020	208.072	191.491	208.163	175.060	194.179	134.976	198.560	186.142	121.721

资料来源：笔者根据《全国农产品成本收益资料汇编》数据计算得到。

附表 3　　　　　　　　　　　小麦收入数据　　　　　　　　　单位：元/亩（1978 年为基期）

年份	河北	山西	内蒙古	黑龙江	江苏	安徽	山东	河南	湖北	四川	云南	陕西	甘肃	宁夏	新疆
1978	49.275	44.583	44.583	30.945	57.458	44.583	51.521	54.013	42.118	43.459	36.093	44.583	56.228	47.264	21.468
1979	63.316	42.501	39.047	39.615	84.047	53.724	75.143	65.472	50.465	48.589	35.800	51.174	58.619	51.059	54.043
1980	46.575	29.991	22.783	35.387	67.879	50.078	56.970	59.894	47.807	42.932	43.930	37.610	54.917	66.080	46.915
1981	57.092	44.453	42.615	36.267	60.071	56.489	68.626	62.439	42.512	44.318	40.649	46.528	50.894	72.441	41.822
1982	60.408	50.667	45.618	29.445	70.630	63.587	62.415	63.378	50.360	58.218	39.621	58.658	61.428	75.291	49.019
1983	77.904	64.907	50.690	42.117	62.817	63.703	76.426	67.235	45.266	60.633	45.687	56.019	62.382	70.596	51.226
1984	108.253	88.607	57.790	51.853	91.044	88.706	92.164	104.383	60.979	69.636	55.610	82.356	87.207	92.696	89.389
1985	90.065	83.775	57.456	45.750	85.941	46.789	96.680	80.983	57.441	63.305	45.809	65.709	76.578	68.709	84.579
1986	90.281	89.112	55.094	44.740	89.376	80.555	98.933	89.088	64.609	61.313	35.265	70.859	75.084	73.661	99.842
1987	82.306	80.766	57.317	41.192	74.897	78.033	89.706	82.171	61.063	62.777	54.684	66.011	76.612	54.409	87.139
1988	76.241	64.725	51.299	41.694	70.711	64.561	82.546	69.855	54.942	52.631	57.044	55.528	63.982	49.750	74.845
1989	85.196	83.721	83.401	41.982	60.446	56.536	103.725	76.529	50.036	50.736	46.000	61.900	76.420	67.752	73.178
1990	83.316	87.918	71.618	51.158	63.782	51.496	79.656	71.461	43.390	52.046	52.620	56.436	77.205	105.242	71.712
1991	68.562	71.677	47.278	43.668	54.062	26.934	87.124	47.132	54.358	51.789	51.188	44.645	69.470	84.866	69.250
1992	91.560	66.280	63.661	49.166	77.714	57.921	99.833	75.389	69.181	56.719	69.181	45.424	69.934	67.116	79.718
1993	72.884	75.010	54.383	68.307	70.279	60.129	85.996	78.864	56.771	60.709	54.463	62.241	77.208	69.062	75.739

续表

年份	河北	山西	内蒙古	黑龙江	江苏	安徽	山东	河南	湖北	四川	云南	陕西	甘肃	宁夏	新疆
1994	106.170	69.533	76.893	54.893	85.041	68.729	101.947	84.873	69.215	74.707	64.378	68.267	75.217	93.050	88.772
1995	139.328	84.683	104.061	67.987	98.552	84.437	142.214	107.404	65.930	77.699	92.630	75.888	62.873	94.219	127.937
1996	132.014	93.215	101.451	62.541	110.653	102.345	138.620	115.364	100.782	70.090	75.437	77.566	97.434	125.788	113.034
1997	124.630	93.849	75.572	66.230	89.577	103.349	115.521	99.387	94.282	74.173	72.373	91.526	88.240	107.815	115.610
1998	101.358	75.076	78.509	64.136	54.229	61.090	97.400	74.509	58.023	60.610	65.830	62.654	95.275	108.381	108.371
1999	98.517	61.737	79.745	44.960	81.722	83.575	94.754	81.863	40.619	59.496	54.941	50.600	88.647	91.623	95.553
2000	76.927	55.263	85.288	30.226	52.305	57.388	71.613	65.848	33.526	49.074	38.568	48.688	68.675	79.304	94.686
2001	80.140	56.791	85.473	28.721	70.445	67.801	78.675	76.214	42.182	46.460	45.601	57.724	79.160	76.434	96.424
2002	81.956	62.108	87.800	48.948	63.791	59.931	76.418	66.590	41.052	55.135	40.991	61.561	72.104	72.633	97.474
2003	90.778	70.827	85.945	45.770	70.495	54.608	95.760	85.329	39.752	47.734	47.848	59.143	81.033	72.428	86.733
2004	132.828	96.546	121.201	59.731	114.107	106.878	133.005	126.941	90.372	69.933	60.689	108.497	98.325	97.412	118.131
2005	120.804	70.092	138.588	59.612	102.689	86.871	115.852	101.437	65.502	79.473	57.334	100.204	86.897	93.252	107.656
2006	119.559	90.613	138.642	61.898	116.425	110.129	123.352	120.754	85.504	76.166	52.559	102.675	88.649	99.364	108.118
2007	128.164	72.938	130.528	86.671	114.890	114.413	124.825	123.050	95.050	66.930	61.512	103.228	92.980	90.745	103.606
2008	133.788	95.497	155.867	84.079	122.002	124.730	138.618	133.341	100.785	79.398	61.908	113.225	111.807	118.674	130.935
2009	157.590	93.192	153.048	94.051	135.357	136.604	158.591	145.664	90.720	76.099	67.714	116.117	115.046	128.081	158.604

续表

年份	河北	山西	内蒙古	黑龙江	江苏	安徽	山东	河南	湖北	四川	云南	陕西	甘肃	宁夏	新疆
2010	144.176	95.617	141.805	97.336	134.501	143.098	156.715	149.645	111.989	84.682	39.874	139.104	131.539	128.035	145.655
2011	159.771	107.858	180.610	117.185	132.492	130.034	163.447	159.794	103.803	94.970	80.043	142.262	131.405	145.265	149.781
2012	167.334	128.955	165.019	109.875	128.943	142.383	176.251	136.221	101.077	101.338	72.966	144.703	152.318	145.709	153.959
2013	178.590	119.613	169.824	100.584	143.892	147.120	178.298	145.600	128.488	88.309	73.955	131.846	113.946	151.115	186.127
2014	188.175	149.488	197.693	124.279	168.982	176.729	188.757	188.718	126.918	96.177	82.211	155.201	132.087	158.431	180.214
2015	173.327	145.982	201.051	92.038	146.403	152.676	175.697	184.365	116.570	98.356	80.341	147.904	105.555	153.672	178.916
2016	176.797	140.591	175.485	96.080	116.245	134.681	172.557	151.175	109.934	85.435	76.152	143.087	104.322	148.867	170.410
2017	181.189	145.975	179.840	97.464	152.990	157.611	174.894	164.333	107.048	88.304	86.261	140.893	102.222	139.534	173.306
2018	140.367	120.770	188.274	122.378	132.468	107.339	154.500	119.532	64.688	89.774	79.334	137.142	95.136	146.772	152.296
2019	162.243	126.414	179.766	88.504	140.966	158.053	168.078	165.767	111.096	97.667	78.009	132.010	97.761	146.197	152.141
2020	158.624	135.701	178.513	93.516	139.065	137.236	156.854	144.311	108.269	96.576	75.221	148.841	106.179	145.499	145.758

资料来源：笔者根据《全国农产品成本收益资料汇编》数据计算得到。

附表4　　玉米收入数据

单位：元/亩（1978年为基期）

年份	河北	山西	内蒙古	辽宁	吉林	黑龙江	江苏	安徽	山东	河南	湖北	广西	重庆	四川	贵州	云南	陕西	甘肃	宁夏	新疆
1978	41.670	42.798	42.798	63.548	42.798	36.060	39.575	42.798	42.787	46.529	47.808	31.122	42.798	45.279	27.895	37.209	42.798	51.896	59.031	26.131
1979	55.358	78.926	43.094	72.052	54.901	42.744	57.065	38.546	57.229	48.184	55.447	38.738	52.344	53.276	39.843	40.605	45.573	66.203	51.076	52.344
1980	58.890	62.308	22.444	66.230	41.029	32.333	51.006	38.960	61.335	51.879	42.378	49.044	49.044	61.493	42.057	45.607	50.279	56.817	51.954	48.289
1981	50.888	56.445	40.563	64.929	35.985	29.789	67.058	45.893	52.452	45.255	44.456	46.245	59.454	45.952	43.916	46.752	37.081	48.818	70.475	55.768
1982	57.267	57.528	42.008	61.804	45.919	27.138	65.034	49.500	58.246	40.766	41.005	42.892	49.329	60.285	36.363	42.993	50.681	53.085	56.214	49.917
1983	59.602	68.684	62.675	79.710	76.722	34.325	64.530	41.703	59.503	55.457	44.089	44.492	56.479	55.584	34.293	39.512	55.573	60.068	81.366	51.826
1984	85.530	78.540	65.822	90.668	85.967	50.442	81.641	62.634	68.357	67.811	69.644	58.900	74.335	77.239	57.050	55.020	76.734	95.771	111.575	69.754
1985	72.435	68.040	69.050	82.531	76.207	44.298	82.669	73.609	71.030	57.958	75.087	59.318	70.137	69.305	50.746	61.278	65.077	96.081	84.607	66.977
1986	86.931	77.058	83.595	105.062	104.530	66.476	95.229	81.356	84.299	69.851	76.684	55.560	79.123	78.525	50.833	55.752	62.691	92.571	95.227	74.184
1987	72.899	72.196	86.532	99.178	92.254	46.676	88.080	72.077	79.240	68.715	68.535	56.877	75.323	74.650	47.350	51.496	68.185	117.690	88.937	74.298
1988	77.075	71.516	76.094	84.026	79.673	50.328	99.467	59.810	99.766	65.290	53.051	43.893	72.937	67.624	43.180	61.430	59.801	105.189	72.937	99.462
1989	80.513	77.466	101.781	87.935	82.505	51.762	95.556	76.259	97.466	78.997	75.571	49.627	77.818	69.815	43.129	68.811	64.450	125.833	78.559	71.655
1990	70.596	82.391	92.294	86.317	88.220	54.090	72.203	67.636	73.206	61.841	62.394	41.716	72.269	69.243	43.966	62.188	58.717	110.021	74.546	99.600
1991	68.159	66.553	86.927	79.117	76.335	57.823	68.420	57.443	78.622	62.679	42.678	33.572	65.531	54.567	46.414	58.281	54.338	91.331	75.176	79.179
1992	70.573	68.554	67.348	81.892	68.496	51.159	82.632	61.760	82.718	66.179	57.595	70.889	70.889	59.358	44.588	53.221	44.762	118.369	96.598	97.960
1993	78.450	71.303	101.409	87.447	76.711	71.682	93.805	68.658	77.943	80.922	75.915	85.719	85.719	77.944	64.869	89.823	65.502	105.331	93.823	125.748

续表

年份	河北	山西	内蒙古	辽宁	吉林	黑龙江	江苏	安徽	山东	河南	湖北	广西	重庆	四川	贵州	云南	陕西	甘肃	宁夏	新疆
1994	118.990	108.504	115.059	92.931	102.161	102.369	125.870	52.795	109.237	79.897	80.491	106.969	106.969	87.534	106.969	105.892	81.226	134.447	143.500	139.427
1995	126.120	117.310	153.652	121.173	121.055	93.843	142.357	122.078	100.612	122.039	109.972	112.058	122.752	106.917	114.243	113.099	87.180	154.112	136.117	136.407
1996	104.101	102.596	105.464	88.804	104.420	84.710	97.324	83.065	111.564	74.562	94.181	95.829	105.687	106.739	94.777	129.789	82.393	152.024	94.722	134.000
1997	91.039	89.518	98.169	71.567	47.920	80.941	109.197	79.682	82.610	73.072	70.954	79.652	83.180	102.684	79.745	108.122	60.520	123.468	104.572	113.216
1998	102.255	99.545	118.376	97.734	101.463	79.517	105.004	63.023	103.605	85.337	68.440	73.982	80.743	88.182	83.688	93.286	73.015	141.382	113.429	119.925
1999	67.873	65.345	79.293	68.392	77.824	59.095	79.287	66.747	70.833	68.038	62.192	74.364	67.259	77.566	70.031	80.683	57.007	119.967	77.150	78.872
2000	65.949	70.957	70.914	55.805	64.518	61.513	78.831	57.781	81.214	62.184	59.326	57.477	62.348	66.230	66.329	65.213	56.780	93.762	84.565	110.864
2001	73.058	76.998	100.640	81.619	69.911	61.825	94.111	72.812	93.326	81.946	77.252	71.015	80.262	62.513	69.370	80.816	59.917	116.692	97.126	121.581
2002	74.202	85.021	89.528	85.463	84.392	60.826	99.626	77.658	87.494	84.003	73.811	71.401	83.263	82.487	78.412	79.735	63.621	105.935	91.147	107.280
2003	93.920	97.619	102.633	99.762	96.531	64.635	59.450	33.052	104.824	75.907	83.577	72.005	95.720	85.707	76.693	88.373	65.715	135.320	108.943	127.866
2004	109.965	115.307	108.907	109.107	104.681	75.732	125.562	103.910	121.520	101.380	120.385	94.287	123.588	127.335	105.663	110.561	98.639	116.672	102.441	134.826
2005	103.143	98.352	112.280	100.247	104.590	86.551	69.838	78.121	110.977	96.827	103.245	84.410	107.234	124.055	91.121	96.530	91.743	118.468	103.055	118.359
2006	120.552	132.382	117.985	114.893	112.058	104.738	103.516	111.272	128.215	112.270	112.416	94.762	112.261	97.566	88.603	101.243	95.802	148.176	134.140	142.506
2007	136.804	160.370	134.395	131.058	116.305	90.298	119.623	119.283	154.722	131.354	133.174	130.774	122.278	100.060	108.784	107.679	115.646	171.370	141.996	178.000
2008	117.106	129.550	131.063	131.415	136.669	111.943	119.601	107.988	134.707	119.167	124.544	125.452	130.622	149.470	109.547	130.668	106.661	173.566	125.220	159.034
2009	143.345	146.718	137.003	118.706	122.896	114.596	151.416	148.712	163.731	137.233	137.462	123.072	131.157	123.494	135.857	138.434	124.562	172.886	160.828	175.252

续表

年份	河北	山西	内蒙古	辽宁	吉林	黑龙江	江苏	安徽	山东	河南	湖北	广西	重庆	四川	贵州	云南	陕西	甘肃	宁夏	新疆
2010	158.773	176.472	177.222	141.694	165.959	139.852	154.351	149.688	160.806	145.182	158.394	128.113	157.423	159.947	155.825	157.067	156.803	222.614	196.226	190.577
2011	185.031	231.425	196.013	179.329	198.160	159.653	153.766	160.222	188.029	162.298	168.509	134.261	163.810	171.713	96.533	139.359	156.612	241.932	200.673	210.096
2012	186.420	232.201	195.957	200.383	208.748	170.947	173.403	174.292	186.539	175.404	165.066	152.822	174.792	182.526	167.748	175.878	165.889	257.751	209.796	233.631
2013	182.687	208.225	197.034	191.019	199.144	168.351	162.630	148.131	173.507	158.362	143.420	156.728	173.045	182.529	111.322	172.932	164.769	229.918	190.561	198.250
2014	181.264	204.208	203.073	180.031	189.724	176.997	183.734	167.998	197.958	178.791	143.219	142.121	163.098	173.775	163.571	165.402	163.281	233.913	205.928	219.713
2015	145.458	162.553	161.449	133.700	167.097	139.276	144.640	134.518	145.767	144.771	125.832	116.346	150.150	161.910	146.321	156.195	133.556	193.859	160.087	165.454
2016	121.659	147.384	109.587	107.413	120.510	81.302	125.839	119.250	126.810	113.951	112.658	106.367	134.870	145.234	130.552	147.118	120.685	146.219	151.167	153.462
2017	129.326	155.672	125.596	126.129	149.815	101.538	125.535	110.964	133.839	119.029	108.063	103.088	132.422	141.460	133.615	149.589	119.408	151.383	167.753	176.414
2018	130.300	164.414	151.818	103.819	125.153	113.011	122.192	101.833	135.513	120.135	108.635	110.801	136.291	135.533	139.069	154.183	128.971	189.115	177.296	180.287
2019	140.788	136.250	146.746	126.154	141.128	112.390	134.417	128.593	131.672	129.326	101.657	105.322	126.537	130.070	139.460	154.728	132.425	204.320	205.663	183.529
2020	161.834	200.452	185.664	138.166	197.665	149.251	147.057	129.583	183.644	163.687	132.253	110.818	146.818	134.484	147.345	166.500	144.490	253.961	250.369	251.706

资料来源：笔者根据《全国农产品成本收益资料汇编》数据计算得到。

附表 5 　　　　　　　**大豆收入数据**

単位：元/亩（1978 年为基期）

年份	河北	山西	内蒙古	辽宁	吉林	黑龙江	江苏	安徽	山东	河南	陕西
1978	46.118	34.894	34.894	34.558	34.894	41.650	24.633	34.894	35.480	25.173	34.894
1979	46.273	27.547	24.357	42.203	36.668	34.880	34.323	28.101	44.804	30.014	33.134
1980	45.730	38.090	45.604	37.444	37.659	41.249	34.002	29.984	43.900	27.919	22.605
1981	58.834	41.086	30.614	68.354	51.921	57.441	52.352	57.044	56.479	51.102	19.813
1982	59.259	38.626	68.220	61.909	46.760	46.943	54.506	53.509	56.997	33.824	34.068
1983	59.252	46.313	75.010	94.926	91.921	60.671	57.918	57.383	49.613	51.932	41.277
1984	61.115	43.511	54.954	77.474	64.941	60.578	51.433	47.455	44.744	39.313	35.893
1985	57.306	34.416	47.136	69.295	58.774	51.162	60.754	56.384	60.783	52.906	40.156
1986	57.931	35.267	70.837	73.688	68.948	68.415	78.001	62.901	67.630	51.219	37.833
1987	53.485	38.572	48.695	68.905	64.407	59.408	60.192	56.854	63.595	48.288	49.821
1988	62.719	37.702	51.760	67.577	60.313	51.381	75.183	61.771	72.480	45.066	39.057
1989	62.669	40.207	35.929	48.476	51.698	45.428	73.317	48.776	56.114	53.385	26.898
1990	55.343	40.997	57.787	62.250	59.228	58.195	63.091	48.940	65.583	44.902	31.360
1991	59.010	22.034	54.358	59.940	49.235	58.898	66.425	39.376	68.548	43.684	21.632
1992	84.454	22.314	49.648	62.789	71.130	62.851	75.459	53.880	66.847	59.982	32.866
1993	73.235	33.456	74.389	94.378	81.022	58.288	82.884	58.515	99.974	69.658	28.953

续表

年份	河北	山西	内蒙古	辽宁	吉林	黑龙江	江苏	安徽	山东	河南	陕西
1994	85.624	36.666	74.898	76.089	75.675	65.923	85.877	49.518	86.688	61.722	29.312
1995	80.525	32.121	56.138	78.179	84.321	57.741	96.798	67.430	92.224	67.855	120.150
1996	89.796	60.558	89.106	96.292	85.620	71.440	127.023	72.193	126.162	80.780	62.753
1997	85.574	36.219	59.578	76.287	81.200	72.803	105.103	71.986	67.929	66.223	67.570
1998	87.044	44.141	80.199	74.062	77.460	53.442	68.203	51.761	87.202	53.336	54.936
1999	80.156	25.839	50.586	63.193	78.682	46.715	63.176	50.953	55.675	49.643	44.030
2000	63.463	41.771	40.150	60.255	70.378	46.271	56.187	55.928	64.381	66.915	46.497
2001	60.664	48.815	42.873	62.176	58.099	45.587	61.131	49.869	67.586	50.864	44.189
2002	74.910	75.867	45.142	76.389	75.547	62.178	78.493	62.418	74.035	58.412	57.481
2003	114.333	83.753	81.637	106.749	99.221	71.885	69.806	52.005	102.589	53.399	63.147
2004	118.626	96.548	34.711	107.682	103.717	71.495	88.272	86.051	119.328	81.854	76.576
2005	104.373	95.162	64.885	88.601	90.217	71.890	47.085	58.731	91.584	63.573	64.530
2006	101.640	90.158	35.203	91.135	85.022	64.239	73.701	67.260	94.393	69.873	51.884
2007	164.468	122.714	63.577	140.370	123.474	81.004	104.681	93.172	144.646	95.766	75.041
2008	110.390	108.793	82.546	122.562	127.788	95.181	100.834	102.323	127.376	100.771	91.112
2009	129.810	95.788	74.894	109.265	108.783	88.648	99.373	87.505	131.564	97.516	85.712

续表

年份	河北	山西	内蒙古	辽宁	吉林	黑龙江	江苏	安徽	山东	河南	陕西
2010	154.866	122.283	114.414	129.753	127.875	101.595	116.140	95.384	147.691	100.527	95.415
2011	118.710	121.847	94.728	137.681	128.500	105.705	110.116	95.705	138.642	97.437	89.622
2012	135.796	127.877	118.399	171.635	148.842	113.261	127.636	126.385	163.725	105.608	96.793
2013	143.770	98.806	116.566	157.344	135.218	99.982	119.888	106.879	151.869	112.620	99.847
2014	133.126	104.878	89.111	110.213	113.419	110.328	106.165	89.734	157.078	84.921	90.979
2015	125.596	92.293	58.497	84.808	91.423	84.471	94.637	100.785	135.505	98.452	96.703
2016	147.980	110.758	35.486	102.788	83.743	63.959	89.112	78.325	141.892	76.427	86.785
2017	146.865	106.301	62.506	95.762	78.939	81.241	91.346	78.095	142.887	76.161	82.295
2018	122.417	94.277	52.251	84.214	74.007	72.176	79.732	61.930	105.999	74.662	81.264
2019	104.477	79.354	49.094	91.314	80.424	67.602	112.312	74.650	108.618	88.443	79.981
2020	148.696	102.783	78.985	105.313	107.744	92.528	129.592	106.864	147.233	91.324	75.716

资料来源：笔者根据《全国农产品成本收益资料汇编》数据计算得到。

附表 6 　　油菜收入数据

单位: 元/亩 (1978 年为基期)

年份	江苏	浙江	安徽	江西	河南	湖北	湖南	四川	贵州	云南	陕西	甘肃	青海
1978	53.530	55.311	38.100	20.237	33.236	39.816	37.072	53.116	20.677	49.094	38.100	38.100	38.100
1979	66.883	68.265	49.664	26.523	43.184	47.100	41.153	74.855	40.548	38.077	65.845	52.195	38.806
1980	54.260	63.115	54.369	20.548	44.140	43.542	31.192	73.653	36.015	50.630	55.302	66.148	41.523
1981	65.458	59.500	61.731	31.765	45.690	43.167	40.048	70.287	53.676	69.241	56.176	56.182	45.914
1982	83.799	70.615	60.583	43.112	52.706	64.943	43.760	77.021	51.735	55.306	68.337	66.083	44.308
1983	72.151	45.113	51.409	40.411	53.184	42.001	42.699	70.477	44.730	51.548	62.174	58.488	41.275
1984	96.433	80.845	80.256	50.004	50.779	68.912	53.491	82.361	58.004	73.381	85.052	79.534	53.865
1985	77.774	68.959	64.573	45.254	65.396	55.979	45.935	69.468	51.762	62.167	78.977	70.909	55.689
1986	84.980	66.756	50.620	34.530	58.383	50.780	42.374	70.359	46.086	54.681	61.556	65.403	50.762
1987	83.862	61.274	54.115	34.129	75.589	57.206	57.265	79.301	49.380	74.667	56.680	66.228	48.747
1988	64.778	55.754	48.016	39.973	34.330	49.142	46.827	71.776	45.331	66.698	42.460	62.218	42.407
1989	65.514	61.595	51.583	48.312	49.344	60.212	58.282	70.705	46.108	55.411	90.058	78.216	37.364
1990	85.320	67.327	57.803	55.891	79.443	65.515	53.288	80.862	65.460	128.578	84.162	80.359	52.939
1991	72.339	63.254	39.720	45.327	47.664	49.697	46.162	79.311	70.866	67.622	72.641	64.243	61.830
1992	73.829	65.832	43.481	33.616	51.802	40.998	42.272	54.999	53.576	52.925	47.175	62.585	57.021
1993	70.020	65.142	55.611	35.652	59.389	58.458	50.363	58.931	47.438	54.231	72.362	72.325	65.885

续表

年份	江苏	浙江	安徽	江西	河南	湖北	湖南	四川	贵州	云南	陕西	甘肃	青海
1994	87.207	78.615	67.860	33.190	56.568	62.545	61.930	80.263	77.255	84.375	145.074	110.862	85.797
1995	85.959	73.511	61.732	45.741	65.077	62.411	53.848	75.277	75.321	91.038	87.359	65.765	63.539
1996	77.129	70.680	50.866	35.078	47.754	45.663	46.230	56.295	46.978	99.150	48.366	87.525	67.972
1997	77.258	70.421	59.546	39.277	51.029	56.264	46.363	62.713	68.577	81.787	71.337	84.673	74.343
1998	46.139	40.706	35.956	31.162	33.562	48.680	54.898	66.118	68.585	94.057	57.466	99.287	76.949
1999	63.592	65.498	46.099	31.588	30.915	34.172	41.047	57.244	59.272	63.740	54.334	98.798	52.634
2000	62.617	75.890	47.026	33.485	32.335	34.792	43.566	48.025	41.000	59.439	46.473	66.961	41.964
2001	61.930	51.293	55.421	36.908	36.962	41.695	47.688	50.127	44.322	66.666	61.709	52.281	46.802
2002	56.280	34.512	45.763	32.350	50.927	37.417	34.230	65.508	47.771	68.784	66.061	64.725	60.358
2003	76.094	54.720	57.602	46.090	45.918	50.804	50.102	72.438	54.239	78.401	80.582	79.630	77.022
2004	95.773	90.027	78.597	70.925	64.385	81.810	70.179	96.252	70.005	98.299	90.941	83.062	77.363
2005	79.210	67.501	64.061	44.819	51.556	53.419	57.811	74.041	49.435	82.030	79.414	90.256	68.099
2006	79.906	63.920	61.189	48.528	57.303	60.325	57.233	77.699	56.201	87.422	79.657	75.193	81.798
2007	127.605	112.471	108.072	64.715	95.382	101.749	91.514	109.516	92.445	119.193	139.475	123.547	118.741
2008	175.000	145.140	152.041	81.908	139.928	125.305	112.507	171.517	98.002	161.556	127.656	164.653	118.066
2009	120.221	101.725	109.216	68.994	91.328	87.584	79.364	100.746	74.481	103.534	87.272	116.594	111.363

续表

年份	江苏	浙江	安徽	江西	河南	湖北	湖南	四川	贵州	云南	陕西	甘肃	青海
2010	121.537	97.730	92.017	71.236	76.062	101.469	84.850	115.215	68.070	88.085	91.462	117.751	139.695
2011	110.334	125.490	82.738	100.818	88.664	110.451	120.785	126.090	84.733	131.651	109.797	122.125	127.365
2012	142.057	113.812	124.113	91.437	100.607	102.831	89.103	140.935	98.323	130.288	130.596	140.939	130.089
2013	151.627	136.158	139.517	116.158	111.045	129.475	81.535	132.380	100.599	101.960	137.128	123.270	138.363
2014	146.149	133.918	121.900	108.077	89.014	102.998	106.314	144.441	105.503	124.594	129.879	154.649	146.124
2015	119.199	132.543	106.586	99.969	90.945	80.306	92.017	142.537	107.586	124.814	117.604	129.957	104.099
2016	104.967	93.067	94.738	77.255	84.187	82.483	78.983	123.638	87.869	124.842	121.282	109.042	110.502
2017	142.967	127.298	118.112	100.470	91.346	108.194	99.017	133.249	98.338	141.976	127.784	107.930	119.693
2018	139.530	128.149	116.049	90.801	88.780	112.152	103.186	131.381	105.477	141.149	118.028	90.447	116.155
2019	131.064	118.565	123.670	92.635	86.694	113.740	91.713	128.427	94.987	128.918	113.982	107.956	117.711
2020	147.107	133.476	119.316	100.506	96.483	115.598	114.730	129.693	98.347	116.596	118.068	128.677	111.102

资料来源：笔者根据《全国农产品成本收益资料汇编》数据计算得到。

附表 7　　　　　　棉花收入数据

单位：元/亩（1978 年为基期）

年份	河北	山西	江苏	安徽	江西	山东	河南	湖北	湖南	陕西	甘肃	新疆
1978	41.999	53.430	136.240	86.478	65.683	61.791	100.503	113.311	72.452	84.111	49.899	93.708
1979	49.167	71.745	156.921	94.786	95.713	119.257	77.723	154.959	111.776	91.096	67.191	69.497
1980	114.674	81.691	108.447	77.628	80.164	215.494	169.146	101.644	106.668	95.791	82.108	110.329
1981	104.814	91.845	132.873	111.059	81.471	165.884	105.224	113.063	113.197	95.997	97.505	130.778
1982	110.330	132.329	126.685	126.918	118.175	184.259	93.648	101.422	106.065	125.221	176.608	139.998
1983	202.807	136.803	141.847	141.255	127.855	210.833	185.085	122.631	139.723	68.198	161.340	153.541
1984	199.864	114.528	159.220	155.157	171.843	241.475	178.503	195.236	200.033	77.174	179.242	177.655
1985	122.596	105.959	108.380	149.374	208.531	139.508	126.119	161.752	174.680	107.429	144.220	142.415
1986	145.283	142.575	139.284	158.090	189.344	176.123	153.210	180.012	197.741	103.408	126.258	163.422
1987	145.121	152.107	157.462	160.453	196.562	191.118	148.084	182.207	172.690	173.822	119.295	145.190
1988	104.186	112.894	156.855	148.708	110.920	146.985	97.443	144.638	114.671	143.252	124.813	109.936
1989	116.636	136.623	162.025	155.720	165.501	152.794	106.715	162.192	168.676	169.798	146.251	150.890
1990	152.366	214.263	186.200	216.263	211.049	174.138	183.628	308.558	287.814	243.262	214.263	258.665
1991	151.989	177.745	200.858	190.927	285.218	180.182	176.069	235.009	297.675	192.724	211.130	215.362
1992	75.292	75.595	138.231	124.585	218.097	79.464	71.427	175.866	228.831	78.299	133.717	130.777
1993	84.741	113.524	157.309	172.199	211.669	105.632	112.894	182.455	198.682	131.428	122.353	193.689

续表

年份	河北	山西	江苏	安徽	江西	山东	河南	湖北	湖南	陕西	甘肃	新疆
1994	160.064	174.873	251.131	210.605	305.859	177.926	148.353	236.959	287.737	177.907	286.853	224.055
1995	129.406	158.437	252.879	246.174	305.667	166.479	172.543	259.193	303.325	156.865	377.467	280.593
1996	114.761	140.329	233.354	179.824	268.732	195.197	151.777	182.705	256.811	106.565	310.901	244.114
1997	131.530	160.773	230.048	183.555	266.127	187.300	202.350	200.623	263.444	140.202	332.577	279.454
1998	168.132	184.960	194.206	170.726	196.140	194.837	220.227	123.737	185.963	158.094	275.330	235.410
1999	129.109	117.501	110.953	105.929	141.275	120.432	114.576	105.624	98.989	118.303	137.125	151.743
2000	191.408	171.475	176.774	169.220	185.396	203.717	139.837	143.501	141.331	163.605	280.415	186.271
2001	122.019	134.085	139.563	122.614	142.742	155.919	125.565	125.455	149.806	130.044	212.133	142.589
2002	165.759	183.067	204.640	199.614	199.574	195.111	152.889	171.794	197.967	189.296	205.804	178.848
2003	251.191	242.601	179.798	214.216	279.545	258.430	134.529	247.010	287.344	209.969	330.017	304.748
2004	175.672	189.362	211.371	189.832	230.593	159.426	125.501	162.753	186.855	178.419	266.277	237.405
2005	215.226	215.257	174.646	188.733	255.430	195.186	153.528	208.133	216.179	216.864	276.609	284.247
2006	198.112	168.949	189.438	234.703	270.406	204.820	187.438	231.969	261.537	180.690	282.453	263.403
2007	209.152	174.082	185.118	217.252	258.338	202.837	170.735	221.187	237.529	190.025	270.652	274.751
2008	155.976	144.879	156.643	144.266	211.999	171.161	122.150	147.787	135.248	140.576	227.122	205.051
2009	196.442	168.180	189.747	199.330	269.609	224.161	171.320	211.101	262.275	165.147	252.700	243.350

续表

年份	河北	山西	江苏	安徽	江西	山东	河南	湖北	湖南	陕西	甘肃	新疆
2010	215.233	158.361	243.106	204.168	260.977	191.180	205.304	208.088	247.429	180.416	322.024	262.698
2011	242.576	144.095	183.384	259.275	305.943	221.810	214.593	261.095	259.644	197.425	421.673	343.271
2012	246.594	197.271	282.991	233.189	265.004	229.186	245.981	287.235	312.599	188.981	366.234	365.086
2013	247.306	220.871	268.118	203.718	252.884	234.080	239.373	237.119	177.733	195.295	393.383	357.955
2014	222.340	173.776	159.667	167.815	219.321	215.462	186.654	168.189	142.875	135.052	231.740	256.133
2015	187.699	152.985	149.347	162.640	178.603	155.471	147.510	164.708	178.439	122.020	230.288	198.907
2016	225.703	188.880	164.094	163.574	212.138	202.901	169.047	158.049	207.353	130.285	275.545	279.418
2017	198.139	163.638	170.310	177.992	216.205	202.831	153.738	117.802	141.160	133.008	285.809	310.406
2018	210.943	163.527	162.358	194.007	206.776	180.290	184.530	148.357	157.789	133.516	281.472	275.275
2019	186.982	146.510	135.810	168.387	171.267	166.775	162.626	125.908	145.906	127.143	209.787	212.709
2020	192.362	169.348	135.708	139.599	129.976	193.625	180.043	117.395	116.275	125.661	271.795	276.736

资料来源：笔者根据《全国农产品成本收益资料汇编》数据计算得到。

附表 8 苹果收入数据

单位：元/亩（1978 年为基期）

年份	河北	山西	辽宁	山东	河南	陕西	甘肃	宁夏
1990	543.613	748.010	859.795	741.961	197.314	386.415	564.451	889.982
1991	570.924	887.319	849.858	710.078	379.570	415.424	516.371	804.271
1992	772.553	602.660	855.620	615.050	594.404	431.716	649.059	697.806
1993	428.631	203.678	649.341	1210.758	293.345	447.660	497.655	747.879
1994	391.361	702.410	529.483	809.582	361.128	853.087	706.530	704.267
1995	770.902	724.947	480.809	1015.952	412.285	672.913	881.517	376.572
1996	490.881	376.186	473.225	485.991	443.980	505.221	506.663	376.233
1997	474.632	395.822	210.315	222.330	443.364	311.837	541.504	315.836
1998	270.251	303.979	674.744	491.038	238.069	302.037	340.952	367.939
1999	393.189	307.088	486.523	474.812	236.087	250.042	508.499	288.995
2000	308.674	340.285	411.860	530.255	207.566	315.894	157.052	276.457
2001	296.619	334.051	390.636	596.007	234.787	315.322	196.455	251.517
2002	342.671	295.068	374.711	562.511	249.582	417.823	152.373	262.482
2003	449.464	355.864	311.655	766.650	280.746	375.187	167.261	284.136
2004	492.143	342.082	596.691	933.869	347.592	450.498	363.678	278.335
2005	621.872	477.473	599.333	925.929	393.100	558.810	280.939	388.177

续表

年份	河北	山西	辽宁	山东	河南	陕西	甘肃	宁夏
2006	635.453	680.159	692.277	1033.232	600.811	607.431	613.182	432.585
2007	807.299	718.925	1151.684	1467.988	703.359	873.349	915.750	734.192
2008	699.644	538.552	800.883	1171.044	541.652	606.898	661.750	803.066
2009	727.830	585.193	1289.047	1568.506	664.704	885.347	720.669	1244.173
2010	907.191	831.248	1515.538	2469.584	1295.426	1217.941	1575.819	1655.666
2011	1141.963	1040.051	1231.104	2109.851	976.769	1361.621	1675.204	1551.956
2012	1131.620	884.409	983.854	2008.031	1031.074	1615.500	1339.853	1478.020
2013	1069.218	758.704	999.053	1767.458	951.166	1592.359	1393.446	1480.631
2014	1138.107	878.620	1018.713	2405.689	1152.326	1895.648	1750.253	1759.985
2015	955.684	678.075	845.786	1768.776	1025.927	1444.499	1751.232	1354.893
2016	871.394	690.705	651.202	1557.241	1001.051	1309.162	1143.437	1063.059
2017	842.153	743.215	819.592	1548.092	917.826	1261.884	1347.768	1146.304
2018	1067.200	638.067	722.034	2032.369	992.115	1418.383	1311.956	1362.277
2019	881.028	704.453	564.330	1791.812	1002.645	1139.378	1028.845	1349.568
2020	837.846	897.090	626.901	1742.221	1343.519	1413.789	1175.551	1174.456

资料来源：笔者根据《全国农产品成本收益资料汇编》数据计算得到。

附录二：程序代码

```
%%HP 滤波并对波动项做描述性统计%%
[m,n] = size(A);
for i = 1:n
    [T(:,i),C(:,i)] = hpfilter(A(:,i),100);
end
B = [mean(C),var(C),skewness(C),kurtosis(C),median(C),max(C),
min(C)];
[m,n] = size(A);
for i = 1:n
    B(i,:) = [mean(A(:,i)),var(A(:,i)),skewness(A(:,i)),kurtosis
    (A(:,i)),median(A(:,i)),max(A(:,i)),min(A(:,i))];
    [h(i,:),p(i,:),JBSTAT(i,:),CV(i,:)] = jbtest(A(:,i),0.05);
end
C = [B,JBSTAT,p,h];
A1 = A';
[m,n] = size(A1);
for i = 1:n
    B(i,:) = [mean(A1(:,i)),var(A1(:,i)),skewness(A1(:,i)),kur-
    tosis(A1(:,i))];
end

%%AR 回归%%
wfcreate(wf = pingguo_ar) a 1990 2020
data x1 x2 x3 x4 x5 x6 x7 x8 x9
group group01
group01.add x1 x2 x3 x4 x5 x6 x7 x8 x9
table (9,7) tb
for !i = 1 to 9
    equation eq{!i}.ls x{!i} ar(1)
    tb(!i,1) = eq{!i}.c(1)
```

```
tb(!i,2) = eq{!i}.@ tstats(1)
tb(!i,3) = eq{!i}.c(2)
tb(!i,4) = eq{!i}.@ tstats(2)
tb(!i,5) = eq{!i}.@ r2
tb(!i,6) = eq{!i}.@ logl
tb(!i,7) = eq{!i}.@ se
series  res{!i} = resid
next
group  group02
group02. add res1  res2  res3  res4  res5  res6  res7  res8  res9


%%混合 Copula 模型代码%%
clear
%% EM　算法%%
U = xlsread('clayton. xls')；%%利用 EM 算法进行估计计算
S = 4；%% S 为 Copula 个数
N = length(U)；%%样本容量
th = 0.0001；%%收敛条件
a = 3.7；%2.21；
gama = 0.65；%0.65；0.7；
%%参数初始化%%
rana = [0.25  0.25  0.25  0.25]'；%%权重参数初始化
a11 = copulafit('gauss',U)；
a1 = a11(1,2)；
a2 = copulafit('clayton',U)；
a3 = copulafit('gumbel',U)；
a4 = copulafit('frank',U)；
theta = [a1,a2,a3,a4]'；%%相依结构参数初始化
t = inf；
count = 0；%%迭代次数
COPULA = zeros(N,S)；%% COPULA 函数矩阵
ranack = zeros(S,1)；
RZNK = zeros(N,S)；
```

```
SCADD = zeros( S,1);
turntheta_old = zeros( S,1);  %%4 行 1 列,盛放转化的参数
linss1 = zeros(4,51);%% 用来储存各个 COPULA 权重的变化
linss2 = zeros(4,51);%% 用来储存各个 COPULA 相依参数变化
while  t > = th&&  count < = 50
rana_old = rana;
   theta_old = theta;
%% 由于相依结构参数有约束限制,故参数进行变换,从而可以用无约
束最优化方法估计参数%%
turntheta_old(1) = tan( pi * theta_old(1)/2);
turntheta_old(2) = log( theta_old(2));
turntheta_old(3) = log( theta_old(3) −1);
turntheta_old(4) = theta_old(4);
%% 计算 COPULA 矩阵%%
   for  n = 1:N
COPULA( n,1) = copulapdf('Gaussian',U( n,:),theta_old(1));
     % Gauss  COPULA 密度函数值
     COPULA( n,2) = copulapdf('Clayton',U( n,:),theta_old(2));
     % Clayton  COPULA 密度函数值
     COPULA( n,3) = copulapdf('Gumbel',U( n,:),theta_old(3));
     % Gumbel  COPULA 密度函数值
     COPULA( n,4) = copulapdf('Frank',U( n,:),theta_old(4));
     % Frank  COPULA 密度函数值
   end
%% 惩罚函数计算权重%%
%% 计算 SCADD%%
   for  k = 1:S
     SCADD( k) = rana_old( k) * SCAD( rana_old( k),a,gama);
   end
   delta = N * (1 −sum(SCADD));  %% 计算 delta 的值。
%% 以下为 Estep  %%
%% 计算 rznk 的值%%
     for  cn = 1:N
```

```
        for cm = 1:S
ranack( cm ) = rana_old( cm ) * COPULA( cn,cm );
        end
        for cm = 1:S
            RZNK( cn,cm ) = ranack( cm )/sum( ranack );
        end
    end
```

%% 以下为 M step%%

%% 求权重参数的更新方程%%

```
    for cm = 1:S
        rana( cm ) = ( sum( RZNK( :,cm ) )
        N * rana_old( cm ) * SCAD( rana_old( cm ),a,gama ) )/delta;
end
        if sum( rana < 0 ) > = 1%% 判断如果出现 rana 小于 0 的情况,则
        终止跳出循环
            rana = rana_old;
            break;
        end
        linss1( :,count + 1 ) = rana;
```

%% 求相依结构参数的更新方程%%

%% 采用 BFGS 方法(拟牛顿方法) 求相依结构参数的更新方程%%

```
[ turntheta, fval, exitflag, output, grad, hessian ] = runtheta ( N, U, RZNK,
turntheta_old );
```

%% 把相依结构参数转换回来%%

```
    theta( 1 ) = atan( turntheta( 1 ) ) * 2/pi;
    theta( 2 ) = exp( turntheta( 2 ) );
    theta( 3 ) = exp( turntheta( 3 ) ) + 1;
```

%% 防止出现 Frank Copula 的相依结构参数为0%%

```
    if turntheta( 4 ) = = 0
        theta( 4 ) = turntheta( 4 ) + 0. 000001;
    else
        theta( 4 ) = turntheta( 4 );
    end
```

```
    linss2( : ,count + 1) = theta;
%%判断终止条件%%
    t = max([norm(rana_old( : ) - rana( : )); norm(theta_old( : ) - theta
    ( : ))]);
    count = count + 1;
end  %%while 语句结束


%%熵权—TOPSIS 代码%%
%%导入带有负向指标和正向指标标识的数据 A,负向指标为 - 1,正向
指标为 1%%
%%熵权法代码%%
k = 1;
[i,j] = size(A);
A_max = max(A(2:i,:));
A_min = min(A(2:i,:));
for  n = 1:j
   if  A(k,n) == -1
X( : ,n) = (A_max(1,n) - A(2:i,n))/(A_max(1,n) - A_min(1,n));
   else
       X( : ,n) = (A(2:i,n) - A_min(1,n))/(A_max(1,n) - A_min(1,n));
   end
end
%%平移 0.01%%
Y = X + 0.01;
%%求和并点除%%
B = Y. /repmat(sum(Y),i - 1,1);
%%式 4%%
K = 1/log((i - 1) * j);
e = - K. * sum(B. * log(B));
g = 1 - e;
%%四个二级指标求权重
%%w(1:4) = g(1:4). /sum(g(1:4));
%%w(5:7) = g(5:7). /sum(g(5:7));
```

```
%%w(8:12) = g(8:12)./sum(g(8:12));
%%w(13:17) = g(13:17)./sum(g(13:17));
w = g./sum(g);
%%TOPSIS 代码%%
%%用向量规范法求得规范决策矩阵%%
for  m = 1:j
    zj(1,m) = sqrt(sum(A(2:i,m). * A(2:i,m)));
end
z = repmat(zj,i - 1,1);
Z = A(2:i,:)./z;
%%构建加权规范矩阵%%
W = repmat(w,i - 1,1);
Z1 = W. * Z;
%%确定正理想和负理想%%
for  n = 1:j
   if  A(k,n) = = -1
 idea(1,n) = min(Z1(:,n));
nidea(1,n) = max(Z1(:,n));
   else
idea(1,n) = max(Z1(:,n));
nidea(1,n) = min(Z1(:,n));
   end
end
%%按行数,确定方案到正理想和负理想的距离%%
for  n = 1:i - 1
    d1(n,1) = norm(Z1(n,:) - idea,2);
    d2(n,1) = norm(Z1(n,:) - nidea,2);
    C(n,1) = d2(n,1)/(d1(n,1) + d2(n,1));%%计算得分%%
end
```

参考文献

［1］安辉，何萱，齐晓东. 大商所"订单＋保险＋期货"模式的成本收益研究［J］. 管理案例研究与评论，2021，14（2）：217－230.

［2］鲍国良，姚蔚. 我国粮食补贴政策问题与对策——基于"险补结合"粮食补贴政策分析［J］. 江西财经大学学报，2022（3）：87－95.

［3］蔡佳莹. 桦川县玉米"保险＋期货＋基差收购"金融扶贫案例研究［D］. 哈尔滨：哈尔滨商业大学，2021.

［4］蔡胜勋，秦敏花. 我国农业保险与农产品期货市场的连接机制研究——以"保险＋期货"为例［J］. 农业现代化研究，2017，38（3）：510－518.

［5］曹洁，雷良海. 基于HAC－广义多维CoES模型的股票市场风险溢出研究［J］. 统计研究，2022，39（3）：142－153.

［6］曹洁，雷良海. 基于广义CoES方法的金融业与房地产业风险溢出研究［J］. 运筹与管理，2021，30（4）：200－205.

［7］曹满子. 中国农产品期货期权市场研究［D］. 长春：吉林农业大学，2017.

［8］曹婷婷，葛永波. 中国金融扶贫的创新举措——以苹果"保险＋期货＋银行"为例［J］. 金融理论与实践，2018（12）：90－96.

［9］曹钰. 基于种植户视角的延长县苹果生产投入产出研究［D］. 呼和浩特：内蒙古农业大学，2014.

［10］陈华琛. 云南高原特色农业产业链保险体系的构建及发展

对策——以云南省怒江州草果产业为例 [J]. 江苏农业科学, 2022, 50 (17): 295 – 301.

[11] 陈金, 冯百侠. 我国农业灾害补偿机制的冲突分析与融合对策 [J]. 经济导刊, 2011 (10): 86 – 87.

[12] 陈盛伟, 郑文君. 山东省农业保险业务萎缩原因分析及政策构想 [J]. 山东经济, 2004 (5): 110 – 112.

[13] 程国强, 朱满德. 中国工业化中期阶段的农业补贴制度与政策选择 [J]. 管理世界, 2012 (1): 9 – 20.

[14] 程宁. "保险 + 期货" 模式助力我国精准扶贫研究 [D]. 沈阳: 辽宁大学, 2019.

[15] 崔静. 基于 CoES 模型的系统性金融风险测度 [J]. 统计与决策, 2019, 35 (20): 148 – 151.

[16] 戴静. 农业保险保费补贴政策执行中存在的问题及对策 [J]. 山西农经, 2022 (4): 176 – 178. DOI: 10.16675/j. cnki. cn14 – 1065/f. 2022. 04. 055.

[17] 德勒格尔. 关于建立中国农业保险政策支持体系的思考 [J]. 内蒙古财经学院学报 (综合版), 2011, 9 (1): 140 – 143. DOI: 10.13895/j. cnki. jimufe. 2011. 01. 039.

[18] 丁少群, 庹国柱. 农作物保险的费率分区研究 [J]. 保险研究, 1994 (4): 21 – 24.

[19] 丁少群, 张珏, 李丹. 乡村振兴背景下农业巨灾风险分散机制完善研究 [J]. 理论探索, 2021 (5): 96 – 104.

[20] 董俊生. 基于 CVaR 的风险均衡模型在 FOF 组合优化中的应用 [D]. 济南: 山东大学, 2019.

[21] 范庆泉, 王成刚. 我国农产品价格保险产品设计研究——以玉米为例 [J]. 保险理论与实践, 2017 (11): 53 – 67.

[22] 方蕊, 安毅. 粮食种植大户的农业风险管理策略选择——基于风险感知视角 [J]. 农业现代化研究, 2020, 41 (2): 219 – 228.

［23］冯文丽，梁瑞．农业保险服务农业全产业链的探索与思考［J］．中国保险，2022（2）：28-30.

［24］冯文丽，苏晓鹏．农业收入保险的国际经验［J］．中国金融，2020（13）：75-76.

［25］高飞，翟涛．我国玉米收入保险试点存在问题与完善建议［J］．农业经济，2022（3）：111-112.

［26］高鸣，王颖．农业补贴政策对粮食安全的影响与改革方向［J］．华南农业大学学报（社会科学版），2021，20（5）：14-26.

［27］高旭东．中国海水养殖风险区划与保险费率分区研究［D］．大连：东北财经大学，2019.

［28］高艺，王璐．基于半参数 Copula 的金融资产组合风险 VaR 测度［J］．武汉理工大学学报（信息与管理工程版），2016，38（2）：192-196.

［29］宫晓莉，熊熊，张维．我国金融机构系统性风险度量与外溢效应研究［J］．管理世界，2020，36（8）：65-83.

［30］勾明，樊正堂．风险度量模型的研究［J］．纯粹数学与应用数学，2002（4）：379-382.

［31］郭金龙，薛敏．"保险+期货"提升农险保障能力［J］．中国金融，2019（10）：52-54.

［32］国青云．我国苹果期货市场套期保值效果研究［D］．石家庄：河北经贸大学，2022.

［33］郝宗张．苹果收入保险研究——以陕西省为例［J］．保险理论与实践，2018（2）：13-28.

［34］何树红，姜毅，唐燕．中国自然灾害金融应对策略［J］．改革与战略，2017，33（12）：100-104.

［35］何嗣江．订单农业发展与金融市场创新［D］．杭州：浙江大学，2007.

［36］和龙. 我国农村产业融合发展风险管理研究［D］. 北京：北京交通大学，2018.

［37］胡婉. 我国玉米"收入保险＋期货"业务模式研究［D］. 长沙：湖南农业大学，2020.

［38］黄凌，廖桂容，张萍香."互联网＋"政策性农业保险市场化运作机制的研究［J］. 长春工程学院学报（社会科学版），2017，18（2）：43－47.

［39］黄英君. 政府诱导型农业巨灾风险分散机制研究——基于政企农三方行为主体的创新设计［J］. 经济社会体制比较，2019（3）：126－138.

［40］黄正军. 我国农业保险产品的创新与发展［J］. 金融与经济，2016（2）：76－81.

［41］江生忠，费清. 日本共济制农业保险制度探析［J］. 现代日本经济，2018，37（4）：23－34.

［42］姜德华."保险＋期货"在我国农产品价格风险管理中的应用——基于陕西富县苹果试点的案例分析［J］. 价格理论与实践，2020（8）：120－123＋178.

［43］金之庆，葛道阔，陈华，等. 全球气候变化影响我国大豆生产的利弊分析［J］. 大豆科学，1994（4）：302－311.

［44］李凤. 不同形式农业保险的相关研究——产量、价格、收入保险［J］. 中国集体经济，2020（14）：105－106.

［45］李宏飞. 延安市苹果产业现状调查研究［D］. 杨凌：西北农林科技大学，2016.

［46］李辉，孔哲礼. 棉花期货市场对棉花产业保障作用的实证研究——以新疆棉区为例［J］. 改革与战略，2009，25（5）：83－85.

［47］李立松，付磊. 借鉴欧盟经验建立我国农业保险大灾风险分散机制［J］. 上海保险，2015（5）：30－33.

［48］李鎏，蔡键，林晓珊. 农业补贴政策"三补合一"改革：

演进轨迹、作用机理与发展策略 [J].经济体制改革，2021（3）：80-85.

[49] 李曼琳.农民专业合作社对农户收入影响的研究 [D].杭州：浙江大学，2008.

[50] 李琼，单言，王铭，等.美国农业再保险体系运行模式及启示 [J].保险理论与实践，2018（9）：85-105.

[51] 李文阔.日本农业共济保险制度及对我国农业保险的启示 [J].西南金融，2022（6）：70-80.

[52] 李祥.辽宁省义县玉米价格"保险+期货"试点问题研究 [D].沈阳：沈阳农业大学，2018.

[53] 李向敏，龙文军.韩国的农业保险 [J].中国保险，2007（3）：60-63.

[54] 李向明，解培源，朱满德.生猪价格波动风险管理：准完全成本保险及其设计 [J].价格理论与实践，2022（4）：146-149.

[55] 李小勇.基于国内外比较的新疆兵团棉花成本收益及补贴政策研究 [D].塔里木：塔里木大学，2017.

[56] 李雄英.股票组合投资的稳健统计分析方法研究 [D].广州：暨南大学，2016.

[57] 李云辉，贺一梅，杨子生.云南省金沙江流域因灾减产粮食量分析 [J].山地学报，2002（S1）：43-48.

[58] 李正强."保险+期货"服务农民收入保障——美国的经验与中国的探索 [J].清华金融评论，2020（7）：37-40.

[59] 厉耕.期货市场规避农产品价格风险的研究 [D].郑州：河南农业大学，2011.

[60] 廖万凯.赣州市开展脐橙收入保险的可行性报告 [D].南昌：江西财经大学，2019.

[61] 林乐芬，陈燕，刘贺露.水稻收入保险试验效果与复制推广的政策建议——基于江苏省常州市武进区国家农村改革试验区的调

查 [J]. 保险理论与实践, 2019 (6): 13 - 34.

[62] 刘汉成, 陶建平. 中国政策性农业保险: 发展趋势、国际比较与路径优化 [J]. 华中农业大学学报 (社会科学版), 2020 (6): 67 - 75 + 163 - 164.

[63] 刘俊山. 基于风险测度理论的 VaR 与 CVaR 的比较研究 [J]. 数量经济技术经济研究, 2007 (3): 125 - 133.

[64] 刘素春, 刘亚文. 农产品收入保险及其定价研究——以山东省苹果为例 [J]. 中国软科学, 2018 (9): 185 - 192.

[65] 刘玮, 孙丽兵. 日本农业保险补贴方式及其经验借鉴 [J]. 华北金融, 2021 (7): 60 - 70.

[66] 刘夏冰. 陕西苹果产业保险体系构建 [D]. 杨凌: 西北农林科技大学, 2015.

[67] 刘勇军, 周敏娜, 张卫国. 考虑背景风险的均值 - 半方差投资组合优化模型 [J]. 系统工程理论与实践, 2020 (9): 2282 - 2291.

[68] 卢婷. 陕西省延安市苹果"保险 + 期货"试点问题研究 [D]. 秦皇岛: 河北科技师范学院, 2020.

[69] 罗向明. 中国农业保险发展模式与补贴政策研究 [D]. 武汉: 武汉大学, 2012.

[70] 吕锋, 倪志红. 组合投资在 E - SH 风险下的有效边界 [J]. 系统工程理论方法应用, 1995 (2): 35 - 39 + 65.

[71] 马国顺. 一种新的风险度量指标 [J]. 西北师范大学学报 (自然科学版), 1999 (2): 22 - 24.

[72] 孙青晖. 美国农产品期货市场对我国农产品现货市场影响的实证分析——以大豆, 玉米为例 [D]. 南京: 南京农业大学, 2011.

[73] 穆月英, 赵沛如. 日本农业共济制度及农业收入保险的实施 [J]. 世界农业, 2019 (3): 4 - 11.

[74] 欧阳资生, 杨希特. 中国上市金融机构系统性风险度量方

法比较研究 [J]. 金融发展研究, 2020 (10): 13 – 19.

[75] 戚译丹, 尚斌韬. 种植业农户的风险补偿意愿研究——以湖北省为例 [J]. 农村经济与科技, 2017, 28 (9): 205 – 207.

[76] 邱波, 朱一鸿. 政府干预与市场边界: 澳大利亚农业保险制度实践及其启示 [J]. 金融理论与实践, 2019 (3): 79 – 85.

[77] 饶祎平. 中美农业保险的经营模式与财政补贴政策比较研究 [J]. 世界农业, 2017 (4): 107 – 112 + 150.

[78] 任雪莹. 烟台苹果收入保险定价研究 [D]. 泰安: 山东农业大学, 2019.

[79] 邵全权, 郭梦莹. 发展农业保险能促进农业经济增长吗? [J]. 经济学动态, 2020 (2): 90 – 102.

[80] 司小飞, 李麦收. 中国共产党领导的农业保险: 百年发展历程与基本经验 [J]. 征信, 2022, 40 (1): 85 – 92.

[81] 宋慧慧, 龙宪军, 龙强. 基于 CVaR 带有改进的典型交易成本的多目标投资组合模型 [J]. 重庆师范大学学报 (自然科学版), 2019, 36 (3): 16 – 20.

[82] 宋启道, 方佳, 李玉萍, 等. 基于农业产地环境下的农业风险评估探讨 [J]. 中国农学通报, 2009, 25 (24): 459 – 463.

[83] 孙双琳. 风险测度 VaR 与 CVaR 的渐进相对效率比较 [J]. 贵州师范学院学报, 2014, 30 (12): 6 – 10.

[84] 孙晓杨, 郑军. 农业相互保险制度环境的"三重维度"——中国与法国的比较及启示 [J]. 中国农村经济, 2017 (6): 84 – 95.

[85] 孙宇典, 夏振洲. 订单农业、保险和期货市场融合发展研究 [J]. 金融理论与实践, 2018 (7): 68 – 72.

[86] 滕雅琦, 马维军. 基于广义线性模型的水稻种植风险评估 [J]. 数学的实践与认识, 2019, 49 (2): 1 – 17.

[87] 田菁, 魏柏林, 张琅, 等. 美国农业保险发展及收入保险

研究 [J]. 保险理论与实践，2018（2）：75 - 105.

[88] 庹国柱. 农业保险经营的风险及其防控 [J]. 中国保险，2018（2）：7 - 13.

[89] 庹国柱. 我国农业保险政策及其可能走向分析 [J] 保险研究，2019（1）：3 - 14.

[90] 王军，张文蕾. 基于互联网平台的"保险 + 期货 + 互联网"农产品价格保险模式探讨 [J]. 齐齐哈尔大学学报（哲学社会科学版），2019（7）：77 - 81.

[91] 王克，张峭. 基于数据融合的农作物生产风险评估新方法 [J]. 中国农业科学，2013，46（5）：1054 - 1060.

[92] 王欧，杨进. 农业补贴对中国农户粮食生产的影响 [J]. 中国农村经济，2014（5）：20 - 28.

[93] 王鑫，夏英. 美国和日本农业收入保险运行机制比较及借鉴 [J]. 西南金融，2021（8）：27 - 37.

[94] 王鑫，夏英. 我国农业收入保险运行效果析论——基于"武进模式"与"桦川模式"的典型案例 [J]. 中州学刊，2021（9）：48 - 55.

[95] 王绪瑾，王翀. 我国农业保险创新实践 [J]. 中国金融，2020（13）：73 - 74.

[96] 王学君，周沁楠. 日本农业收入保险的实施：因由、安排与启示 [J]. 农业经济问题，2019（10）：132 - 144.

[97] 王雨佳. "订单 + 保险 + 期货"价格风险管理模式研究 [D]. 大连：大连理工大学，2019.

[98] 王云魁，杨红丽. 农业收入保险：美国的经验与启示 [J]. 经济论坛，2020（7）：141 - 146.

[99] 王云魁. 中国与法国农业保险发展的差距及其政策选择 [J]. 对外经贸实务，2017（8）：21 - 24.

[100] 魏丹琳. 基于风险区划的山东省玉米收入保险费率研究

[D]. 泰安：山东农业大学，2022.

[101] 魏加威，杨汭华. 我国农业再保险体系建设：国际经验与启示 [J]. 当代经济管理，2021，43（9）：89 - 97.

[102] 魏丽，王莹. 供给侧改革中的农业保险 [J]. 中国金融，2017（10）：50 - 52.

[103] 魏小林. 中国玉米期货市场功能效率研究 [D]. 沈阳：辽宁大学，2018.

[104] 魏正元，薛玲，谢挺. 基于似然比检验的 VaR 回测研究 [J]. 统计与决策，2019，35（8）：26 - 29.

[105] 文凤华，马超群，巢剑雄. 风险度量新趋势分析 [J]. 湖南大学学报（自然科学版），2001（6）：122 - 127.

[106] 吴本健，汤佳雯，马九杰. 美国农业保险的发展：定价、影响及支持计划 [J]. 世界农业，2016（11）：87 - 93.

[107] 吴海平，郭凤茹，李士森，等. 基于二维信息扩散模型的收入保险费率厘定：方法与实证 [J]. 中国农业大学学报，2021，26（5）：221 - 231.

[108] 吴银毫. 我国经济作物收入保险定价研究——以阿克苏棉花为例 [J]. 金融理论与实践，2017（1）：102 - 106.

[109] 武丽娟. 我国政策性农业保险法律制度研究 [D]. 石家庄：河北经贸大学，2017.

[110] 肖帆，张雨辰，向伟. 日本农业保险发展研究 [J]. 特区经济，2021（11）：127 - 130.

[111] 肖金成，卢秉忠. 中外农业金融比较分析 [J]. 中国投资（中英文），2021（Z3）：35.

[112] 谢凤杰，吴东立，陈杰. 美国 2014 年新农业法案中农业保险政策改革及其启示 [J]. 农业经济问题，2016，37（5）：102 - 109 + 112.

[113] 谢长伟. 农户与农产品期货市场对接模式研究 [D]. 郑

州：河南农业大学，2013.

[114] 熊焜怡. 基于波动率调整的历史模拟法对细分农业指数的 VaR 风险测量 [J]. 现代农业研究，2020，26 (6)：14 – 15.

[115] 熊巍，祁春节. 基于 VaR 的果蔬农产品价格的风险度量 [J]. 统计与决策，2013 (21)：126 – 130.

[116] 徐磊，张峭. 中国农业巨灾风险评估方法研究 [J]. 中国农业科学，2011，44 (9)：1945 – 1952.

[117] 徐磊. 农业巨灾风险评估模型研究 [D]. 北京：中国农业科学院，2012.

[118] 徐婷婷，孙蓉，崔微微. 经济作物收入保险及其定价研究——以陕西苹果为例 [J]. 保险研究，2017 (11)：33 – 43.

[119] 许桐桐，王苏生，彭珂. 上证 50ETF 期权风险管理与套利策略研究 [J]. 华北电力大学学报 (社会科学版)，2018 (1)：47 – 54.

[120] 许叶颖，杨娟，汪妍，钱婷婷，郑秀国. 美国农业收入保险对中国农业保险高质量发展的借鉴作用研究 [J]. 中国农学通报，2021，37 (34)：153 – 158.

[121] 玄海燕，鹿志强，张玉春，等. 基于双线性 GARCH – VaR 模型的人民币汇率风险测度 [J]. 统计与决策，2021，37 (1)：153 – 156.

[122] 薛敏，郭金龙. 政策性农业保险保障农业发展的国际经验及启示 [J]. 中国保险，2021 (2)：61 – 64.

[123] 杨鹏，刘琦. 基于均值 – 方差随机微分博弈的再保险和投资 [J]. 四川师范大学学报 (自然科学版)，2016，39 (2)：248 – 253.

[124] 杨汭华. 我国农业产业链保险现状和提升路径 [J]. 中国保险，2022 (2)：31 – 34.

[125] 杨伟鸽. 美国农业保险发展历程及运作模式 [J]. 世界农业，2014 (6)：32 – 34 + 67.

[126] 袁博. 苹果"保险＋期货＋银行"模式助力乡村振兴 [J]. 南方农业, 2022, 16 (15): 40 - 43.

[127] 张保帅, 姜婷, 周孝华, 等. 投资组合优化的新方法: Mean - CoVaR 模型 [J]. 统计与决策, 2019, 35 (11): 67 - 70.

[128] 张冰洁, 汪寿阳, 魏云捷, 等. 基于 CoES 模型的我国金融系统性风险度量 [J]. 系统工程理论与实践, 2018, 38 (3): 565 - 575.

[129] 张传洲, 相龙慧. 规避订单农业风险方法浅析——企业内部转移价格的应用 [J]. 农场经济管理, 2015 (10): 29 - 31.

[130] 张帆. 我国农业巨灾保险法律制度构建研究 [D]. 哈尔滨: 东北农业大学, 2017.

[131] 张海军, 施培, 谭博, 等. 农业收入保险创新精准扶贫的思路与实践 [J]. 中国保险, 2020 (7): 19 - 23.

[132] 张红宇, 董忠, 江炳忠. 农业保险要着力提升风险管理能力和服务能力 [J]. 中国保险, 2020 (8): 5.

[133] 张鹏, 龚荷珊. 可调整的均值 - 半方差可信性投资组合绩效评价 [J]. 模糊系统与数学, 2018, 32 (1): 144 - 157.

[134] 张峭, 王克, 李越, 等. 我国农业保险风险保障: 现状、问题和建议 [J]. 保险研究, 2019 (10): 3 - 18.

[135] 张峭, 王克, 李越, 等. 中国农业保险保障发展的成效、问题和建议 [J]. 农业展望, 2022, 18 (1): 40 - 47.

[136] 张峭, 王克. 我国农业自然灾害风险评估与区划 [J]. 中国农业资源与区划, 2011, 32 (3): 32 - 36.

[137] 张峭. 加强农业保险在促进农业农村产业融合发展中的作用 [J]. 农村工作通讯, 2022 (13): 42.

[138] 张峭. 农业保险财政补贴政策优化研究 [J]. 农村金融研究, 2020 (3): 9 - 14.

[139] 张伟, 岑敏华, 罗向明. 中国农业风险的多维保障机制

研究 [J]. 农村经济, 2014 (2): 61 - 65.

[140] 张伟华, 张英丽. 中国鱼类水产品价格波动特征研究 [J]. 农业技术经济, 2020 (2): 133 - 142.

[141] 张喜彬, 荣喜民, 张世英. 有关风险测度及组合证券投资模型研究 [J]. 系统工程理论与实践, 2000 (9): 19 - 22.

[142] 张星, 郑有飞, 周乐照. 农业气象灾害灾情等级划分与年景评估 [J]. 生态学杂志, 2007 (3): 418 - 421.

[143] 张旭光, 柴智慧, 赵元凤. 典型国家和地区的农业保险发展模式概述 [J]. 世界农业, 2013 (1): 19 - 24.

[144] 张耀文. 湖南省水稻收入保险产品设计 [D]. 开封: 河南大学, 2020.

[145] 张益丰. 供应链整合视角下 "保险 + 期货" 模式创新 [J]. 社会科学家, 2021 (1): 68 - 78.

[146] 张长利. 韩国农林渔业灾害保险制度研究及其借鉴 [J]. 商业研究, 2012 (5): 182 - 188.

[147] 张长利. 日本渔业共济保险制度探析 [J]. 现代日本经济, 2021 (6): 27 - 37.

[148] 张卫. 落实好首个国家水安全保障五年规划 奋力书写治水安邦、兴水利民的新篇章 [J]. 中国食品, 2022 (2): 10 - 23.

[149] 赵进文, 张胜保, 韦文彬. 系统性金融风险度量方法的比较与应用 [J]. 统计研究, 2013, 30 (10): 46 - 53.

[150] 赵丽丽, 张波. 基于 ICA 模型的投资组合稳健 VaR 方法研究 [J]. 数理统计与管理, 2019, 38 (2): 367 - 380.

[151] 赵伟业. 我国农业保险研究及发展建议 [D]. 北京: 首都经济贸易大学, 2014.

[152] 赵玉, 祁春节. 大宗农产品价格风险评估——基于小波神经网络 - Bootstrap 方法的实证研究 [J]. 技术经济, 2014, 33 (3): 75 - 79.

[153] 郑军，汤轩，王晓芳. 日本农业保险的制度演变与运行机制 [J]. 宏观经济研究，2016 (5)：152 - 159.

[154] 郑军，杨玉洁. 农业收入保险制度模式的中美比较及启示——基于制度变迁理论 [J]. 河北工业大学学报（社会科学版），2020，12 (4)：9 - 15 + 47.

[155] 郑军，杨玉洁. 支持农业保险发展的税收政策探析 [J]. 山西大同大学学报（社会科学版），2020，34 (5)：106 - 111.

[156] 中国保险学会课题组. 农业保险服务"三农"发展研究报告 [J]. 保险理论与实践，2021 (1)：1 - 27.

[157]《农村经济与社会》编辑部. 中国农村经济改革与发展的讨论：1978 - 1990 [M]. 北京：社会科学文献出版社，1993.

[158] 周郭思渝，吴梅莲. 美国农业保险发展经验及对中国的借鉴 [J]. 价值工程，2017，36 (4)：10 - 12.

[159] 周志刚. 风险可保性理论与巨灾风险的国家管理 [D]. 上海：复旦大学，2005.

[160] 周忠宝，刘湘晖，肖和录，等. 基于线性反馈策略的多阶段均值 - 方差投资组合优化 [J]. 系统科学与数学，2018，38 (9)：1018 - 1035.

[161] 朱伟明. 日本农业保险制度及借鉴 [J]. 金融纵横，2011 (2)：41 - 44.

[162] 左臣伟. 我国巨灾风险分散机制研究 [J]. 江西金融职工大学学报，2007 (6)：23 - 26.

[163] Acharya V, Pedersen L H, Phillipson T, Richardson M. Measuring systemic risk [J]. The Review of Financial Studies, 2017, 30 (1): 2 - 47.

[164] Adrian T, Brunnermeier M K. CoVaR [J]. Social Science Electronic Publishing, 2014, 106 (7): 1705 - 1741.

[165] Adrian T, Brunnermeier M K. CoVaR [J]. The American

Economic Review, 2016, 106 (7): 1705 – 1741.

[166] Ahmed O, Serra T. Economic analysis of the introduction of agricultural revenue insurance contracts in Spain using statistical copulas [J]. Agricultural Economics, 2015, 46 (1): 69 – 79.

[167] Alexander G J, Baptista A M. A comparison of VaR and CVaR constraints on portfolio selection with the Mean – Variance Model [J]. Management Science, 2004, 50 (9): 1261 – 1273.

[168] Alexander G J, Baptista A M. Economic implications of using a mean – VaR model for portfolio selection: A comparison with mean-variance analysis [J]. Journal of Economic Dynamics and Control, 2002, 26 (7 – 8): 1159 – 1193.

[169] Ali W, Abdulai A, Mishra A K. Recent advances in the analyses of demand for agricultural insurance in developing and emerging countries [J]. Annual Review of Resource Economics, 2020, 12 (1): 411 – 430.

[170] Arnold M, Chen R S, Deichmann U et al. Natural disaster hotspots case studies [M]. World Bank, 2006.

[171] Artzner P, Delbaen F, Eber J M, Eber J, Heath D. Coherent measures of risk [J]. Mathematical Finance, 1999, 9 (3): 203 – 228.

[172] Banulescu G D, Dumitrescu E I. Which are the SIFIs? A component expected shortfall approach to systemic risk [J]. Journal of Banking and Finance, 2015, 50 (1): 575 – 588.

[173] Basak S, Shapiro A. Value-at – Risk based risk management: Optimal policies and asset prices [J]. Review of Financial Studies, 2001, 14 (2): 371 – 405.

[174] Benth F E, Karlsen K H, Reikvam K. A semilinear Black and Scholes partial differential equation for valuing American options [J].

Finance Stochastics, 2003, 7 (3): 277 – 298.

[175] Black F, Scholes M. The pricing of options and corporate liabilities [J]. The Journal of Political Economy, 1973, 81 (3): 637 – 654.

[176] Bollerslev T. Generalized autoregressive conditional heteroskedasticity [J]. Journal of Econometrics, 1986, 31 (3): 307 – 327.

[177] Bonaccolto G, Caporin M, Paterlini S. Decomposing and back testing a flexible specification for CoVaR [J]. Journal of Banking and Finance, 2019, 108 (3): 923 – 942.

[178] Braiek S M, Bedoui R M, Belkacem L M. Systemic risk contribution in Islamic equity markets: CoVaR based model [J]. SSRN Electronic Journal, 2018, 3100908.

[179] Brennan M J, Schwartz E S. The valuation of American put options [J]. The Journal of Finance, 1977, 32 (2): 449 – 462.

[180] Brownlees C T, Engle R F. Volatility, correlation and tails for systemic risk measurement [J]. SSRN Electronic Journal, 2012, 1611229.

[181] Brownlees C, Engle R F. SRISK: A conditional capital shortfall measure of systemic risk [J]. The Review of Financial Studies, 2017, 30 (1): 48 – 79.

[182] Cao J, Lei L, Zhang R, Lei Q. Risk of spillovers between the Chinese and international crude oil futures' markets: A dynamic Copula – CoES approach [J]. Journal of Physics: Conference Series, 2021, 1941 (1): 012059.

[183] Chen K Z, Hsu C, Fan S. Steadying the ladder: China's agricultural and rural development engagement in Africa [J]. China Agricultural Economic Review, 2014, 6 (1): 2 – 20.

[184] Cheung K C, Yuen F L. On the uncertainty of VaR of individual risk [J]. Journal of Computational and Applied Mathematics, 2020,

367 (3): 112468.

[185] Chiang S L, Tsai M S. Analyzing an elder's desire for a reverse mortgage using an economic model that consider house bequest motivation, random death time and stochastic house price [J]. International Review of Economics and Finance, 2016, 42 (12): 202 – 219.

[186] Cho H, Kim K, Lee K. Computing lower bounds on basket option prices by discretizing semi-infinite linear programming [J]. Optimization Letters, 2016, 10 (8): 1629 – 1644.

[187] Cox J C, Ross S A, Rubinstein M. Option pricing: A simplified approach [J]. The Journal of Financial Economics, 1979, 7 (3): 229 – 263.

[188] Driedger J, Porth L, Boyd M. The potential to use futures and options to manage crop insurance losses [R]. 2016, No. 333 – 2016 – 14288.

[189] Duarte G V, Ozaki V A. Pricing crop revenue insurance using parametric copulas [J]. RevistaBrasileira de Economia, 2019, 73 (3): 325 – 343.

[190] Duncan J, Myers R J. Crop insurance under catastrophic risk [J]. American Journal of Agricultural Economics, 2000, 82 (4): 842 – 855.

[191] Fijorek K, Jurkowska A, Jonek – Kowalska I. Financial contagion between the financial and the mining industries: Empirical evidence based on the symmetric and asymmetric CoVaR approach [J]. Resources Policy, 2021, 70 (1): 101965.

[192] Fishburn P C. Mean-risk analysis with risk associated with below-target returns [J]. The American Economic Review, 1977, 67 (2): 116 – 126.

[193] Föllmer H, Schied A. Convex measures of risk and trading

constraints [J]. Finance and Stochastics, 2002, 6 (4): 429 – 447.

[194] Gao Y, Shu Y, Cao H, Zhou S, Shi S. Fiscal policy dilemma in resolving agricultural risks: Evidence from China's agricultural insurance subsidy pilot [J]. International Journal of Environmental Research and Public Health, 2021, 18 (14): 7577.

[195] Girardi G, Ergün A T. Systemic risk measurement: Multivariate GARCH estimation of CoVaR [J]. Journal of banking & finance, 2013, 37 (8): 3169 – 3180.

[196] Gregory A W, Jonathan J. Interpreting Value at Risk (VaR) forecasts [J]. Economic Systems, 2008, 32 (2): 167 – 176.

[197] Griffith A P, Lewis K E, Boyer C N. Timing the purchase of livestock risk protection insurance for feeder cattle [R]. Southern Agricultural Economics Association, 2015 Annual Meeting. https://ageconsearch. umn. edu/record/196869.

[198] Gu H Y, Wang C W. Impacts of the COVID – 19 pandemic on vegetable production and countermeasures from an agricultural insurance perspective [J]. Journal of Integrative Agriculture, 2020, 19 (12): 2866 – 2876.

[199] Guegan D, Hassani B K. More accurate measurement for enhanced controls: VaR vs ES? [J]. Journal of International Financial Markets, Institutions & Money, 2018, 54 (5): 152 – 165.

[200] Guo Y, Wood J, Pan W, Meng Q. Inventory optimization of airport perishable emergency supplies with replacement strategy facing stochastic occurrence time by CVaR approach [J]. International Journal of Disaster Risk Reduction, 2018, 31: 170 – 183.

[201] Hajizadeh E, Mahootchi M. Developing a risk-based approach for American basket option pricing [J]. Computational Economics 2019, 53 (4): 1593 – 1612.

［202］ Han B, Pun C S, Wong H Y. Robust mean-variance portfolio selection with state-dependent ambiguity aversion and risk aversion: A closed-loop approach ［M］. Social Science Electronic Publishing, 2019.

［203］ Han B, Wong H Y. Mean-variance portfolio selection under Volterra Heston model ［J］. Applied Mathematics & Optimization, 2021, 84 (1): 683 –710.

［204］ Hanif H, Yousaf I, Waheed A, Ullah W. MES vs increment CoVaR: Empirical evidence from Pakistan ［J］. Cogent Business & Management, 2021, 8 (1).

［205］ Hardaker J B, Lien G, Anderson J R, Huirne R B M. Coping with risk in agriculture: applied decision analysis ［M］. Cabi, 2015.

［206］ Hill R V, Hoddinott J, Kumar N. Adoption of weather-index insurance: Learning from willingness to pay among a panel of households in rural Ethiopia ［J］. Agricultural Economics, 2013, 44 (4 – 5): 385 – 398.

［207］ Hosseini S D, Verma M. A Conditional Value-at – Risk (CVaR) methodology to optimal train configuration and routing of rail hazmat shipments ［J］. Transportation Research Part B Methodological, 2018, 110 (C): 79 – 103.

［208］ Hou D, Wang X. Inhibition or Promotion? The effect of agricultural insurance on agricultural green development ［J］. Frontiers in Public Health, 2022, 10: 2213.

［209］ Huang X, Di H. Uncertain portfolio selection with background risk ［J］. Applied Mathematics and Computation, 2016, 276 (C): 284 – 296.

［210］ Ji Q, Liu B Y, Cunado J, Gupta R. Risk spillover between the US and the remaining G7 stock markets using time-varying copulas with Markov switching: Evidence from over a century of data ［J］. North American Journal of Economics and Finance, 2020, 51 (C): 100846.

［211］Jiang H, Zhang J. Discovering systemic risks of China's listed banks by CoVaR approach in the digital economy era ［J］. Mathematics, 2020, 8 (2): 180.

［212］Josaphat B P, Syuhada K. Dependent conditional value-at-risk for aggregate risk models ［J］. Heliyon, 2021, 7 (7): e07492.

［213］Kato N. Effective structure of reinsurance function for disaster risk in the Asia – Oceania region ［J］. Asia – Pacific Journal of Risk and Insurance, 2016, 10 (1): 57 – 90.

［214］Ke Y M, Li C G, Mckenzie A M, Liu P. Risk Transmission between Chinese and US agricultural commodity futures markets—A CoVaR approach ［J］. Sustainability, 2019, 11 (1): 239.

［215］Keilbar G, Wang W. Modelling systemic risk using neural network quantile regression ［J］. Empirical Economics, 2022, 62 (1): 93 – 118.

［216］Ker A P, Goodwin B K. Nonparametric estimation of crop insurance rates revisited ［J］. American Journal of Agricultural Economics, 2000, 82 (2): 463 – 478.

［217］Le Fur E, Outreville J F. Real Options and Reduction of Basic Risk of Index – Based Climate Agricultural Insurance ［J］. Applied Economic Perspectives and Policy, 2020, 43 (4): 1658 – 1671.

［218］Liu S, Xu Q, Jiang C. Systemic risk of China's commercial banks during financial turmoils in 2010 – 2020: A MIDAS – QR based Co-VaR approach ［J］. Applied Economics Letters, 2021, 28 (18): 1600 – 1609.

［219］López – Espinosa G, Moreno A, Rubia A, Valderrama L. Systemic risk and asymmetric responses in the financial industry ［J］. Journal of Banking and Finance, 2015, 58 (Sep.): 471 – 485.

[220] Lotfi S, Zenios S A. Robust VaR and CVaR optimization un-der joint ambiguity in distributions, means, and covariances [J] Europe-an Journal of Operational Research, 2018, 269 (2): 556 – 576.

[221] Mahul O, Wright B D. Designing optimal crop revenue insur-ance [J]. American Journal of Agricultural Economics, 2003, 85 (3): 580 – 589.

[222] Mahul O. Hedging price risk in the presence of crop yield and revenue insurance [C]. EAAE, Exploring Diversity in the European Agri – Food System, Zaragoza, Spain, 28 – 31 August 2002.

[223] Mainik G, Schaanning E. On dependence consistency of Co-VaR and some other systemic risk measures [J]. Statistics & Risk Model-ing, 2014, 31 (1): 49 – 77.

[224] Markowitz H. Portfolio selection: efficient diversification of in-vestments [M]. New York: John Wiley & Sons, 1959.

[225] Markowitz H. Portfolio selection [J]. Journal of Finance, 1952, 7 (1): 77 – 91.

[226] Mateos R A, Izquierdo R J. Risk management tools for sus-tainable agriculture: A model for calculating the average price for the sea-son in revenue insurance for citrus fruit [J]. Agronomy 2020, 10 (2): 180 – 198.

[227] Meuwissen M P M, Mey Y de, Van Asseldonk M. Prospects for agricultural insurance in Europe [J]. Agricultural Finance Review, 2018, 78 (2): 174 – 182.

[228] Musser W N, Eckman P D T. Risk and grain marketing be-havior of large-scale farmers [J]. Review of Agricultural Economics, 1996, 18 (1): 65 – 77.

[229] Naeem M A, Karim S, Tiwari A K. Quantifying systemic risk in US industries using neural network quantile regression [J]. Research in

International Business and Finance, 2022, 61: 101648.

[230] Otero N, Martius O, Allen S, Bloomfield H, Schaefli B. A copula-based assessment of renewable energy droughts across Europe [J]. Renewable Energy, 2022, 201: 667 – 677.

[231] Parcell J L. An empirical analysis of the demand for wholesale pork primals: Seasonality and structural change [J]. Journal of Agricultural and Resource Economics, 2003, 28 (2): 335 – 348.

[232] Parsons J. Managing cattle market risk with LRP insurance [R]. 2017. https://digitalcommons. unl. edu/agecon_cornhusker/928.

[233] Pishbahar E, Abedi S, Dashti G, Kianirad A. Agricultural risk management through weather-based insurance in Iran [A]. Sustainable Agriculture and Agribusiness in Iran, 2019.

[234] Ranganathan T, Ananthakumar U. Hedging in presence of crop yield, crop revenue and rainfall insurance [J]. Journal of Quantitative Economics, 2017, 15 (1): 151 – 171.

[235] Rockafellar R T, Uryasev S. Optimization of conditional Value-at – Risk [J]. Journal of Risk, 2000, 2 (3): 21 – 41.

[236] Rusnakova M. Commodity price risk management using option strategies [J]. Agricultural Economics, 2015, 61 (4): 149 – 157.

[237] Sampid M G, Hasim H M. Estimating value-at-risk using a multivariate copula-based volatility model: Evidence from European banks [J]. International Economics, 2018, 156 (12): 175 – 192.

[238] Shah A. Pricing of rainfall insurance in India using Gaussian and t copulas [C]. 90th Annual Conference, April 4 – 6, 2016, Warwick University, Coventry, UK 236288, Agricultural Economics Society.

[239] Shah H C, Dong W, Stojanovski P. Evolution of seismic risk management for insurance over the past 30 years [J]. Earthquake Engi-

neering and Engineering Vibration, 2018, 17 (1): 11 – 18.

[240] Smith V H, Glauber J W. Agricultural insurance in developed countries: Where have we been and where are we going? [J]. Applied Economic Perspectives and Policy, 2012, 34 (3): 363 – 390.

[241] Spinler S, Huchzermeier A. The valuation of options on capacity with cost and demand uncertainty [J]. European Journal of Operational Research, 2006, 171 (3): 915 – 934.

[242] Stone B K. A general class of three-parameter risk measures [J]. Journal of finance, 1973, 28 (3): 675 – 685.

[243] Subramanian A, Wang J. Reinsurance versus securitization of catastrophe risk [J]. Insurance, 2018, 82 (S): 55 – 72.

[244] Sun X, Liu C, Wang J, Li J. Assessing the extreme risk spillovers of international commodities on maritime markets: A GARCH – Copula – CoVaR approach [J]. International Review of Financial Analysis, 2020, 68 (3): 101453.

[245] Tian M, Alshater M, Yoon S M. Dynamic risk spillovers from oil to stock markets: Fresh evidence from GARCH copula quantile regression-based CoVaR model [J]. Energy Economics, 2022, 115: 106341.

[246] Tian M, Ji H. GARCH copula quantile regression model for risk spillover analysis [J]. Finance Research Letters, 2021, 44 (457): 102104.

[247] Tiwari S, Coble K, Harri A, Barnett B. Hedging the price risk of crop revenue insurance through the options market [C]. Annual Meeting, February 4 – 7, 2017, Mobile, Alabama 253081, Southern Agricultural Economics Association.

[248] Turvey C G, Rornain R. Using US. BFP Class Ⅲ Futures Contracts in risk reduction strategies for subclasses 5a and 5b milk for further processors [J]. Canadian Journal of Agricultural Economics, 2000,

48 (4): 505 – 526.

[249] Turvey C G, Zhao J. Parametric and Non – Parametric Crop Yield Distributions and Their Effects on All – Risk Crop Insurance Premiums [R]. 1999, No. 1620 – 2016 – 134858.

[250] Wang L, Zhang R, Yang L, Su Y, Ma F. Pricing geometric Asian rainbow options under fractional Brownian motion [J]. Physica A: Statistical Mechanics and its Applications, 2018, 49 (4): 8 – 16.

[251] Wei Y, Wang Y, Xuan H. Fuzzy multi-objective portfolio model based on semi-variance-semi-absolute deviation risk measures [J]. Soft Computing, 2019, 23 (17): 8159 – 8179.

[252] Woodard J D, Pavlista A D, Schnitkey G D, et al. Government insurance program design, incentive effects, and technology adoption: The case of skip-row crop insurance [J]. American Journal of Agricultural Economics, 2012, 94 (4): 823 – 837.

[253] Xi W, Hayes D, Lence S H. Variance risk premia for agricultural commodities [J]. Agricultural Finance Review, 2019, 79 (3): 286 – 303.

[254] Xiao Y, Wang K, Porth L. A bootstrap approach for pricing crop yield insurance [J]. China Agricultural Economic Review, 2017, 9 (2): 225 – 237.

[255] Yamai Y, Yoshiba T. Value-at-risk versus expected shortfall: A practical perspective [J]. Journal of Banking and Finance, 2005, 29 (4): 997 – 1015.

[256] Yang L, Yang L, Ho K C, Hamori S. Dependence structures and risk spillover in China's credit bond market: A copula and CoVaR approach [J]. Journal of Asian Economics, 2020, 68 (C): 101200.

[257] Ye M, Wang R, Tuo G et al. Crop price insurance in China: Pricing and hedging using futures market [J]. China Agricultural Economic

Review, 2017, 9 (4): 567 – 587.

[258] Yu H, Du D, Fang L et al. Risk contribution of crude oil to industry stock returns [J]. International Review of Economics & Finance, 2018, 58 (C): 179 – 199.

[259] Zeng S, Qi B, Wang M. Agricultural insurance and agricultural economic growth: The case of Zhejiang Province in China [J]. International Journal of Environmental Research and Public Health, 2022, 19 (20): 13062.

[260] Zhang T, Tang Z, Du X, Zhan L. Research on systemic risk contagion of Chinese financial institutions based on GARCH – VMD – Copula – CoVaR model [J]. Economic Research – Ekonomska Istra Živanja, 2022, 35 (1): 4404 – 4424.

[261] Zhao S. Systemic risk measurement: A limiting threshold copula approach to CoVaR [J]. Computers & Industrial Engineering, 2022, 171: 108464.

[262] Zhou Z, Zhang S, Zhang M, Zhu J. On spillover effect of systemic risk of listed securities companies in China based on extended CoVaR Model [J]. Complexity, 2021, 2021: 1 – 13.

[263] Zhu B, Wang P, Chevallier J, Wei Y, Xie R. Enriching the VaR framework to EEMD with an application to the European carbon market [J]. International Journal of Finance & Economics, 2018, 23 (3): 315 – 328.

[264] Zhu B, Zhou X, Liu X, Wang H, He K, Wang P. Exploring the risk spillover effects among China's pilot carbon markets: A regular vine copula – CoES approach [J]. Journal of Cleaner Production, 2020, 242 (C): 118455.

[265] Zhu C. The contribution of shadow banking risk spillover to the commercial banks in China: based on the DCC – BEKK – MVGARCH –

Time – Varying CoVaR Model [J]. Electronic Commerce Research, 2022: 1 – 29.

[266] Zhu W, Porth L, Tan K S. A credibility-based yield forecasting model for crop reinsurance pricing and weather risk management [J]. Agricultural Finance Review, 2019, 79 (1): 2 – 26.

[267] Zhu Y, Ghosh S, Goodwin B. Modeling dependence in the design of whole farm insurance contract-a copula-based model approach [C]. The American Agricultural Economics Association Annual Meeting, Orlando, Florida, July 27 – 29, 2008.